倫理と宗教の間

―カントとキェルケゴールに関連して―

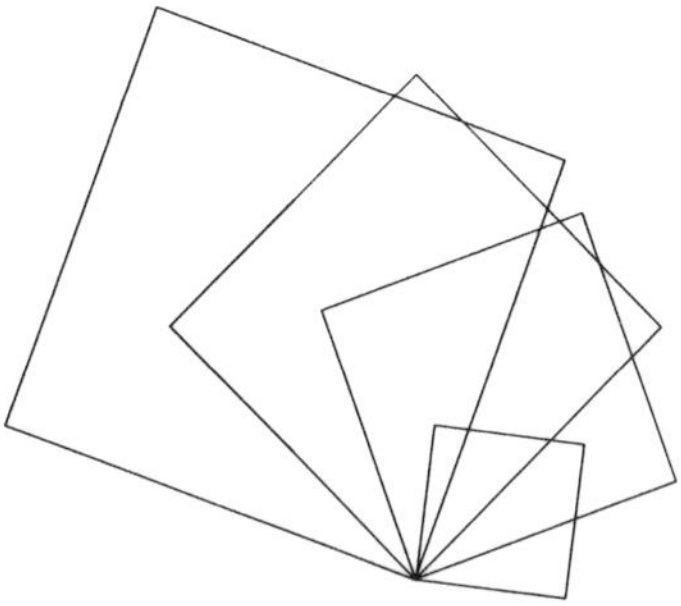

宮地　たか　著

溪水社

まえがき

本書は倫理と宗教とがどのような関係にあるかを主題とする。

人間生活の秩序と規則を保証するために倫理はいつの時代にも尊重されてきたのであるが、特に新しい世紀を迎えるに当たって、複雑化、多様化の度合いが驚異的に膨張してきている昨今の状況を考えると、一層に倫理の重い意義が認識せられる。実際に多くの分野に倫理の二文字が付加されてはいても、逆説的にいえば、倫理がかえって軽視されているための強調の現象ではないかという皮肉な見方もなされてくる。一方宗教であるが、これもその実体に曖昧性がある。宗教美術、宗教祭礼、宗教儀式は、情報化社会の波にのって華麗にくりひろげられるようになり、文化的享受が豊かになった。それによって宗教的教養の刺激となり、それは実に好ましいことではあるとしても、宗教そのものの内面性が見失われてはならない。本来の宗教にはその精髄に倫理的内実が秘匿されていて、それが心の救済につながるものをもっているのではないかと考えられる。カントはそれを「心術の革命」と称して、人間がもう一度新しく生まれ変わる秘術を宗教が授けるものとしている。そのような秘術を内蔵する宗教こそが真の意味の宗教であって、それに欠けるのは宗教としては失格であるとすら厳しく述べている。ところでこのような観点は現代にどのような意味をもってくるだろうか。そのためにまずはカントを扱って倫理と宗教の関係を捉えてみた。

カントのみではなくキェルケゴールとの対比で考察を行ったのは、キェルケゴールが他に追随を許さないほど、キリスト者となることを真剣に求めた哲学者であったからである。そしてカントもキリスト教は理性宗教の理念を最もよく充たすことのできる宗教であると考えていたようだからである。歴史的にはカント、フイヒテ、ヘーゲルで近世哲学が完成し、アンチ・ヘーゲルとしてキェルケゴールの実存主義への系譜が続くのであるが、ここでは倫理と宗教の関係を取り扱うにあたって両者の比較を適切と考えたので、カントに戻ってキェルケゴールを対照させてみた。カントの宗教哲学の立場は信仰としては「純粋宗教信仰」であると自ら名称を与えている。このようにカントはあくまでも理性宗教に固執する。この理性に挫折するところからキェルケゴールの宗教的実存の段階が開かれてくるのであり、そのようなキェルケゴールから言えば、カントの立場は倫理の次元に踏み留まったままということになる。この意味では理性を廃棄するところから純粋な信仰に飛躍するキェルケゴールとは相容れない、というよりもカントはキェルケゴールに取り残された。あるいはキェルケゴールがさらに超越の道をつき進んで行ってしまった、と言ったほうが適切かも知れない。カントの方は、単独者の道を実存的に徹底すると言う態度ではないので、両者は、最後まで、どこまでも道をともに進むことはできない。しかしキェルケゴールは、カントの倫理的真剣さには共感するところがあり、したがって途中までは、お互いに共存の関係を保つことができる。両者の分岐点は現実世界への両者の係わり方の相違、妥協を許さないキェルケゴールの単独者の道の徹底、さらに原罪教義に対する解釈の相違にあるということができる。しかし誰もキェルケゴールのようには徹底することができない。とすれば、カントと同じ地点に立って、キェルケゴールをその地点まで、呼び戻すことができるかどうかが問題となる。徹底した宗教的実存の次元から、再び倫理的実存の次元の場所まで、さらには美的実存の日常性の場面にまで、本来的には精神そのものは立ち帰りの運動をするものと私は確信している。例えばキェルケゴールが実存的発展の過程で切り捨ててきたものを再び取り戻すこと、すなわち超越的和解が成立すること、それがキリスト教的愛の業であろうと考えるのである。その著『修練』の第三部七章は、すべての人達への祈りの言葉で結ばれているところからしても推定される。

まえがき

カントとキェルケゴールの比較研究において重要な一つは美的なるものの視点の相違である。キェルケゴールにとって美的なものは享楽的人生観として批判される。感覚的に変化する、刹那的な対象を追い求め、心の空白を充たそうとして生きることの不真面目を、倫理的真剣さに生きる立場によって批判がなされる。つまり「あれか・これか」の実存弁証法の枠内に美的なものが閉じこめてられてしまっているが、カントでは美的なものと倫理的なものとの調和、つまり美と善との一致を可能にする反省的判断力の構想、さらには崇高なる美意識は、宗教性への高揚を志向している。カントは自己中心的快の閉じられた感情を、他者との関係のなかで、相互に共通感覚によって普遍化し、人と人との間の連帯感情を醸成するものとするのである。要するにカントの取り上げる美的世界には広がりがあり、重層的に高く積み上げられていて、究極的には神聖性に向かっている。倫理的なるものについてもカントの広がりはグローバルに「永久平和論」にまで発展する。宗教論の第三篇には社会に広く倫理的責任の意識を浸透させるにはどうすればよいかの構想を立て、この困難な問題に対して宗教の役割はどうなのかと問うのである。キェルケゴールの宗教的実存への飛躍に関して言えば、カントはアブラハムの信仰のまえに恐れをいだくのである。キェルケゴールは『おそれとおののき』においてアブラハムの物語に弁証法的なもの、信仰の逆説をとりだそうとする。イサクの犠牲は、神の試みであり、アブラハムは、イサクに、「子よ。神みずから燔祭の小羊を供えたまうであろう」といって、イサクが返されることを信じていた。この厳しい逆説こそが信仰だとするのであって、この場面では倫理的普遍性は目的論的停止を命ぜられる。ヨブ記に非常な共感を示したカントではあるが、ここでは批判的である。すなわち、場合によっては誤謬が支配していることもありうる、とすればこの上なき不正をなすかもしれない危険を敢えておかすこととなり、それは良心に悖る行為であるとの判定を下している。キェルケゴールからすれば全くカントには信仰の何かが理解されてはいない、理解しようともしていないなどの反論が予想されるが、この逆説の前で立ち留まる倫理的正直さに、私はかえってカントの面目を見いだすのである。この意味でカントの宗教論は、およそ世俗的宗教の陥り易い誤謬、迷信、錯覚に惑わされないように見張る純粋宗教信仰の視点を確保するための警鐘となるのではないか。

第二次世界大戦後の日本において焦土からの物質的復興にもまして精神的空白を埋めるための思想的教養書が求められた。難解なカントや、峻厳な実存的単独者の足跡を残したキェルケゴールが若い世代の心をとらえた。その半世紀前の追憶に現在を重ね、「倫理と宗教の間」から湧出する諸問題を両哲学説の差異と連続性とを意識しながら扱ってみると、両者共に、現在においても見落としてはならない人間理解の秘術を説き明かす鍵が与えられているのを知る。理性的存在としての人間における倫理的義務と責任性の理論的根拠、人間本性における善意志と悪への傾向性（キェルケゴールでは罪）との葛藤と、宗教による救済の可能性を模索した結果の自律と他律の問題。キリスト教会に真のキリスト教を導入するのを生涯の課題としたキェルケゴールに対し、カントにとってはあらゆる宗教への通路が開かれていることが重要である。人間の福徳合一の切なる願望を充たすためには、全ての人に信仰の自由が与えられていなくてはならない。有限なる人間が心の最後の拠り処として何らかの信仰をもつことは有意義だからである。宗教の違いによって争うことほど愚かなことはない、「しかし道徳性のない神はいかに恐ろしいか」という信仰批判が、カント「宗教論」の主要課題である。真実の信仰、カントによれば、その批判の原理は「純粋宗教信仰」にある。人間のより善き生にとって有意義な信仰をもって真実の信仰とする。倫理の限界を突破するためには宗教の助力が必要であるが、宗教にまつわる迷信や欺瞞を除去するためには宗教にも倫理が必要であるというのが、カント宗教論を現代に生かした視点といってよいのではないか。キェルケゴールのいう「愛は徳を建てる」の言葉がカントの理性主義に柔軟な潤いを与える。「愛は寛容である」ことによって徳を建てる、の宗教的言葉は愛の悩みに鍛えられたキェルケゴールならではの重みをもった響きがある。

著　者

倫理と宗教の間　目次

倫理と宗教の間

——カントとキェルケゴールに関連して——

第一章　カント哲学の体系性

1　批判哲学以前

カントの哲学は、堅牢な城塞のごとく哲学史のうえに聳え立っていた。今日ではもはやその精彩が失われてはいるものの、「三批判書」によって構築された確実な体系性は西洋哲学の中核をなすものということができる。さらにこれまで見過ごされてきた『たんなる理性の限界内の宗教』（1793）に対して体系における第四批判の市民権を与えることができるのではないかとの声もあがってきている。また今日似非宗教の弊害が絶えないことからも生真面目なカントの宗教論を改めて取りあげてみることにした。歴史的にもカント哲学そのものが近世的宗教対立の経験の苦悩を通過して誕生したことも見逃すことのできない事実で、カントの思索の根源には宗教への関心が連綿として絶えなかったと思われる。

一七二四年、東プロイセンの首都ケーニヒスベルグに生まれたカントは、ルターの敬虔主義的家庭環境のなかで成長した。この道徳的宗教性はカントの生涯を支える底流として流れ続けていたことは「母が最初に善の萌芽を植えつけてくれた」[1]というカントの述懐が何よりも証明しているであろう。この傾向を充実させたのは敬虔派のフランツ・アルバート・シュルツ（F. A. Schultz 1692～1762）であったことも見逃すことができない。シュルツはピエティストではあったが、啓蒙主義のクリスティアン・ヴォルフ（C. Wolff, 1679～1754）を師とする柔軟な態度をとっていた。ピエティストとヴォルフ主義とが対立した時にシュルツは両者の調停を計っている。ケーニヒスベルグ大学ではマルティン・クヌュツェン(M. Knutzen, 1713～51)によるニュートン物理学の講義を受け、それがカントに新たな刺激を与えることとなった。このクヌッツェンはピエティストであるとともにヴォルフ主義者でもあった。しかしピエティストとヴォルフ主義の対立が次第に激化するとカントは、対立から身をひいて内面的自立の態度を保つようになる。これはエルンスト・カッシラー(E. Cassirer, 1874～1945)のいう「ニュートンに対する十八世紀の無条件な感嘆と尊敬の念」は、カントを刺激して「自分自身の悟性を使用する勇気」をもつことを教えたのである。このようにカントが青年期に思想的対立の中間に立たされていたこと、そして、そのどちらかに組するのではなく、公正な判断を保持しつつ、バランスを保っていた。そのよう傾向がカントの哲学を方向づける一要因をなしていたのではないか。

カントが最初に手掛けた論文『活力測定考』(1746)に次のような長い表題がついている。「活力の真の測定について の考察、およびこの論争においてライプニッツ、ならびに他の力学者たちが用いた証明の評価、それらに先立ち物体の力一般に関する二、三の考察を付す」というのである。これは当時のヨーロッパの学界を賑わした力の測定をめぐる論争に関するもので、カントは対立する見方のいずれに対しても誤った点を指摘して、調停のなり立つ視点を見定めようとしていた。このような発想は、後の形而上学的問題についての二律背反の弁証法に発展する可能性を内含するものといってよいであろう。自然科学についての諸論文の発表が続くなかで学位論文『火について』(1755)に続いて、就職資格論文『形而上学的認識の第一原理の新解明』(1755)が著述された。これによってはじめて形而上学への関心が公開されたのである。

ライプニッツ(G. W. Leibnitz, 1646～1716)における論理の根本原理とされた根拠律、あるいは充足理由律がカントによって取り上げられ、ここで認識根拠と存在根拠の区別が考案された。この根拠律の区別がやがて後の分析判断と総合判断との区別として、さらに形式論理学と先験的論理学の区別の展開に結びつくことになる。

『地震論』（1756）に続いて『物理的単子論』（1756）が、これには「形而上学と幾何学との結合の自然哲学への応用、その一例としての物理的単子論」との注記がなされていて、形而上学と数学と物理学との関係の構想が模索されている。これは純粋理性におけるアンチノミーの超越論的理念の第二の矛盾の問題に関連する。いわゆるデカルト（R. Descartes 1596～1650）の「物体は延長的実体」である、ゆえに「空間は分割可能説」と、ライプニッツの「単子論」、あるいは「実体の単純性説」とのあいだに横たわる理論的難点の調停ということになる。「自然地理学講義」（1757）は、理論を離れ、自然の世界に好奇の目が向けられる。すなわち次の言葉「物理学や博物学の研究領域におけるような完全さと哲学的厳密さをもって行われるのではなく、いたるところで目につく奇妙なもの、美しいものを探しだし、自分の集めた見聞を比較し、計画を練る一旅行者の目をもって」取り扱うのだと。この観察者の態度が人間の内面的省察につながる『美と崇高の感情に関する観察』（1764）における態度と同様の仕方であることがわかる。しかし地球規模の自然観察から、人間の内面姓の洞察へと関心が転換したことについては、ルソー（J. J. Rousseau 1712～78）との出会いがある。この時期にカントに大きな影響を与えたのがルソーとヒューム（D. Hume 1711～76）であった。

『プロレゴメナ（学として現れうるあらゆる将来の形而上学のための序説）』（1783）において、「私は明らかに告白する。――デヴィト・ヒュームの警告こそは数年前に初めて私の独断的まどろみを破って、思弁的哲学の範囲における私の研究に全く別の方向を与えたのである」。いわゆる独断のまどろみから目覚めること、すなわち形而上学的夢想に何事か、決定的なことを告げようとする姿勢がヒュームを介して確立された。このように知的能力に制限を与える動機となったのがヒュームであるとすれば、一方で人間性への目覚めを与えたのはルソーであった。知的認識への奢りに警告を発することと人間性そのものに洞察の目を向けることは、あたかも一枚の紙の表裏の関係において同時に起こりえたカントの学的態度であった。

以上の研究歴から考えても、カントの知的関心の当初は多く科学的問題に引き寄せられていた。気立てからしても学者的なカントは知ることを渇望し、またものを知りたいという貪欲な不安にとらわれ、あるいは一歩進むごとに満足をおぼえもするが、ルソーが、この私を正道にもどしてくれたという。「目のくらんだおごりは消え失せ、私は人間を尊敬することを学んだ。もしこの尊敬が、他のすべての研究に、人間の諸権利を明らかにするという価値をあたえうると信じなかったならば、私は私自身を一般の労働者よりずっと無用なものと考えるであろう」(2)というのである。この言葉は単純な人間中心主義ということはできない。

一七五〇年代に見られた知的貴族趣味、学問至上主義から、一七六〇年代になるとカントは、学者的貴族態度を捨て、次第に生きた人間の世界に目を向けるようになる。このことによって自然科学、形而上学に対する知的態度にも変更がもたらされてくる。つまりライプニッツ=ヴォルフ学派の論理主義的形而上学の限界を知って、実質的存在認識に目が向けられるようになる。生気に充ちた態度で、人間、民族、自然の歴史、自然科学、数学に自己経験を豊かに盛り込んだケーニヒスベルグ大学私講師時代、またこの時期にカントの生前に最もよく読まれたらしい『美と崇高の感情に関する観察』の小冊子がある。さらにこの時期の研究として、『頭脳の病気に関する試論』(3)とか、「視霊者の夢」という人間の健全で、合理的側面の反対側を覗きみるような態度が見られる。視霊者スウェーデンボリを扱った著作『形而上学の夢によって解明された視霊者の夢』(1766)では、霊界との魂の交流が可能であるという視霊者に関心をいだきながら、合理性に踏み留まろうとする自己との、思索的葛藤が、深刻にならず、軽妙なエッセイスタイルでとり扱われている。そして結局のところ視霊者の夢は病的な夢想にすぎないとの見方に落ち着く。「何らかの偶然あるいは病気によって、二、三の夢想と調和的に振動する大脳神経の運動が延長されて、大脳の外部の交叉するような方向線にしたがって現れる夢想」であって「下剤をかける」ならば、夢想はたちどころに消えさるものという辛辣な批評を下している。このような考え方の理論的決定は『純粋理性批判』(1781)にいたって確実に実現せられたものと考えられる。この「視霊者の夢」以後は寡作で、数編の小論文がある以外には、もっぱら講義に主力が注がれる。ケーニヒスベルグ大学の正教授(1770)として論理学と形而上学、二年後に人間学講義が開始される。(4) 一〇年後の第一批判が世に出るまで、紆余曲折を経ながら、カントのなかで次第に蓄積された夥しい研究成果、それらが思索のなかで溶解され、整理され、体系的見通しが立てられ、やがて批判哲学として再構築されていったのである。

2　認識の限界　人間は何をどの程度に確かなものとして認識することができるか。「認識がいかなる仕方で、またいかなる媒介によって、対象と関係するにしても、認識がそれによって対象と直接に関係するところのもの、あらゆる思考が媒介としてめざすところのものは直観である」(5)と。直観は対象の触発を受け取るかぎりに成立する。受け取る能力を「感性」と称する。感性によって与えられた表象に対して意味、すなわち概念を付与する能力を「悟性」と称し、感性の協力なき純粋思考としての能力を「純粋理性」と区別する。感性と悟性は確実な認識を可能にする二つの根であり、「直観なき概念は空虚であり、概念なき直観は盲目」である。感性と悟性の協力によってこそ認識の確実性は保証されるという認識原理を確立し、この認識原理を基礎にしてカントは、当時の混迷を極めていた純粋思考の課題、いわゆる形而上学的な課題にある決着をつけようとする。

形而上学は学者以外には縁遠い呼称となったが、そうではなく、時代を越え、誰にでも形而上学的問いの生起する瞬間が訪れるとハイデッガー(M. Heidegger 1889~1976)はいう。それは日常的横滑りの生存に地底が揺れて亀裂が生じる時、あるいは頭上に轟く雷鳴、大樹を引き裂く稲妻に照らされて昏倒するような非日常的出来事の瞬間に体験される。形而上学的課題は、実存論的には体験可能である。この意味において人間は本来形而上学的存在であるというハイデッガーの言葉は確かに真実である。このような瞬間に提起される問いが、「神は存在するか」「人間の死後にも魂は永遠であるか」「人間を束縛するものはなにか」「人間は自由なる存在でありうるのか」「人間の自由とはなにか」といった、いわゆるカントの提起した形而上学的問い「神、自由、不死」は、つねに哲学に背負わされて来た重苦しく避けることのできない課題であった。こうした形而上学的問いに比べると、「自然科学や数学の、ひどく複雑で広範な影響力をもつ問題さえも、ささいなものとさえ思われるのである」と、ステファン・ケルナー（S. Körner, 1913〜）[6]の驚くべき指摘がある。理論理性、実践理性、美的判断力という三方向によって人間理性の働きを体系的に取り上げたカントの批判哲学の底辺を支える関心は、形而上学的課題の解明に対して人間理性がどの程度かかわることができるかについて何事か決定的に発言しようとする方向に向かうのである。『純粋理性批判』の第一版の序文に掲げられた有名なヘクバの嘆きは現代にも依然として続いている。

第一批判から二年後の『プロレゴメナ』においてカントは四つの問いを提起する。

1、いかにして純粋数学は可能であるか。

2、いかにして純粋自然科学は可能であるか。

3、いかにして形而上学一般は可能であるか。

4、いかにして学としての形而上学は可能であるか。

1と2との問いには「ア・プリオリな総合判断」の典型と見做された純粋数学と純粋自然科学についての可能性が問われる。これまで判断は、分析的か、総合的かの何れかに大別されてきた。分析的命題は矛盾律を基礎とし、述語は主語概念に内属する。ゆえに分析判断はすべて先天的である。これに対して、経験的判断はすべて総合的である。ただし純粋数学は総合的であるにもかかわらず経験によらずして、ア・プリオリに総合的である。純粋自然科学においても同様と見做され、両命題はア・プリオリな総合判断として、カントはこれを独自の発見として提唱する。このようにア・プリオリな総合判断が純粋数学、純粋自然科学において現に存在する。そのかぎりア・プリオリな総合判断は可能である。したがって、ア・プリオリな総合判断についてその可能性を問う必要はなく、いかにして可能であるかという問いとして提起される。すなわち純粋数学と純粋自然科学に関する問いは、「ア・プリオリな総合判断はいかにして可能であるか」という命題として集約される。さらにこの解明が理性のア・プリオリにして総合判断とみなされる形而上学の可能性の解明にも役立つものとカントは予想する。ところで形而上学には科学のように確実なものとしてのア・プリオリな総合判断は存在しない。ゆえに、いかにして可能であるかという第四の問題について「学として形而上学の成立は不可能である」と帰結され、純粋理性の批判が必要であったことが、プロレゴメナによって再確認されている。いわゆる批判哲学前期のカントは、ヒュームの懐疑を受け入れ、形而上学のあらゆる思弁は、結局は時間の浪費に過ぎないものとして確信するにいたる。(7)

批判哲学の積極的理論は経験的認識の可能性の根拠を先験的に基礎づけることであった。空間と時間を感性のア・プリオリな形式として、あらゆる確実な認識はア・プリオリな感性と悟性の総合の働きによって可能となる。感性の協力なき、純粋理性による構成的、もしくは統制的推理の結果は、二律背反におちいる。純粋理性による形而上学的命題はアンチノミーに陥るがゆえに、学としての形而上学は成立しない。一方、経験的認識の対象としての現象世界は、カント理論の結果では因果律にしたがう機械論的世界として構成されることとなる。

カントの時代に比較をすれば、諸学の専門領域が飛躍的に発展している。カントによるア・プリオリな総合判断の存在がニュートン物理学、あるいはユークリド幾何学への絶対的信頼に依存するものであり、もしその絶対性、すなわち、ア・プリオリな総合判断の可能性が疑問視されるようになったとすれば、カントの先験的認識論は基礎を失うのではないかという批判が当然のごとく起こってくる。ケルナーはこの難点を意識しながらも、判断を原則と読みかえて、ア・プリオリな総合的原則は「カテゴリーの客観的使用のための規則に他ならない」(8)ので、カントが第一批判で試みた機械論的自然認識は依然として変わらないとする。この自然の機械論的認識に対して、当然のごとく、対立する目的性の観念が問題として浮かび上がってくる。この視点からして第二批判の自由意志論、第三批判の美学論と目的論は、今日的にも問いただされるべき課題を提供している、というのがケルナーのカント解釈である。

ニュートン物理学体系において成功した自然の機械論的説明にかんする思考法は、他の学問領域にまで広く適応されるにいたったが、それ以後の学問の進歩に伴って、今日、「目的論的物理学」を夢想する人はいないにしても、「目的論的生物学」の可能性は、かならずしも無謀な企てではなことをケルナーは提言する。[9] カントにおいても自然の科学的説明は機械論的になされているが、生物学的次元にまで機械論的説明を及ぼすことはできないことが確信されていた。[10] 第二批判においては、自然の因果系列から独立した叡知的存在（人間）の道徳的自由、行為における目的性の観念が取り扱われており、第三批判においては「目的なき合目的性」という単に表象のみにかかわる判断力の目的性と、第二部で扱われる目的論の帰結から「倫理的神学」[11]の可能性が提唱されており、カントの意図が究極的には宗教にまでいたることが予想される。

3　善意志の概念

形而上学的課題をめぐる実践理性の優位はどの程度に確保されるであろうか。実践理性の人間における深さの意味を善意志の概念をめぐるカントの処論によって確定しておこう。

まず「行為を規定するところの格率（Maxime）」という概念。一般には金言、処世訓、といった言葉をカントが道徳理論において使用する時には、すべての人が従わねばならない一般的法則と区別した意味においてである。例えば誰かが「いかなる侮辱にも復讐せずにはおかない」という信条をもっていたとしても、それは道徳法則とはなりえないので、単なる彼の主観的意志を制約する主観の原則にほかならないことになる。すなわち「主観がそれに従って行為するところの原則」であって、「それに従って行為すべきところの客観的法則ではない」。したがって、すべての理性的存在者の意志に妥当すべき原則こそが道徳法則[12]である。

この主観的格率と道徳法則とはどのように関係しているか。主観的格率が一定的、普遍的になりえないのは、個人の意志の動機に個人差が関係するからである。この格率の主観的差異を克服して普遍性にまで高めるためにはどのような条件が要求されるか。格率を選ぶことは一つの方針を選ぶことであるから、例えば、

Ａ「できるかぎり嘘は言わない」

Ｂ「他人のためになる場合以外には嘘を言わない」

Ｃ「発覚しない確信がある場合以外には嘘を言わない」

といった諸命題があったとき、誰かがＡを特定の行為の原則として採用するならばＡはその主観の格率とはなるが、この格率は普遍的ではない。できるかぎり嘘を言わないとしても、場合によっては嘘を言うことがあるかもしれない例外を内含しているからである。したがってこれを法則化するためには「いかなる場合も嘘を言わない」と表現形式を変えねばならない。さらに例外の可能性を防止するためには「いかなる場合にも嘘を言うな」という命令形にしなくてはならない。もしくは『道徳原論』[13]によれば「君は嘘を言うべきではない」と訂正しなくてはならない。『君は嘘を言うべきではない』という命令は、人間にだけ通用するのではなく、人間以外の理性的存在者（神？）であってもこの命令を無視してはならない」。またこの法則ばかりではなくて、本来の道徳法則はすべてこのようなものであること。従って私達は責任の根拠を、人間の自然的素質や人間を取り巻く世間的環境などに求むべきではなくして、ア・プリオリに純粋実践理性の諸概念だけに求めねばならぬことになる。この場合誤解してはならないのは、「君は嘘を言うべきではない」という格率の内実が道徳法則というのではなくて、嘘を言った場合の責任の根拠を合理的に追求できる自由概念の使用が道徳法則なのである。

したがって「君は嘘を言うべきではない」という命題が、無条件的命令として法則化されたとしても、この格

率があらゆる理性的存在者にとって妥当的であるかと問うならば、実質的にはかの命題は格率の主観性をまぬがれることができないであろう。したがってカントの場合には確率の内実が問題なのではなくて、その規定根拠が問題なのである。カントが道徳法則を条件付仮言的命法ではなく定言的命法というとき、それは形式的意味においてであって、内容は排除されねばならない。第二批判に「理性的存在者が、自己の格率を実践的普遍的法則と考えるべきであるならば、彼はこれらの格率を、実質の上からではなく、全く形式の上からのみ、意志の規定根拠を含むごとき原理として考えることができる」[14]とあって、意志の規定根拠は実質を法則から捨象して残るもの、普遍的立法の単なる形式である。意志の規定根拠を普遍的立法の形式として考えるときカントは、理性における自由概念を念頭においている。

現象的経験世界は因果必然の支配する機械論的世界というのが第一批判の帰結である。この経験的世界は必然的であって自由概念は排除されている。この現象界の自然法則、すなわち因果律の支配から独立の自由機能を、実践理性の事実として認めなくてはならぬというのがカントの立場である。カントはここで自由概念に二つの定義を与える。すなわち、このような因果律の支配から独立した自由を純粋実践理性の事実として認めるのを消極的規定としており、その積極的規定は立法的ということである。「汝の意志の格率が常に同時に普遍的立法の原理として妥当しうるように行為せよ」として命題化される。意志の格率か道徳的となり、行為が道徳的であるのは「行為の格率が普遍的合目的的」であること、「私も自分の格率が普遍的法則になるべきことを欲しうる」場合に限るのである。したがって意志の格率の普遍的合目的性は条件付仮言命法（hypothetischer Imperativ）ではなくて定言的命法（kategorischer Imperativ）である。このような定言的命法が意志の格率を真の道徳性にまで高めると言うのがカントの立場になるが、このカントの立場は道徳理論としてどのような意味をもつであろうか。

一般に理性主義、形式主義、厳格主義などと言われるが、最も適切には義務道徳論の立場として特徴づけられることが通説となっている。「君は為すべきであるが故に為すことができる」ので、行為の義務意識に道徳的価値があるといえる。しかし、この義務は自己が自己に課する意味で、他からの強制ではない。これを善意志というならば、単なる主観的要求であってはならないが、カントの道徳論の主観生はしばしば指摘されるところであり、その批判にいかに耐えることができるかが問題である。

『道徳原論』の冒頭の叙述「この世において、いやこの世以外においても無制限に善とみなされるようなものは善意志よりほかに全く考えることができない」[15]。かりに精神的才能といわれる理解力、才気、判断力や、気質的特性としての勇気、果断、堅忍不抜などの特性も、善意志がないならば極悪有害なものにさえなりうる。また権力、富、健康、名誉といった幸福といわれるものさえも、善意志がなければいたずらに自己を誇り、思いあがった気分にさせる。この人間性にとっての無条件な善意志をカントは義務の概念をもってとらえるのである。おそらく義務と欲望の葛藤を経験しない人はないであろうし、この葛藤のゆえに道徳法則は、意志の主観的確率に対して、もしくは心性の欲望に対して命令の形式をとるのである。定言的命法は、したがって感性的世界からは独立な意志の自律の立場なのである。すなわち無条件な善意志は、感性的欲望に対しては義務として課せられる法則ではあるが、義務を主体的にそれ自身として捉えるならば、義務は実践理性の自由にほかならない。

ところで、定言的命法が意志を規定することが可能なためには、規則はア・プリオリに規定されていなくてはならない。意志が欲望に依存して目的を立てるのではなく、理性自身の目的に適していなくてはならない。「人間、およびいやしくも理性的存在者たるものは、目的自体として存在する」[16]のであって、あらゆる因果系列から独立である。かくしてカントの有名な提言「君自身の人格ならびに、他のすべての人格に例外なく存するところの人間性を、常に同時に目的として用いて、単に手段としてのみ使用しないように行為せよ」[17]となる。理性的存在としての人間は、あらゆる欲望の因果系列から独立な道徳法則の創造者でもある。「普遍的に立法する意志としての理性的存在者」が実践理性の事実をなし、意志は、道徳法則にしたがって現実的に行為する。したがって、実践理性におけるアプリオリテートは、現実の行為を指導する意味で普遍的であり、それゆえに総合的でなくてはならない。すなわち意志は、義務の観念をもって、普遍的に客観的世界にかかわりをもつので、意志は経験的制約からは独立であり、したがって純粋意志として、すなわち法則の単なる形式によって規定せられたものとして考えられる。またこの規定根拠はあらゆる格率の最上の制約と見做される。このようにあらゆる経験的制約から独立な純粋意志は、ア・プリオリなのである。分析的であれば「知的直観を必要とするであろう」[18]が、このような直観をカントは前提しない。それにもかかわらずこの法則は明白に与えられている。したがって、この法則は経験的事実ではなくして純粋理性の事実である。純粋であれ、経験的であれ、いかなる直観も必要とすることなくして存在するア・プリオリな総合命題が、純粋意志の命法である。すなわち、「我、かくのごとく欲し、我、かくのごとく命ずる」[19]のであって、いかなる制約もなしに私が欲することであるが、しかしそれは自己にとって自己が従わねばならぬ命令でもある。ここにいう命令は、自己が自己に命ずることであって、自己が立法した掟に自己が従うことである。まさにこれが自律の規定である。

この意志の自律に関する五つの反論をカントは予想しながら自律の立場を擁護する。すなわち現実の行為を指導する格率の規定根拠を次のようにまとめている。現実的行為の格率を実質的に指導するのは、カントもいうごとく教育、社会組織、感情、理想（完全性）、宗教（神）などであると考えられるが、それらすべては、まず自己において消化され、選択されねばならず、その限りにおいて、責任の主体としての理性の自律が要請せられる。義務を内実とする善なる意志は、「教えられるよりは健全な悟性のうちに発見されさえすればよく」[20]とカントはいうのであるが、その発見のためには周囲の助力が必要であることは、現実的には問題になろう。

さてカントは数学、自然科学の学的成果を踏まえ、「ア・プリオリな総合判断はいかにして可能であるか」の解明をすることによって、理論理性の現象界への適応の範囲と能力の限界を設定した。それによって「自由、不死、神」の形而上学的課題は二律背反に陥るものとして認識論的決定の保留を余儀なくされたのである。実践理性における自由は、行為の義務と責任の根拠として存在する理性の事実であることをカントは提言する。カントも認めるごとく、心性における自由は、そのもの自体としては直観することができない。そうであったとしても、人間における理性的存在者である限りの自由は、理論的に認めなくてはならない。これに対して不死と神の存在は、道徳と宗教との関係からの要請ということになる。

理論理性の事実として存在したア・プリオリな総合判断は実践理性においてはどのようにして保証されるのであろうか。カントにとって実践理性の法則は、ア・プリオリにして総合的でなければならない。その際、理論理性において総合を可能にする媒体は純粋直観であったが、実践理性における総合の媒体をなす機能はどのように考えられるであろうか。カントは理論理性においてと同様に実践理性においても、ア・プリオリな総合命題の存在を確定し、道徳法則の定言的命法こそがそれであると称しながら、理論理性の場合程には詳細な解明が与えられていない。しかし定言的命法が単に分析的命題ではなく、ア・プリオリな総合命題であることを承認するならば、総合を可能にする媒体が求めなくてはならない。それについてカントは何も触れていないのは何故であろうか。しかしカントの命題をよく注意してみれば、総合の媒体は、かの純粋実践理性の根本法則のうちに示されている。すなわち、「汝の意志の格率が、常に同時に普遍的立法の原理として妥当するように行為せよ」という命題のうちにである。この命題を理性の事実として述べるカントは、次のような理由付けをしている。「というのは、それが理性の先行する素材、例えば、自由の意識から捻り出しうるからではなく、（なぜなら、この意識は我々にあらかじめ与えられているのではないから）、それがそれ自身で、いかなる直観、すなわち純粋直観、経験的直観

ア・プリオリな総合命題として我々に迫ってくるからである」[21]と言う。「我々に迫ってくる」のであって意志の自由を存在者のごとく捉えているわけではない。自由を存在者として捉えているのであれば、この場合にはこの命題は分析的となってしまう。「しかしそれを前提するためには積極的概念として、ここでは決して想定されてはならない一つの知的直観が要請されることになろう」[22]という難問がある。しかし知的直観は、あくまで神的であって人間には許されてはいない。にもかかわらずこの法則が与えられているとみなすためにはこの法則は経験的事実ではなくして、純粋実践理性の事実でなくてはならない。しかも、行為に関して実践理性における自律の原理が認められてはいるが、現実的に自由を実現するためには、外に向かって働きかける行為の媒体が必要ではないであろうか。カントも「……行為せよ」と述べている。この点を認識論的にいうならば、悟性は直観にかかわることによって現象世界の表象を可能にしたのである。この直観に該当するのが実践理性においては「行為すること」といってよいのではないかと私は解釈する。

ア・プリオリな総合判断に当たってカントは、純粋直観を媒体となしたのである。この対比でいえば、実践理性の場合にも自由が現実に総合的にかかわるのでなければならず、そうとすれば、その係わりを可能にする媒体は行為にほかならない。ところで行為はつねに身体をともない、身体の延長として社会、国家、地球、宇宙といった現実への広がりをもつにいたるが、カントはそのような現実の条件を排除した形式的規定根拠のみを取り上げたといわざるをえないのである。この点においてカント哲学は抽象性を免れることができないにしても、行為に関する義務と責任の根拠を意志の自律に求めたことは、理論的にも現実的にも妥当的と考えられる。

「我かくのごとく欲し、我、かくの如く命ずる」

この自律の要請は、複雑な今日の社会生活の実態に即応した必要条件であることは認めなくてはならないであろう。そうとしても必要にして十分条件とはいうことはできないのではないか。というのはかかる道徳法則は

「あらゆる理性的存在者にとって」というのであるが、このように理性的存在者の意味を普遍化することはいかにして可能であろうか。この点が明らかにならないならば、主観的観念論にとどまるものという批判を免れることはできない。人間の個性を無視した理論ということになってしまう。ここに形式的にはカントの道徳的自律の理論の重要生がみとめられながら、それだけでは十分に納得できない問題の広がりが意識せられるのである。

カントの宗教論、あるいは美的感性論への展開も、この点に関わってくると言える。『たんなる理性の限界内の宗教』と題する著作においてカントは、「われわれにとって重要なのは、神がそれ自体何であるかを知ることよりも、むしろ、神が道徳的存在者としてのわれわれにとって何であるかを知ることである。とはいえわれわれは後者を知るためにも、神の本来の性質を、後者にかかわる意志遂行にとって十分な完全性を必要とするものとして考え、かつ受け取ることは、どうしてもしなければならないのであって、この脈絡を欠けば、神については何の認識もできない」[23]というのである。すなわち道徳的存在者としてのわれわれにとって必要、不可欠な本性をもった神の存在が信仰される、もしくは希望されている。「神の御心にそわんがために、善なる行為を外にして、為しうると人々が信じるいっさいのことは単なる宗教的狂信、偽りの崇拝」[24]とさえいうのである。

第二章　知の限界と宗教性について

1　カントとキェルケゴール　倫理と宗教の関係をめぐる問題に関連して両者の間には一つの接点がある。それは知の限界の彼方に宗教の世界を求めるという意味においてである。この点についてリクールは「キェルケゴールの哲学的意味」（1982）の論文で次のように述べている。「ある意味では、キェルケゴールはすでに、一八四〇年以後の『カントへの復帰』と呼ばれたドイツ哲学の全般的な運動に属している。われわれは最初の研究で引用しておいた『パラドックスは信仰を要請するのであって、理解を要請するのではない』という言い回しは、次のようなカントの有名な言葉にどうしてもわれわれをつれ戻すことになる。即ち、『私が、認識を廃棄しなければならなかったのは信仰を打ち立てるためである』という言葉である。比較の場はさらに拡張さるべきである。パラドックスの哲学的機能は、キェルケゴールにあっては、カントにおける限界の哲学的機能と同じような働きをしている。キェルケゴールの破れた弁証法には、仮象の一批判として理解されるカントの弁証法とある親近性があるとさえ言いえよう。本質的な事柄が言われ得るのは、この二つの場合にあって、破れた言述（弁証法）という方法を通じてである。このような訳で、キェルケゴールの中には、何か、カント的な背景なしには語られ得ないものがあるし、カントのなかにも、パラドックスとのキェルケゴール的闘いの方法によってしかその意味を帯び得ぬ何かがあるのである」(1)。

ここでリクールがカントとキェルケゴールについて「破れた弁証法」と言っているのは、ヘーゲル弁証法の総合的論理に対立させた特徴づけをなしているからである。「カントからヘーゲル」への近世哲学の発展的流れとは異なったカント解釈、すなわち、「キェルケゴールのアンチ・ヘーゲル」にカントの問題をかかわらせようとした狙いをもっていることがわかる。要するにカントは「神、不死・自由」の問題に直面して理性の限界に突き当たって挫折をしたのであるが、キェルケゴールはイエスの受肉の背理に直面して「あれか・これか」の決断を迫られることから、両者を「破れた弁証法」として捉えているのである。この両者についてこのように特徴づけられた「破れた弁証法の裂け目」の彼方から「人間における自由の問題」が真剣な眼差しをもって問いかけられていることに気づく。

リクールのカントに関連するキェルケゴール解釈の基本的独自性に目を向けるに当たって、カントは上述で触れてきたので、キェルケゴールの自伝的個所を少し取り上げておくことにしよう。

2　著作家の二面性　セーレン・キェルケゴール（Sören Kierkegaard, 1813〜1855）は、北欧のデンマークの首都コペンハーゲンに生まれた。裕福な織物商人の家に生まれた彼は七人目の末っ子で、父が五六歳で母が四五歳というまったくの年寄り子であった。ややせむし気味の虚弱体質が彼を生涯悩ませた。「私の魂と肉体の不均衡」のゆえに両親や兄弟から愛されながら、開放的ではない閉ざされた憂愁を内面に秘めて成長した。そのような彼の内面とは逆に、外面的には周囲の人々と快活に振舞うのであるが、かえってそれが彼を孤独へと追いやる結果となったのである。

このような彼の魂に深いかかわりを持つ重要な最初の人物は、父のミカエルであった。ミカエルは格別にキェルケゴールを愛した。しかし父の愛は厳しく彼をキリスト教へと向かわせるところにあった。というのは貧しい生まれのミカエルが少年の日にその不運を神に呪った。にもかかわらず織物商人として非常な成功を収めた彼は、格別に神に深い感謝の念を抱いていたからである。ところがやがて五人の子を失うという不幸に遭遇したミカエルの悲しみは、益々優れた知能と才能の所有者であるキェルケゴールを信仰（神学者）へと向かわせる方向に教育し、そのための経済的援助を惜しまなかったのである。ところがある機会にキェルケゴールはミカエルの隠された秘密（罪の隠蔽）を知って非常なショックを受け、激しく父に反発する。ミカエルの信仰教育は、あたかも父の罪の償いでもあるかのようにキェルケゴールには受け取られた。それは倫理的というよりもパトス的な反発であって、反感的でありながら、一方では深い父の愛に引き寄せられるという共感的な吸引力も抱かずにはいられなかった複雑な関係である。この反感的共感、共感的反感のパラドキシカルな関係が彼の弁証法を特徴づけ、彼をヘーゲルから引き離し、彼独自の思索へと深めていったのである。

恋人レギーネとの出会いと決別、あるいは風刺新聞にまつわるコルサール事件、さらに当時のデンマーク国教会への批判というコペンハーゲンの街中の人々の注目、非難攻撃、噂話のなかで、周囲との抵抗と戦いながら、キェルケゴールの哲学思想は成熟していったのである。生前にはむしろ世間から排除されながら、死後その天才的業績が評価されはじめると、キェルケゴールの思想は一九世紀から二〇世紀初頭にかけて実存主義哲学として多くの人を引きつけるようになっていった。やがて彼はその創始者として一世を風靡したのである。キェルケゴールは、生涯をかけた著作活動に力尽きると最期に「事畢りぬ」と忽然として地上から姿を消したのであった。デンマーク国教会のミュンスター監督の死とマルテンセン監督就任後に始まった教会主義に対して向けられたキリスト教真理についての闘いの後、路上で昏倒し病院へ運ばれて、数週間後に四二歳にしてこの世を去った。父から相続した財産のすべてを使い果たしてこの世を去っていったが、ここにいたってキェルケゴールは真にミカエル、わが父の愛に感謝の祈りを捧げながら神の許に上ったのではないだろうか。この凄まじい生涯は天才的思想家ならではの歩みであって、あえて言えば例外者の道という外はないのである。人々はこのような生涯に畏怖の感情をいだきながら、いささかおそれつつも接近して、不安に満ちた第二次世界大戦後の魂の渇きを癒す実存の糧をキェルケゴールから受け取ったのである。しかしその興奮の時期が過ぎれば、今日では、もはや色褪せたものになりつつあるのは否定できない。これに対してリクールはどのような目を向けているのであろうか。

まさしく、キェルケゴールは『例外者』である。シュティルナーや、カフカや、ニーチェと同じ資格において例外者であると言う。「哲学者キェルケゴールによっても、神学者キェルケゴールによっても引き継がれ得ないキェルケゴールの一面というものがある。この部分とは、人に伝えることのできない彼の実存である。しかし、引き継がれ得る部分というものがある。なぜというにその部分は、哲学的議論に、反省に、そして思弁に属しているからである。この部分は偽名によって代表されている。人は実存者キェルケゴールの後に従って哲学することはできないけれども、おそらく、彼の偽名の諸著作の後に続いて、その偽名の諸作品がドイツ観念論と同じ哲学的領野に属している限りにおいて、哲学することが可能である」(2)と言うのである。ということは、キェルケゴールをドイツ観念論の系譜に従属させようということではなくて、「哲学の固有の課題は、原理ないし根拠、秩序ないし一貫性、および真理と実在性の意味を探求することには変わりがない」(3)からであって、哲学的課題の探求に関する意義を踏まえた意味においてである。このようにリクールは、むしろキェルケゴールの実存の生々しさから目をそらして、テキスト解釈の方法で思想を読み取ろうとする。しかしテキストそのものの中において、何か生の秘密を解読するというヤスパースの従った方法をとることにする。というのは彼の著作活動の二重性からしても、真理と非真理のはざまにあって苦悶し、その思索を純化させていった意味が解読されねばならないと考えるからである。

3　人間の罪と自由

リクールの問いとともに問題の核心に迫りたいと思う。人間の罪について語る資格を有するのは誰であろうか。形而上学者か？　彼は公平に理性批判をしようとするのでかえって挫折する。ではモラリストであるか？　彼はあまりに人間の努力に期待をかけすぎて、意地を張り、自己の弱みを覆い隠して、罪を認めようとしない。説教者か？　彼の態度はあまりにも教条主義的で、内容が干からびて、生気がない。

キェルケゴールによれば「結局のところ、罪の概念は、その場をいかなる学問の中にも持ってはいない。ただ第二の倫理学のみが罪の発現を扱うことができる。しかしそれとても罪の起源を取り扱うことはできない」[4]。第一の倫理と第二の倫理の区別についてキェルケゴールは『不安の概念』でいう。第一の倫理学は個体の罪性において座礁した。これは全人類の座礁にまで拡大せられた。それによって罪性に関する説明は一歩も前進せしめられることなく、むしろ困難はさらに増大され、倫理的にいよいよ謎めいたものになった。そこで教義学がやってきて、原罪をもちだして助けてくれた。新しい倫理学は教義学を前提し、さてここからして個体の罪を説明するのであるが、しかしそれは同時に観念性を課題として提示するのである[5]。このように個体の罪を全人類の罪性に拡大することによってキリスト教原罪教義を受け入れるのである。とすれば第二の倫理学では罪に対する責任の根拠としての自由が失われてしまうのではないであろうか。このような繰り返し問われて来た難問を念頭においてしばらくリクールに従っていこう。

リクールのキェルケゴール研究はもっぱら仮名の著作に向けられている。多くの仮名の著作のなかで、特に『不安の概念』と『死に至る病』が選ばれる。これはカントが宗教哲学で根源悪と呼んだ人間性の問題をキェルケゴールの思索の境域に引き寄せて捉えたとき、「不安」、「絶望」の言葉に置き換えて論ずることができるからである。しかもこの不安と絶望の書にはいかなる個人的、実存的な事件も語られてはいない。伝記的部分にこだわりすぎるとかえって時間の浪費となるばかりと言うのであるが、キェルケゴールの著作はいずれを取ってみても彼自身の精神の苦闘を覗きみる思いがするのは否定することができない。

「テキストそのものの中で何か生の秘密といったものを解読」(6)、それはテキストのなかに、われわれが収集することのできる断片以上のものが隠されているからである。不安、絶望という情動はこれまで私が取り上げてきた問題との関連でいえば、情念の闇の側面の一形態といってよいと思うが、しかも両者ともにその対象は、無規定で捉えどころがない。何についての不安なのか、何についての絶望なのかが曖昧なままである。もし問題が行為の結果にかかわる法律違反とか、道義的責任とかという有罪性についての確定ならば倫理のレベルで片づくのであるが、憂鬱、恐れといった正体不明の気分に関わる情動を問うためには倫理のレベルを越えることが要求される。

哲学的に高く評価された『不安の概念』がコペンハーゲンで公刊されたのは一八四四年六月のことで、主題に対して「原罪の教義的問題への手引きのための単純な心理学的考察、ヴィギリウス・ハウフニエンシス著(コペンハーゲンの夜警番)」となっている。この書に先立つ彼の出世作『あれか、これか』(1843)に続いて『おそれとおののき』(1843)『反復』(1843)と、その翌年に『哲学的断片』(1844)を、そのうえに『教化のための三つの談話』(1844)などが発表されていることからしても、上の著作を踏まえた思想の成熟が考えられる。『死にいたる病』は五年後の一八四九年六月に『不安の概念』と同じC・A・ライツェル社から出版されている。主題に対して「教化と覚醒のためのキリスト教的心理学的論述、アンティ・クリマクス著、S・キェルケゴール刊行」という実名を出している。この著者と刊行者の形式は『後書』と略称されているキェルケゴールの学術書と同じである。『死に至る病』に先立った著作のなかには『愛の業』(1847)とか『倫理的伝達と倫理的伝達・宗教的伝達との弁証法』(7)(1847・未定稿)といったキェルケゴールの著作家としての見取り図が提起されているような作品があるのに注目しておきたい。

リクールも指摘するように『不安の概念』が「罪への可能性」にかかわるのに対して、『死にいたる病』の方は、「罪の現実性」にかかわる仕方で取りあげられている。キェルケゴールは、罪を不安にかかわらせながら、罪を個人においてのみならず、人類の始めにまで逆上って取り上げる、すなわち原罪教義を前提とする。しかしながら原罪については本来何人もこれを解明すべき言葉をもたないとしながらも、心理学的に内省の限界まで、ある程度の接近が試みられる。それに関連して次の四つの問いが立てられる。

1、人間はどのようにしてこの世に罪をもたらしたのであるか。
2、人間はどのようにして無垢の状態を喪失したのであるか。
3、人間はなに故に罪から逃れることができないのであるか。
4、人間が罪から救済されるとはどのようなことであるのか。

『不安の概念』では1～4、『死にいたる病』では3～4に関連して問いが立てられる。

まず人間の罪はどのようにしてこの世に入ってきたのであるか。『旧約聖書』によれば、人類の始祖はアダム。アダムは神の禁令を受け取った。「汝、善悪を知るの木の実を取ってたべるな」、何故ならば「必ず死ぬべければなり」と刑罰が付加されていた。ところでアダムは善悪の何であるかの知をもっていない。神の禁令は恐ろしげであるが、何も分かってはいない。ただ何ごとかを「なし得る」ことの可能性には気づいていた。「何をなし得るというのだ」。この可能性がアダムを不安に駆り立てる。不安はアダムに眩暈を起こさせ、アダムは、目まいのゆえに何物かに取りすがろうとして、手をのばして掴んだのが、有限なるものであった。この瞬間に最初の罪性がアダムにおいて措定された。この聖書物語ではアダムはエバとの対話のなかで罪に堕ちていくが、キェルケゴールでは自己が自己に語ったと解してもよいということになっている。

アダムは知を象徴し、エバは感性を象徴する。自己における知と感性の対話を象徴的に告げていると解してもよいという。知は感性の誘惑に打ち克つことができなかった。それはあたかもまどろみのなかで夢をみながら身体の姿勢を崩して、机の角で強く頭を打つて瘤ができたようなもの。キェルケゴールはこのような自我を「夢みる精神」と呼んでいる。

この堕罪物語についての現実的解釈を云々すれば、かえって事柄の本質を見誤ることになろうし、現実的解釈は多義である。これは自他の差異の観念の発生、あるいは性衝動の措定、さらに古代メソポタミヤの隷属的女性の地位の象徴的表現、神への反抗、その他多様な文脈のもとで解釈も分かれてくるが、基本的には世代交替の欲望の措定である。キェルケゴールも言うように本来何人も明確には原罪の意味を見出すことは困難であって、多様な文脈で、多様に解釈されるうる混沌の原理というほかはないかも知れない。ただ心理学的接近のパトス的状態を不安で捉えようとしたところにキェルケゴールの独自性がある。というのは「不安とはなにか悪しきことへの予感」、もしくは「不安は可能性への予感」だからである。不安に襲われながら薄暗がりのなかで手をのばし、よりどころを求めて有限なるものを掴むということは、悪への端緒を物語的に漠然とではあるが想像させるからである。

さて、アダムの堕罪は人類の最初の罪である。

最初の罪は質的規定をなす。それ故にアダム以後の罪は自由の目まいによって起こり、アダム以後の人間の罪は、限りなく量的に増大し、罪は世界中に拡大される。『不安の概念』の第二章の「原罪の結果としての不安」以下においてキェルケゴールが不安の多様性と、罪の種々の形態論を展開している。それは原罪の前提のもとに不安の現象学的解釈を文化の形態論としてまとめながら、実存の心理学的考察を絡みあわせているところが興味深い。「質的な飛躍を通じて罪が個体のうちに措定せられることによって、善と悪との区別が措定せられる。人間は罪を犯さねばならないなどという馬鹿げたことを、我々はこれまでどこででも言った覚えはない。それどころか我々が単に実験的でしかない一切の知識に対して抗議してきたのであり、もう一度同じことを繰り返して言うならば、――罪は自由と同様に自己自身を前提しているのであり、かつ、やはり自由と同様に、それはそれに先行する段階からしては説明できないものである」[8]と言われる。このように「不安と罪」「罪と自由」「不安と自由」の関係がアダムとその後の個体を量的に結ぶ絆となる。アダムの自由はその後の人類と結びつきながら、他面、個々の人類はアダムから独立している。

M・ハイデッガーによって特別に評価された『不安の概念』には種々の問題点があるが、ここでは上掲の四つの問題との関係で第五章に目を向けておきたいと思う。そのタイトルは「救済の手段として信仰と結びついている不安」である。「不安は悪しきことへの予感」ではあるが、「不安は可能性への予感」でもある。それは人間を未来へ導くパトスの原理をなす。第五章は「救済の手段として、信仰と結びついている不安」。その冒頭の物語を引用しておこう。

――グリムの童話のなかに、戦慄を学ぶために探険に出発したある若者の物語がある。私たちは、彼の旅で彼がどれほど恐ろしいことに行き当たったかということにかかわらないで、そのかわりに旅の道のあの冒険的なことについて述べてみよう。私は言っておきたい。このこと（戦慄を学び、不安を学ぶこと）は、誰もが打ち克たねばならない冒険であると。彼が決して不安を感じたことがなかったか、あるいは彼が不安のなかに身を沈めることによって自己を見失うことがないように、戦慄や不安を学ぶことがそれである。それゆえにその人なりに正しく不安を学んだ人は、分相応に最高のことを学んだことになるのである。――（『不安の概念』[9]）

「不安を学ぶことは誰もが打ち克たねばならない冒険」とか「正しく不安を学ぶ人は最高のことを学ぶことになる」という。ここにいう不安は、精神病理に属する躁鬱症、神経症などとは違った意味ではあっても、ある不気味さをもっている。不安は不気味なるものの予感であると。人は不安を正しく受け止めるよりも、それから逃れようとする弱さの心理が働く。しかしそれから逃れようとするのではなく、それに立ち向かって不安を学ぶということ、それは冒険であると言う。不安を学ぶものは最高のことを学ぶ――このように不安に挑戦する冒険といえば、上述したカントの述べる崇高な精神につながるのではないであろうか。カントが崇高というとき、すでに精神は神に向かっていたのである。

キェルケゴールの言うには、人間が天使か動物であったなら不安に陥ることもない。人間は総合する存在であり、総合を精神がなすがゆえに不安をいだく。けだし「不安は縛られたる自由」にほかならない。不安は可能性の情念であるから、罪が措定されて現実性となれば不安は消失する筈である。しかし実存は次の可能性との関係に入り、それが不安となる。このように実存の可能性と現実性の間から湧出する不安は絶えることがない。したがって不安から自由となり、不安から解放されようとするならば、「信仰の助けをかりて、不安は個体を、摂理のうちにやすらうように教育する」ほかはないといわれる。摂理はギリシャ的外套をつければ運命ということになろうが、このように不安が信仰と結びついたときに「不安は一切の有限性を焼きつくし、有限性の一切の偽瞞を暴露する」と、キェルケゴールは、このように迷える魂をして神へ向かうように差し向けるのである。

不安が罪への可能性を開示し、絶望は罪の現実性を開示する。人間の身体の死を死とするのではなく、絶望が精神の死にいたる病なのである。すなわち、絶望は精神における病、自己における病であり、したがってそれには三つの場合がありうる。①絶望して自己をもっていることを意識していない場合(非本来的な絶望)、②絶望して自己自身であろうと欲しない場合、③絶望して自己自身であろう欲する場合とである。医者の目からみれば完全に健康な人がいないように、精神についても完全に健康な人、何の苦痛ももっていない人、もったことのない人は無いと思われるが、無精神性の人、反省力のない人には絶望は意識されない。これこそ絶望的という逆説をキェルケゴールはもちいる。意識された絶望について二つの形態を精神の構造からキェルケゴールは解明する。

精神は自己である、自己は自己に関係すると同時に、自己を措定する第三者への関係に関係する存在である。すなわち精神は自己が自己に関係しながら、第三者に関係する関係の自己である。にもかかわらず自己自身であろうとしないというときの絶望とは、自己は自己であると知りつつ、自己であろうとしないときの弱さの絶望とする。この「第一の形態はいわば女性的絶望」と呼ばれる。例えば女性の献身は美徳ではあるが、その対象が失われると女性の自己が失われてしまう。これが自己自身であろうと欲しない弱さの女性的絶望とされる。男性的には献身の対象をうしない、自己を失いつつ、自己自身であろうと欲する別の形態として「第二のいわば男性的強さの絶望」とするのであって、強情ともいえる反抗的自己の在り方をいう。要するに絶望の主体は精神のあり方にほかならない。

キェルケゴールにとって絶望は「神の前における罪」にほかならない。此の世的なものへの絶望から、永遠性に精神のまなさしを向けかえさせる。「神は愛」であって、そのとき神はヨブに対したごとくに、奪い取ったものを再び信仰者に返し給う。神の愛の受肉のイエス、理性にとって背理な逆説を越えてイエスの「神の愛」に触れるとき、「キェルケゴールの憂鬱の、淀んだ、死のような海流が、悔い改めによって、はげしい飛沫をあげた。彼の精神と、悔い改めのあいだを引きさくものは、すでに何もなかった」[10]。

裕福な織物商人の息子として生まれたキェルケゴールは、父から深い愛をうけ、その死後は父の財産のすべてを注いで著作活動に生涯をかけた。「彼は、自分の生活の資を得る職をもっていなかったし、判事ヴィルヘルムによって描かれた倫理学的人間たることに成功したわけでもない」[11]と、例外者としてのキェルケゴールをリクールは強調するが、美的、倫理的、宗教的という人生航路の諸段階を経て、キリスト教的宗教性の段階へ足を踏みいれようとするならば、たしかに凡俗な者にとっては次第に息ぐるしさを覚えずにはいられない。『愛の業』の訳者の芳賀檀も「それ故にキェルケゴールは、むしろ人々に、ここ迄ついて来ない方がよい、むしろ戻って行ったほうがよい、と言います。彼は厳しい人間の科学者です。われわれの性格の構造についても知り尽くしていて、弱いものに対しては無理に限界を越えよとはすすめて」[12]いないので、私たちは分相応にキェルケゴールから精神の糧を得ればよいのかも知れない。

ここで翻ってカントの宗教論に視点を変えてみる。

4 カントの宗教論　カントの宗教哲学の立場は『たんなる理性の限界内における宗教』によって示される。理性の限界内で宗教を認めるということは、宗教をたんに実践理性の要請として理性の枠内に閉じ込めようとするのではなく、その枠外の宗教に対する批判の意味をふくんでいることが次のような言葉から理解される。「人間が神意に適うようになるために善い行いをなす以外になしうると信ずる一切は単なる宗教的妄想（Religionswahn）であり、神への偽奉仕（der Afterdienst Gottes）である」[13]。これが「カントの宗教哲学の礎石であり、カントの生涯はこの確信を証しするものである」（ケルナー）。カントは信仰の立場としてはあらゆる宗教についてその信条に敬意を払っていた。とりわけキリストの教えにかんしては道徳の基本を聖書の言葉をよりどころとしている。「汝、隣人を愛せよ」、「汝、おのれの如く汝の隣人を愛せよ」の黄金律はカントにおいても道徳性の基本理念である。しかしながらイエスの死と復活によって象徴される福音の宗教、恩恵の宗教（Gnadenreligion）の意義はカントでは失われている。カントは「宗教とは（主観的にみれば）、一切のわれわれの義務を神の命令として認識することである」[14]。カントにおいて最高善の実現のために神の存在が要請されたことは、ハイデッガーの指摘のように、「神あり」（Gottist）の命題が全カント哲学を背後でうごかしている留め金の針（Stachel）であったと考えられる。

イエス・キリストの信仰は贖罪の信仰であり、イエスの贖罪とカントの宗教性との関連に関する次のような指摘は重要と思われるので参考にしたいと思う。「贖罪の信仰とは代罰代贖の信仰である。しかしカントの理性宗教はこれを拒絶する。根源悪という罪責は他人が代わって贖うことのできるものではない、という。贖罪ということをいうとすれば、それはただ、各自が神の子の心術をみずからの心術として受けいれた場合にのみ、罪責を負った人間にとって天の義の前での赦免が考えられるのである。カントは自力による『心の入れかえ』（Herzensänderung）が可能であり、そのような心の入れかえが贖罪の前提条件である、という。しかし聖書では聖霊が人を十字架に導き、そこで回心（Konversion）が起こる。カントの立場は神人共働説であり、歴史的にいえば、半ペラギウス的立場」[15]とも評される。カントは敬虔な宗教的環境のなかで成長したが、同時に自己の努力と人間の善性に強く共感し、自律と他律の共働の立場を模索し、その視点から道徳と宗教の調和を考えていたものと考えられる。宗教哲学の立場で諸宗教を扱う啓示宗教のなかでは、カントは一般啓示に属するとみなすならば、キェルケゴールのようにイエスの死と復活を信仰のよりどころとする場合は、特殊啓示の立場を意味すると解釈される。しかしながら、このような形式的区別が重要なのではなく、宗教が人間存在に不可欠の存在であるかぎりにおいては、人間理解に関して両者ともに人間の有限性に目を向け、有限性にまつわる苦悩を克服する道を求めているということができる。この意味では宗教と倫理を含む課題の巨大な山脈を、それぞれの道を辿って登頂を試みたものといえるであろう。

　カントは宗教を論ずるに当たって、この世にはいたるところに非道がみちているというのに、人類の古い文学、古い祭司宗教ではすべてこの世界を善から始まらせているのは何故かと指摘する。「すなわち黄金時代から、天国の生活から、もしくは天界の諸存在と相交われる尚一層幸福な生活から始まらせる。しかしすべては揃ってこの幸福をただちに夢のように消失せしめる」[16]。そして、悪がこの世に蔓延するのである。しかし人間の身体が健康状態で生まれたとすれば、その後にかかった病を自然治癒能力で（ある程度）克服できるように、われわれのなかに善への素質を有すれば、善の素質のゆえにわれわれは、自ら自己を癒しうるものと考えられ、それに依存する哲学説がある。それはセネカからルソーにいたる哲学者たちの仮説なのであるが、カントは単純にはその仮説を前提しないで、まずは人間の本性に根差す悪への性癖に目を向けようとする。しかしながら聖書が告げる原罪思想に助けをもとめてはならないとしている。すなわちこれは「人類が悪性である」というように類から必然的として演繹されるような問題ではない。「われわれはしかし、われわれの責任に帰せらるべき道徳的性質について何らの時間的根源を求めてはならない。……聖書がこのわれわれの弱みに適応する様に、この時間的根源をいかほど明らかに示したにしても」[17]、悪の時間的起源は謎に包まれているという。そうすれば、悪しき行為の責任の根拠が不明になってしまうことをカントは恐れたからである。この点についてならば、キェルケゴールとの対話が可能であって、キェルケゴールは『不安の概念』で、アダムの原罪を論じ、その際「私は人間が罪を犯さなければならないと言ったことは一度もない」と断言している。そうではなく、不安を自由の概念とし、自由との関係において解釈をしている。すなわち、主体的に罪の根拠を追求していったので、カントも自然的悪（病気、天災、環境変化）ではなく、道徳的悪への性癖についてのみ問題にするとして論点を限定しているのである。

人間は「悪への自然的性癖」とでも名付けられる傾向をもっている。このことは、人間の類概念から演繹せずとも、経験的に実例が数え切れず山積しているという。したがって人間の性癖のなかに悪への傾向のあることは、取り立てて証明する必要はなくして、証明の手間が省かれていると、カントは述べながら、美徳のもとに隠された悪徳の数々を軽快な口調で語るのである。カントは道徳的義務の観念を尊重すべきこと、それを理説としながら、それを現実の生活のなかで、充全に実現するのは甚だ困難であった、と人間カントは述懐する。したがって、実践理性の立場から、より包括的な人間学の立場に目をうつして見れば、人間性の素質のなかに反倫理的傾向の内存することは、否定できないことであろう。（道徳厳格主義者カントが若い頃酒場で飲み過ぎて酩酊してしまったとか）。

悪への主観的根拠を心情として捉えて、カントは三つのタイプを挙げる。

1、人間本性の脆弱（fragilitas）に由来するもの。これは客観的条件ではなく、精神の反省の度合いに関係し、反省が深ければ深いほど内面の醜さを容赦なく問い詰めようとする態度の言葉である。

2、人間心情の不純（impuritas, improbitas）からくるもの。カントによれば無条件に善なる意志は「義務から」ということ。好きでするのはカントの倫理学説からは不純とされる。好悪の感情に左右されては相手が迷惑する場合も少なくはない。また幸福追求はよいことにはちがいないが、これによって他人を見下したり、高慢にもなりかねない。いわゆる不純な善となるが、最晩年の考えには少し変化が見える。

3、人間心情の悪性（vitiositas, pravitas）あるいは腐敗（corruptio）といってよいもの。これを倫理的に言えば、道徳法からの動機を、他の動機よりも軽視する格率を採用しようとする意志の性癖であると言われる。汝の意志の格率を普遍的立法に合致させるのではなく、道徳法に反するような格率を採用することを心情の悪性、腐敗といっている。これを人間心情の転倒（perversitas）と呼び、自由なる意志の動機についての道徳的秩序の転倒が、道徳的心情を悪くし、腐らせた。自由意思を道徳法とは別の動機（名誉欲、自己愛一般、同情、親切、その他）に結びつけるのは、行為の表面が善であっても、内面に悪への傾向をもっている。だから「悪への性癖はただ自由意志の道徳的能力にのみ結合させられる」ので、道徳的善悪を越えた次元での人間の行為、それについては問題外として排除されている（以上については第五章にて詳論する）。

このように人間の悪が問題になるときは、道徳的法則を自ら意識しながら、道徳法に背反する格率を受け入れるときのことである。感性そのものを悪とするのではなく、「道徳的秩序を転倒することによってのみ悪となる」とカントは繰り返し述べている。また「この性癖は打ち克つことが可能でなければならない」とも言っている。そして、「われわれの責任に帰せられるべき道徳的性質については何らの時間的始原（Zeit-anfang）を求めてはならない」（聖書物語にたよってはならない）というのである。

悪の根源についての不可解の理由をカントは次のような物語を引用して、それ以上の追求の手を免れている。すなわち悪の世界の始原については、しかし未だ人間においてではなく、本来は崇高なる性分を有する一つの精霊の中に、人間に先だって存したとしている。「されば上によってあらゆる悪の第一の始源は、われわれにとっては不可解なものである。なぜなら悪は、かの精霊のなかへ何処からきたのか？と問わねばならなくなるからである」。しかし人間はただ精霊の誘惑によって悪へ堕したとするならば、根本から腐敗した訳ではなく腐敗の心情にもかかわらず、依然として善なる意志を有する。人間には彼がそこから外れた「善への復帰の希望が残されている」[18]と。カントは、第一篇の総注として「善への根源的素質の力の回復について」のテーマのもとに人間の心術の革命を述べ、それによって「新しい人となり得る」ところの可能性を示唆する。ただし、人間の行為は道徳性につきるのでは無く、生きるためには諸々の条件が必要であり、それらをまとめて、徳と幸福の一致を保証する神の存在の信仰への道を告げるのである。このような神を背景としながら、人間側の努力に人々の目を向けさせようとする。神の助力――「この助力に値する様になるために彼自ら何を為さねばならぬかが本質的なことであって、何人もこれを知る必要がある」と、いかにもカントらしい言葉で最後が結ばれている。

第三章　美と善の関係をめぐって

1　問題の方向性

ソクラテスのカロカガティア（καλοκαγαθία）いわゆる美と善との一致は長く哲学思想の課題であり、この課題をめぐって多くの論及がなされてきた。ところでこの課題は本来人間存在にとってどのような意味をもつであろうか。善と美は一致するというよりもむしろ矛盾的関係にあるのではないか。とすれば善と美の一致を求めることは虚しい思考の努力、理性のあがきに過ぎなかったのではあるまいか。あるいはある条件のもとにおいてならば、その理論的可能性を得ることができるのであろうか。

ともあれ、古代ギリシャ哲学において善き行為は、またうるわしい行為であり、善きものは、またうるわしいものであることが理想として求められていた。そしてこの人間存在の理想は中世キリスト教世界においては神の概念を媒介にして受け止められ、さらに近世の古典主義的ヒューマニズム、その発展の形態としてのドイツロマン主義思想においてこの理想は、最高度の位置づけを得たのである（ゲーテ、シラー）。とは言えこの点にかんする理論的説明の仕方は一様ではない。さらには近世哲学の完成と言われるヘーゲルの精神現象学の体系では、道徳より高次の段階に芸術をおき、芸術を絶対精神の現象形態となしている。ヘーゲルに対立するキェルケゴールの実存主義哲学では、芸術的態度は享楽的に生を楽しむ美的段階となり、宗教的実存にいたるには、美的生を断念する倫理的真剣さが要求されたのである。このように善と美の関係の変様、あるいは亀裂が生じ、その溝は現代人の浮遊する精神状況においてはさらに深まりつつあるのではないか。にもかかわらず現在にいたるも、人間の行為、あるいは存在の様相において「美と善の一致への憧憬」は、人間性の深淵から湧出する神秘な何ものかであるように思われる。カントによれば、「美は道徳的善の象徴」なのである。美はいかなるかぎりにおいて道徳の象徴でありうるのか。したがってここでは感性的表現としての「美」と、心の内面的道徳性としての「善」との関係を、美的判断力批判として構想するカントの所論に依拠してその方向を見定めたい。美と善（徳）の一致は人間の最高善の課題とも言ってよいので、カントからすれば、必然的に宗教性が背景として豊かにかかわってくるといえる。道徳は実践理性を主体とし、美は快、不快の感情の意識である。感性、もしくは感情性は認識論では悟性にとって隷属的となり、実践理性では禁欲的に、むしろ排除される不運な役柄を負っていた。しかし美学論ではこの感性に対して、より豊かな意味が発見されるのではないかという予想をいだくことができる。

2　感情の観察

『純粋理性批判』に先立つこと十数年前の小著『美と崇高との感情に関する観察』（1764）は、その表題の告げるように、あくまで観察者の立場で、学問的理論性を意識することなく、興にのって叙述が進められている。にもかかわらず、叙述を貫く主題は三批判書によって構築された内容の漠然とした予感が隠されているのを知る。それは道徳的善に対する美の関係である。カントは道徳的善を主体的内面の善意志に求めたのであるが、善意志から発する行為はときに美しさを伴うものである。この感情に根ざす美意識と、実践理性との関係はどうなっているであろうか。

カントの美醜にかかわる感情の観察を一瞥すれば、

「満足や嫌悪やのいろいろの感じは、それを起こす外物の性状によるよりも、むしろそれによって快、不快を感じさせられる、各人固有の感情にもとづいている。ある人々が喜びを感ずるものに、他の人々が胸をむかつかせたり、恋愛の情熱が一般人にとっても謎であったり、またある人が激しい反感をもつことに、他の人が全く無関心であったりするのは、このためである」[1]と、一七五〇年代の堅苦しさを抜け出したカントの言葉はみずみずしい。感情の満足は格別の才能を必要としないで自ら幸福を感じさせるのであるから「けっしてつまらないものではない」と評価しながらも、点数は控え目である。というのは、感情の悪用による幾千倍、幾万倍、いな無数の弊害が認められるからである。そうであればこそ道徳的善意志による義務の概念の重要性を実践理性において強調することとなったと考えられる。

感情における主観性の素晴らしく幸運な点は、客観的価値に関係なく自己の持ち分を守っていさえすれば、ささやかな幸福を享受できることで、他人の花が美しく見え過ぎない間は、平和を維持できることである。ところで「世にある存在」であるところの人間は、自己をとりまく客観的存在物におのずからにして目が奪われる。その結果、羨望、嫉妬、競争心などなどの悪徳によって心の平和がかき乱されて、悩まなくてはならない。この主観性のとらわれから感情性を解放して、情緒の客観性を獲得することは道徳的善意志の理論的要求でもあり、この意味においてこそ、「美と崇高の感情」の観察が批判哲学体系の伏線をなすものと考えられるのである。

美と崇高の違いがどのように理解されているのか。

カントによればおよそのところ、雪を戴いて聳える連山、嵐、ミルトンの地獄の叙述＝崇高。花多き草原、小川の流れ、飛翔する群鳥＝美。畏ろしさを伴う強いもの、影、夜＝崇高。楽しく、微笑を誘うもの、輝く昼＝美。エジプトのピラミッドのごとく構造が単純で高貴なもの、ローマのペテロ寺院のごとく立派なもの＝崇高。小さく磨かれ輝いて、飾られているもの＝美。このようにカントは実例を挙げて美と崇高の区別をするが、その際に美術品が例示されていない。カントの美術理論は卓越しているのに作品の観賞が貧弱だといわれてきた。ここで一例を付加すれば、日本古都の寺院内の丈六阿弥陀如来像は崇高。この如来像を荘厳する壁面の飛天女像は美であるといえる。また悲劇は崇高な感動を呼ぶが、緊張して疲れやすく長続きしない。喜劇は美的で、道化師、冗談、おかしな人たちが登場する。愛は楽しく、親しみやすく、笑いとくつろぎを与え、振る舞いの軽さと、派手さによって美。但し悲劇と喜劇にはある程度に崇高と美が混じりあって、その境界は曖昧であると。一般人では「行儀のよさを徳の美とし、己を捨てて他のためにつくすこと」は高貴で崇高な感情を刺激する振る舞いとみなされる。

以上は、事例の一部を抜粋したに過ぎないが、感情という流動的性状からしても、あえて精緻な識別を行う必要はないように思われる。このように事例をもって観察された崇高と美の感情における区別が第三批判（1790）の理論にどのように生かされるであろうか。

3　美的判断と直観　何物かを美しいと判断するとはどのようなことなのであろうか。

カントは快、不快の感情との関係において諸々の対象、もしくは表象の仕方を区別して三種の相違を指摘する。それは快適と美と善に関してである。これは誰しも認めるところであろうと断って、快適は単に快楽を与えるもの、美は満足を与えるもの、善は価値ありとせられるもの、正しとせられるもの、即ち客体的価値のあることが認められるところのものとせられる。快適は動物に妥当するが、美は、ただ人間に、即ち動物的にして、理性的存在に妥当するのに対して、善はあらゆる理性的存在者一般に妥当するとせられる。この美意識の普遍的性格について、「美は概念なくして普遍的満足の客体として表象せられるところのもの」(2)として、快適の刹那性に対して普遍性を強調する。美と善とはこのように相違がありながら、やはり何らかの関係が求められている。どのような関係か。

美意識は、たんに感性的触発をうけて生ずる感覚経験の内容とは異なっている。積雪の山々、渓谷、色彩豊かな花々、夕陽、大海原の自然界によせる美的感嘆と、大伽藍、寺院、彫刻、絵画、旋律、交響曲、詩といった芸術作品の美との間にはどのような差異があろうか。美のイデアを掲げるプラトンによれば、実物の模倣に堕した芸術作品は、イデアから遠ざかること三番目のミメーシス（模倣）に過ぎないと批判される。真実の美的作品の条件はイデアへの上昇の愛を内実とする。感覚されるものは、美のイデアを映しているからこそ美的である。『美学概論』(3)によれば、自然と芸術作品の両者には、差異にもまして本質的に結びつきのあることが指摘されているが、カントの美学論は現代の抽象的絵画の説明原理ともなりうると言われているほどで、美の形而上性が考えられる。

カントは心の働きの能力全体（Gesamte Vermögen des Gemüts）を次のように取り出す。(1)認識能力（Erkenntnisverögen）(2)快、不快の感情（Gefühl der Lust und Unlust）(3)意欲能力（Begehrungsvermögen）。認識能力はさらに悟性、判断力、理性に分けられる。悟性は感性の客体としての自然を認識する。カントにとって経験可能の認識原理はア・プリオリに心性に備わっている。これに対して理性は実践的自由の認識のためア・プリオリに立法の原理を提供する。悟性のア・プリオリな法則性は感性を介して自然とかかわり、実践理性のア・プリオリな自由意志は意欲する能力にかかわる。これと対応して、美的判断力のア・プリオリな根拠は、心性の感情にかかわるものとせられる。けだし美的判断は、概念の認識ではなくして、心の感受性の問題だからである。図式的に整理をすれば次の如くになる。

（心の能力）	（認識能力）	（ア・プリオリな原理）	（適用されるもの）
認識能力	悟性	合法則性	自然
快と不快の感情	判断力	合目的性	芸術
意欲能力	理性	究極目的	自由

これらの心の諸能力は、各々に独立の機能をもつと同時に、相互に関係し合って人間学的、総合的に捉えようとするのがカントの意図であった。その際のカントは、判断力に対して、自然と自由の二領域を関係づけ、結びつける役割を負わせている。カントによれば一般に判断力とは、特殊を普遍のもとに包括することとして特徴づけられる。その際すでに普遍（規則、原理、法則）が与えられていて、そのもとに特殊を包括するか、普遍が与えられていないか、の二様の仕方が考えられる。前者を規定的判断力とし、後者は心のうちに普遍が探し求められるという意味で反省的判断力と称される。前者についてはア・プリオリな原理を改めて問う必要がない。例えば悟性において「あらゆる変化は原因をもつ」とあれば、判断力はア・プリオリな自然法則のもとに特殊を包摂する以外に何事もなすところがないからである。これに対して、反省的（直観的）判断力においては、特殊に対する普遍が規則、原理、法則として与えられてはいないから、主観内において普遍性が探し求められねばならなくなる。

上に指摘したように美的判断力は、その主観的根拠が快、不快の感情にあるとせられた。「あるものが美であるかそうでないかを判別するためには、われわれはその表象を、悟性によって対象へ認識のために関係づけることをしないで、想像力（構想力）――おそらく悟性と結合して――によって主観へ、しかも主観の快、不快の感情へと関係づける」[4]のである。カントは趣味判断を例として美意識を分析する。

4　美の分析論

カントは趣味判断の純粋な性質をとりだすことによって美とはなにかを説明する。趣味とは一般に個人的好みによって選択されるものと考えられる。「趣味については論議すべからず」の諺が古代ローマのころからあるが、趣味判断の学問的反省は可能なのであろうか。一七世紀半ばから、美を趣味や快感に結びつける傾向が生まれ、これを美学としたバウムガルテン（1714～62）は、ラテン語に由来するエステティカ

（aesthetica）すなわち感覚学の呼称を美学（die Ästhetik）に使用して芸術論となした。

何物かを見て「美しい」という感動は、素朴には感覚経験のようでありながら、美意識は感覚的快にとどまるものではない。個人を中心に考えても、年齢によって美意識は変化し、教養の深浅と、心の成長によって美の価値意識は、変動する。人生における最高の生き方は、趣味と実益を兼ねたところにあるといわれるように、趣味が人間の生き方の奥深くに浸透した断面のあることも見逃すことができない。そこで美の探求を、感情的快、不快という次元にではなく、美術鑑賞の感動、ひいては人生の善の問題とのかかわりをも含めてカントは、趣味判断の分析を美の探求の手がかりとなす。カントは趣味判断の純粋性を四つの条件に照らして特徴づけるに当たって悟性の原則、質、量、様相、関係と結びつける。（感情性では質が先行して、質、量、となる）。

(1)塔を見て美しいと判断する時の仕方は、塔の高さ、古さ、合目的な規則性などについての認識とは違って、ただ表象の満足の感じを意識するのみである。与えられた表象の客観に関係づけられる仕方は論理的で、表象が判断においてただ主観的感情のみに関係する仕方は直観的、もしくは美的（aesthetisch）といわれる。第一に趣味判断は直観的であること、主観の快、不快の感情に与える満足の意識である。ところでこの判断を規定する満足は関心を欠くというのが趣味判断の第二の特徴である。関心というのは、対象の存在に対して主観の意欲がかかわっていること。絵のなかの見事なリンゴに対して、おいしそうだなどとは、美的には誰も判断しない。豪華な宮殿を眺めた人は、さまざまな想念をいだく。ベルサイユ宮殿を見たときルソーは、美しさに感動するよりも、むしろ特権階級の贅沢に嘔吐したと告白している。これに対して目前の芸術的建築物をただ美しいとのみ判断する場合には、その建築物がある人にとってどのような重要性があるかないかの関心を問う必要はないので、むしろ単に観照（直観、または反省）的にその事物にかかわっているに過ぎない。趣味判断においては、表象のみが自己にとって重要な意味をもち、自己がその対象物に左右されるということはない。むしろ対象に対する関心という点から言えば、冷淡といえるほどである。たとえわずかでも関心が混じている場合には「美についての判断は不公平となり、純粋な趣味判断ではない」と言わねばならない。趣味判断の純粋性は、認識なき直観、かつ無関心性として特徴づけられる。

次に趣味判断の美的純粋性と紛らわしい満足の契機をとりあげてみれば、趣味判断の内実が一層尖鋭化される。快適なるものにも満足の感情はあるが、それは趣味判断とは違って主観の意欲をかきたてる。「快適（Angenehm）とは、感覚（Empfindung）において感性に満足をあたえるもの」であるがゆえに、感性における感覚的対象は、時に主観の意欲をかりたて、対象に向かって積極的行動をとらせることがある。例えば野の百合の美しい装いを見れば、つい花泥棒の罪を犯してしまいそうになる。そのささやか犯行を制止するのは自然を自然のままに保存するのを善とする道徳的理性にほかならない。そして理性は犯行を制止することによって満足する。「空腹は最良の料理人である」といわれるように空腹の人にとっては、食べられるかぎりのものは美味であり、この場合には傾向性の関心が意欲をかりたててやまないが、どのように空腹であっても、他人の面前で、満足の態度を偽装する場合には、道徳的関心が快適意欲を禁欲的にし、善意識は満足する。

快適と美と善において、快適と善は、意欲との関係において関心がかかわっているのに対して、純粋な美は、静観的（kontemplativ）である。美の判断は、対象の存在には無頓着であり、ただその性質と、快、不快の感情とを連結するところの判断である。何故ならば、趣味判断は認識（「バラの花は美しい」は認識ではないことになる）ではない。というのは概念にもとづく判断ではないから。かくして快適は快楽を与え、美は満足を、善は価値意識を与えて、正しとせられるものによって満足が得られる。

快適と美と善の三者において、快適と善の両者は意欲することに関係するが、意欲する主体を比較すれば、両者の関係は対立的である。即ち前者は個人的で、後者はあらゆる理性的存在者一般に妥当するからである。そして、ただ美についての趣味のみが、無関心的であって、強制なき、自由な満足を与えるのである。このカント説についてのシラーの面白い詩がある。(5)

「勤勉では密蜂が君を訓育する。
熟練では一匹の虫が君の師でありうる。
君の知恵を君は選ばれた霊性と分かち合う。
おお人間よ、芸術をもつのは君のみだ」(詩「芸術家」)

善の意識なくして、ひたすらに働く動物たちの姿は、カントの目にはどのように観察されたことであろうか。働きものの蟻は人間にとって勤勉の手本であり、雌鳥にとって雄鳥の羽飾は、どのように受け取られるであろうか。鳥の勤勉や美装には公開性がない。

(2)猟人にとって空飛ぶ鳥は、ねらいをつけた獲物である。この場合には、その鳥と猟人との関係は個人的であって、獲得意欲の傾向性のみに結びついていて、広がりがない。筆者の近くの神社で神主が趣味で白孔雀を飼育していたことがあった。白銀の尾羽の開いた姿をみるために長い時間を費やしたり、他人を誘って一緒に見たいと思ったりしたものである。この場合には見るだけで満足すると共に、美の観照にはそのような他人への広がり、没個人的な側面がある。美の量的規定によれば、「美とは概念なき普遍的満足の対象」として表象され、その場合には美はあたかも対象の性質であるかのように判断される。

単に快適なるものというならば、ある人が管楽器を愛し、他の人が弦楽器を愛したからといって、どちらが正当であるかを論争することはできない。「美的なるのもはこれと全く趣を異にする。自己の趣味に多少とも自信をもっている人が、自己の正しさを確証するために、この対象が私にとって美である」(6)というならば、それはナンセンスになるだろう。美の場合には他の人々に対して、自己と同一の満足が得られることが要求せられる。そして美が対象そのものの性質であるかのように語られる。美的判断は、他人との一致が期待されるという意味で普遍性が要求される。同じく善の認識も普遍的であることが要求される。ただし善の場合には概念に基づく普遍性である。

この量的規定から快適と美と善とを比較すれば、単に快適というのは各人固有の趣味をもっていることに過ぎないが、美の評価にあたっては満足の普遍性がある。この普遍性は善における普遍性の規則ではなくして、経験的規則のもとに立つかぎりでの社交性に関係する。自己の趣味判断への一致を他人に向かって要求しない場合についてカントは、感覚的趣味と称し、美についての趣味判断を反省的趣味と呼んで区別する。感覚的趣味については、他人の同意という普遍妥当性を要求しないほど謙虚でありうるにもかかわらず、反省的趣味のほうは、美についての普遍妥当性が要求せられる。それは何ゆえであるか。しかも概念にもとづく普遍妥当性の規則がないにもかかわらず、普遍的である。「美とは概念なくして普遍的に満足をあたえるところのもの」(7)、これが第二契機から結論される美の意味である。

(3)趣味判断には目的の概念が導入せられる。

趣味判断における目的概念は日常的行動の目的とは違っている。日常的な目的意識は人々の意欲が深くかかわってくる。空地に建てられた家。外観からして住居であることがわかれば、誰かが住むために建てた建物であることはたしかである。公共の建築物、寺院など、それぞれの目的によって建築構造も異なってくる。これは何のための建築物であるかに従って、当の建築物の名称、すなわち対象の認識が成立する。これに類する目的の設定、すなわち人間の欲望によって規定される目的の概念は極めて明白である。しかし人間の欲望に関係なく、建築物の構造のみに着目し、ある建物が家の概念を原因とした結果というならば、一つの概念がその対象にたいしてもつところの因果性を合目的性ということができる。(8)その場合には建築物を作った人、あるいは建築の意図とかかわりなく建築物のうちに内存する目的性全体を考えることができる。さらにはこれが家であるという概念からも離れて、建物そのもに内存する目的性全体を受け入れたとき、美的判断が成立する。

この目的性全体と実際的目的との区別が美的趣味判断においては重要となる。このような区別から「目的なき合目的性」という一見矛盾した命題が成立する。この「目的なき合目的性」（表象様式）の命題においてカント独自の美学論があり、この点に関してならば、快適と美と善との区別を行ってきた理論を踏まえれば、合理的に理解することができる。快適と善とは、個人もしくは理性的存在者一般における意欲と、関心がかかわっているのに対して、美は関心なき満足と規定せられるのである。

さらに「目的なき合目的性」について「形式の故に付与されるところの美」[8]としてカントは特徴づける。たとえば絵画、彫刻、その他すべての造形芸術、建築や庭園においてカントはデッサンを重要視する。すなわち合目的的に形を創造するために幾重にも重ねて線を描いてゆく想像力にカントは芸術的想像力の根源をみとる。「むしろその形式によって満足を与えるところのものが趣味に向かって訴えられるすべての根源をなしている」と。これに対して色彩は、感性の刺激に属する。色彩は感覚に対しては溌剌とした快感をあたえるとしても、真に観照に値するもの、美なるものに値することはできないと、色彩の美的価値が低く評価されている。これは、カント理論からは、一つの帰結として承認されるとしても、色彩の美的判断の重要性はゲーテの色彩論をかりずとも、日常世界の経験からしても疑問を投げかけることができよう。芸術のゆたかさは色彩のゆたかさにも関係するのではないか。万葉歌人が現代人のもたない色の区別について多様な言葉を使用していることからしても、ゆたかな芸術的感覚が推定されるので、形と色の芸術に優劣をつけることはできない。

美についてのカント独自の命題「目的なき合目的性」は、形而上学的に、人間の意図とは独立な自然の体系についても妥当する。自然の合目的性についてのアリストテレスの言明によれば、「もし燕が巣を作り、蜘蛛が網を張り、また植物が、その果実のために葉を生やし、栄養をとるために根を上にではなく、下におろしたりなどするのが、自然によってであるとともに、何かのためにでもあるとすれば、自然によって生成し存在するもののうちに目的因が内存する」[9]。この理論は部分と全体との有機的関連という意味で、自然内における合目的的完全性を表明している。但しカントの場合には『純粋理性批判』において扱われたように、自然の体系はア・プリオリな悟性概念によって感性的素材が統合されて成立する。したがってその自然の体系は、機械論的世界とみなされるにいたる。そこで自然世界についてこの機械論的見方と目的論的見方との関係、両者の間の理論的共存、両立可能性が問われてくる。しかしこの点は他の個所で問題としたい[10]。

(4) 対象の満足の様相に関する趣味判断の特徴について。

快適と美と善のそれぞれについて、自己における快感の様相(Modalität)は、快適という場合は感性的で、美と善は必然的というのである。しかし美と善では必然性の様相が異る。善における満足の必然性は、純粋理性意志の諸概念によるもので、誰もが一定の仕方で行為すべきであるという仕方に関係する。しかし美においてはア・プリオリに認識さるべき概念は存在しないし、道徳的実践の必然性(当為)ということもない。強いていうならば、ただ範例的(exemplarisch)とでも名づけられるところの必然性なのである。それは「ある普遍的規則の適用例のようにみなされるひとつの判断に対してあらゆる人々が賛同するという意味の必然性」[11]である。したがって美的判断は、客観的のそれでもなく、また認識判断でもない。ゆえにこの必然性は一定の概念から導き出されるものではないからして、確定的な判断を与えることはできない。多くの人々の賛同が得られるというところの必然性である。

趣味判断が他人の賛同を要望するのはなぜであるか。趣味判断において他人の賛同を必然的に要望するところの根拠についてカントは共通感覚(Gemeinsinn, sensus communis)の理念を提起する。共通感覚は、ただし共有の知識という意味での常識のことではない。常識には一定の概念が含まれているが、共通感覚は、いかなる概念でもなくして、感情に関係しながら普遍的満足をあらわす言葉である。ところで判断力批判の研究において多くの学者の関心をひく共通感覚の理念には、一種のとらえどころのない曖昧さが残る。それは理念という言葉のもつ曖昧性に由来するのであろうか。共通感覚が趣味判断の感情的普遍性を合理的に説明するために必然的に前提される（カントは仮定ともいう）理念であることをカントは繰り返し述べている。「このような共通感覚はひとつの当為を含む判断を権利づけるものであって、それは単に各人がわれわれの判断に一致するであろうというのではなく、合致すべしという意味をふくむ」[12]ところの理念である。または「共通感覚なるものは、ひとつのたんなる理想的規範に過ぎない」[13]とか、「共通感覚というこの一種の不確定的規範」という説明が与えられてくる。心理学的でもなく、概念的合法則性でもなくて、道徳的当為の普遍性でもなくして趣味判断の普遍的妥当性が、それによってのみ可能性が保証されるところの共通感覚なのである。

趣味判断とは対象を、想像力の自由な合法則性との関係において判断する能力である。自由と法則性とは矛盾する。従ってあえて言えば、法則なき法則性、規則なき規則性ともいわれる。硬直的な規則正しさはかえって反趣味的である。庭園、室内装飾、美術工芸品においては、強制的規則正しさはできるだけ避けられる。バロック趣味にはあえて怪奇なものに近づこうとする想像の自由があり、規則のあらゆる強制から離脱しながら、趣味の想像力の設計のもとで最大の完全性が表象される。これをもってカントは、表象能力の自由なる遊戯（Spiel）という。

知的で堅苦しい風貌のカントが、規則なき規則の、自由なる想像性の芸術に心を奪われて思索しているかのような、ゆたかな範例が趣味判断の叙述を躍動させる。この「表象能力の自由なる遊戯」に規則なき統一性と完全性と普遍性の可能性を保証するのが、共通感覚の理念ではないだろうか。このことは芸術の創造、観照のいずれのおいても妥当すると考えられるが、ここで共通感覚についてはこれ以上には述べられていない。

(5) 17節に「美の理想につて」の項目があるので取り上げておきたい。美を概念的に定義する客観的規則はなく、範例的であるとカントは捉えている。美の永遠性という言葉があるが、カント流にいえば「感情の普遍的伝達性、すべての時代、およびすべての民族のあいだで、できるかぎり多くの一致があるということ、それが事例によって保証せられている趣味が、本来万人に共通の、深く隠された感情性の根拠から発生してくる」[14]のである。「趣味の共感が感情の普遍的伝達性の隠された根拠の憶測を可能にするところの経験的な基準（Kriterium）ではないか」[15]といわれる。しかも根拠を憶測するにしては、あまりにも薄弱な基準であるかもしれないと釈明をしなければならなかった。そうとしてもこの範例になるような対象を産出することは、他人の模倣ではなくして、ある典型を生みだすことでなくてはならない。このことから趣味の最高の典型、これを原形とおきかえる。この原形とは、趣味による判定の事例となるすべてのものを、さらに他の人々の趣味をさえも判定しなければならない理念であるという。理想とは理念に適合する存在者としての個物の表象のことである。概念によらず、ただ表現せられたものとしての個物に理想があるという。理想の個的表象には理念がある。理念は、ア・プリオリに規定された事柄の原形ということになろうか。そのような条件を備えた存在者は、美しい建物、庭園、家具……などではなくて自己の存在の目的を自己自身のなかに有するところの人間にほかならないとカントは言う。「個体における叡知としての人間性、この世の一切の対象のなかでひとり人間のみが美の理想」[16]に適し得るのである。

美の理想というのは模範的な人間の体型をいうのではない。いわゆる外形の平均値ならば、人間以外の動物たちについても理想が求められてもよい筈である。人間のみに求められたということは、カントは道徳性を美の理想としているからである。道徳的諸理念の可視的表現は現実にはただ経験から知るよりほかはないとしても、美の合目的性の理念は道徳的善に結びつくことによってひとつの形像を獲得する。魂の穏やかさ、もしくは純潔、もしくは強さ、もしくは若さ、もしくは……とカントの挙げる事例は人間の善の側面にもっぱら目が向けられる。人間の弱さ、悲惨、苦悩もしくは死、といった人間の闇の側面からは一応、目が逸らされている。というよりもカントにとって弱さとは、克服されねばならない理性の希望の問題なのである。カントはこのように美の理想を道徳性に求めるので、美の理想は最早趣味判断の次元をはるかに越えているといえる。

5　崇高の分析論

(1)美と崇高は、両者ともに感覚的判断や論理的規定判断を前提することなくして生じる反省的判断である。したがってその満足は、単なる快適のように感覚につながるのではなく、また善の満足のように一定の概念につながっているのでもなくして表象能力（das Vermögen der Darstellun）につながっている点において一致する。「表現能力、すなわち想像力は、与えられた直観に際して、悟性あるいは理性の概念の能力を促すものとして、調和的に考察される」[17]。したがって美と崇高の判断は「個別的でありながら、各主観に対して普遍妥当的である」[18]。カントは感情の普遍性に対して共通感覚の新しい概念を使用したのであるが、ここでは普遍妥当性のよりどころを悟性と理性に求めている。ただし概念によって規定するのではなく、強いて言えば、反射的に悟性や理性に関係させている。共通感覚の悟性と理性へのかかわりが示唆される。

(2)美と崇高に関する違いにも目が向けられねばならない。自然美に関していえば、美は対象の形式に関係し、崇高の対象は没形式的、すなわち無限定なるもの。美は悟性概念の表現、崇高は理性概念の表現となる。前者は質の表象に、後者は量の表象に結びつく。美が直接的に生の促進の感情を伴うのに対して、崇高は間接的にして、一度は快感を否定するかのような衝撃を与えながら後に、衝撃によって火花を散らし、それによってより強烈な情動が誘発される。したがって崇高の感情は、一種の感動であり、想像力の遊戯ではなくして、想像力の厳粛な仕事であって、甘美な刺激とは調和せず、崇高についての満足は感嘆、畏敬と言ってよい。

美と崇高の内面的区別、これが重要である。自然美は、その形式において、対象を判断力に適合するようにあらかじめ規定したとも見える合目的性を有するのに反して、崇高の感情は、形式上から言えば、判断力にとっては反目的的、表現能力にとっても不適合で、想像力に対しては無理強いをするかのように働く。にもかかわらずかえって、そこに崇高と判断される条件が存するのは何故か。本来崇高は感性的形式のなかに含まれるのではなく、理性の理念に関係する。暴風に荒立つ大海原は、それだけであれば、ただ恐ろしいだけである。感性的現象を離れて、より高い合目的性を含む理念（神の力）の刺激をうけるならば、それによって崇高の感情が充たされる。それと共に自然についての単なる機械的関係が、芸術の概念としての合目的性へと拡張される。秩序ある自然よりもむしろ混沌、不規則、無秩序、荒廃において、強大なる力が認められるならば、その瞬間に、崇高の理念が刺激を受ける。したがって崇高は、自然それ自身の合目的性を指示するのではなく、むしろ自然から独立するところの一種の合目的性をわれわれ自身のうちに感じさせ、自然の直観の可能的使用において合目的性を指示するところの感情である。自然の美は根拠を外に求めなければならない。しかし崇高の意識に関しては、根拠を自己のうちにおいてのみ、それは自然の表象のなかへ崇高性を移入する（hineinbringen）ところのものであるが、われわれの思考態度のなかにのみ求められねばならない。

美と同様に崇高の分析も、「量的には普遍妥当的、質的には無関心性、関係からは主観的合目的性、様相からは主観的合目的性を必然的として表象するとせられる」[19]。ただ美の分析を質からはじめたのに対して、崇高の分析はまず量からとりあげられる。というのは崇高の感情の特質は、大いなるものの感動だからである。それは想像力によって、認識能力へ、あるいは意欲能力へ関係づけられる。創造力の表象は更に、数学的、力学的として展開される。これは崇高の量的規定の二つの側面からの展開である。

(3)数学的崇高　崇高とは絶大なるもの（schlechthin groß）を指す。あらゆる比較を絶して大なるもの。それによって表示されるところのものは、純粋悟性概念でもなく、感覚的直観でもなく、理性概念でもなく、判断力（美的ではなく知性的）の概念である。ある物が大きいという認識は、小なる物との比較を前提にするが、絶大なるものは比較を絶して大であるから、それを計る尺度は外にはなく、それ自身において見いだされねばならない。それゆえに崇高は自然の諸物のなかに求められずして、ただ理念のなかにおいてのみ求められる。崇高の概念は、感性のあらゆる尺度の使用を超越するような、心的能力の存在を立証する。例えれば、パスカルが宇宙の広大なることに比較をすれば、人間は葦のようにか弱く、小さな存在であるが、考えることにおいて宇宙を思考のなかに包みこんでしまうという意味で人間性の誇りを、「人間は考える葦」と意味づけたとすれば、それは心的能力の絶大なることを表明すると考えられる。ついで、この考える人の絶大な力を表現しようとすれば、カントのいうように想像力は非常な苦悩と無理を強いられることになろう。しかし、想像力は、苦悩をもって強大なるものの圧力と戦いながら、「考える葦」を範例として芸術的表現を与えたとする。その芸術的価値のみとりは考える力の崇高性を見抜くところにあるといえよう。このように「崇高性は何ら感性的形式の中に含有せられずして、むしろ理性の諸々の理念に関するものである」[20]。この意味においても崇高なるものは、単なる感性的美的なものからは区別せられる。

直観において自然を数学的に計算した結果に得られる数量的に大なるものは、真の意味で崇高の意識を与えるものではない。崇高の数的表現への視点として特にカントが目を向けているのは、無限概念である。基本的実例のひとつとして、尺度（単位）と計られるものとの関係において拡大される世界を構想する。関係項を変様させて、それによって展開される世界を数量的に構成する想像力の絶大な力を、崇高性なる感情の対象としている。カントの事例をそのまま借りれば、人間の身体を尺度として樹木の高さを、樹木を尺度として山嶽の高さを、山嶽の高さを尺度として地球の直径を、地球の直径を単位として遊星系を、遊星系は銀河系を、というように際限なく拡大される。経験的直観によっては全体的表象が得られない世界を数量化することによって直観化、もしくは想像的表象化がなされるならば、このような創造力の活動に対する感動が崇高な感情を刺激する。「崇高なるものは、数の大きさにあるのではなく、むしろこの進展において、われわれがますます大なる単位に到達するという点に存する」[21]。このことはカントも言うごとく微小なるものをほとんど無に近くなるほどにまで表象する場合にも妥当する。このように崇高の感情は、大きさについての直観的評価に当たって理性の評価に対する不適合の不快感からして、想像力に感性的なるものを越えることを強要する。すなわち感性的対象としての自然が含む現象世界を、理性概念と比較することによって「小なり」と評価する。この際、想像力がなす最大の努力は、絶対的に大なる、あるものへと関係づける、ということである。この創造性の努力が理性の法則に合致する。この想像力の超感性的使命からすれば、感性の尺度が理性の理念に対して不適合なることを認めることとなり、それは理性の合目的性に合致する。ゆえに超感性的努力が理性にとって快的な満足をあたえる。かくて崇高の感情は、理性の理念にかかわることによって、芸術の創造性に刺激を与え、想像意欲をかりたてる。このようにして崇高の感情は、より大なる表象へと想像力をかり立てる。この崇高と芸術との内面的関係についての見解はカント独自の美学を意味するであろう。この見解は『美と崇高の感情に関する観察』において示された見解、すなわち「美の感情に全く高貴なるものが欠けている場合には堕落する」とか、あるいは「この感情が適度に高まると崇高である」という見解と同一線上に動いている。というのは、美と崇高の関係が判断力批判においては想像力を介して悟性と理性に関係づけられることによって、より理論的に整理されたものとなる。

(4) 力学的崇高　「力（Macht）とは大なる障害に対しこれに打ちかつ能力をいう」[22]。自然が力学的（dynamisch）に崇高と判断されるためには、それは恐怖をひきおこすものとして表象されねばならない。ただし、それとは逆の、恐怖をひきおこす対象がすべて崇高の感情を与えるかといえば、そうとは限らない。

自然の恐ろしきもの、頭上に落ちかかるような断崖、黒雲を引き裂く電光と雷鳴、破壊力をもつ火山の噴火と暴風、その他これに類する例をあげれば限りがない。とにかく人間は恐ろしい自然の威力の前で無能力を知り、萎縮する。このような場合でも、人に安全な場所が確保されているならば、その恐しげな光景が何か崇高の感情をいだかせる。その光景は人の心を引きつけ、精神力を高揚させて日常とは異なった勇気を与えるので、その対象を崇高なるものと呼ぶ。ところで雷雨、暴風、地震を神の怒り、神の姿の示現とみなすならば、我々自身の心を浸すのは、屈服と卑下の心情であって、崇高の感情などは見られないとカントは言う。自然の恐ろしきものに遭遇して崇高の感情を抱くとした上述の見解を反転させ、自然の威力の前で戦慄する人間の心情には崇高の感情など生まれるはずはないと。自然の威力を神の怒りと想定して怯えるということは、自己のうちの何かの弱点をかかえているので、恐れなくてはならないものが自己のうちにある。すなわち、正義に自分で逆らっている、あるいは困難に直面して萎縮しているとかで、そのような憶病者には神の偉大さを賛美する心情は、与えられていないと。崇高の感情は自然力の結果を神の怒りの発現とはみずに、これに対する恐怖をも超克しようと意欲する限りにおいてのみ、かえって彼のなかに神の崇高性の観念を呼び起こすことができると。したがって「崇高性は自然物のなかにではなく我々の心意のなかにのみ存する」のであって、創造力が理性の理念に関係する限りで成立する。カントによれば自然の破壊力を神の怒りとみなすのは迷信であって、生存を脅かす恐ろしき世界をありのままに冷静に受け止め、勇猛心をふるい立たせて、困難を克服しようとする意志にこそ崇高性が認められる。このことは未開人にとっても、最大の称賛の対象は、物に動ずることなく、危険を前にして恐れて避けるのではなく、充分な思慮をもってことに当る人に向けられる。文化の進んだ社会においてもその構造は変わらない。かりに科学の発達しない未開人にとっては、単に恐ろしいだけの存在であった自然の破壊力が、文化（科学的知識）

の発達によって合理的に認識できたとしても、自然の脅威のまえに恐れをいだくのは当然である。その際ある程度、冷静な対応ができるために文化（教養）が役立つことは否定できないが、崇高の行為は文化によって生み出されるのではない。むしろその基礎には、「人間の本性のなかに、しかも常識（デカルトの良識）と共に、各人にとって想定され、各人から要求されるもの、即ち（実践的）理念に対する感情、即ち道徳的感情の素質」[23]がより基礎的条件として横たわっている。恐ろしきもののまえで動じない人の行為は、崇高の称賛を多くの人々から期待することができる。端的にいえば真実の道徳的意志にめざめた人に対してのみ、崇高の称賛を寄せることができる。

ある物の美を認めない人を無趣味の人というように、崇高と判断されるものに対して少しも感動しない人は、鈍感な人といわれる。何故ならば、善意志の勇気を愛する道徳的感情性にこそ人間の本性がある、というのがカント説である。「無条件なる善意志は教えられるよりは悟性において啓発されさえすればよく」と道徳原論に述べられていた。これによって恐ろしきものに直面して喚起される崇高な感情は、人間の本性としての道徳性と結びついてくる。美的趣味判断の結びに美の理想が述べられていたごとく、崇高の感情と、恐怖を克服しようとする強気の道徳的善についての感情とを重ね合わすならば、これは美的判断の理想にも合致する理説となる。

判断力批判の第一部は「美は道徳的善の象徴である」[24]の言明によって結ばれる。カントは善と美とは完全に一致するとは言っていない。ただ美は道徳的善の象徴であるとして両者の領域を分けながら象徴という仕方で両者を関係づける。すなわち、ア・プリオリな悟性概念の直観化は図式によってなされるが、理性における理念の直観化は不可能である。理性の場合はただ象徴的に感性化することができるのみである。純粋実践理性（善）の象徴化は、図式の直接性とはちがって間接的、前者は明証的、後者は類比的である。

善と美の象徴性の関係は機能的な類比関係に留まっている。

道徳的義務の普遍性と趣味判断の普遍性は、形式的に同類であること、また両者共に経験的法則の他律性に服従しないこと、さらに満足の感情についても、感覚的とは異なって内面的であることは、善についての内面的満足と同類である。このように両者は機能的もしくは形式的同類性を有しながら相違点がいくつか挙げられる。すなわち、美についての満足は反省的直観の与えるところのもので、善のように概念によって与えられるものではない。また美は関心なき満足であるのに対して、善においては意欲にかかわる関心に関係する。このように美と善の間には異同がある。美は善そのものと不可分に結合している訳ではないが人間の尊貴性において関わっている。

これにたいして崇高の感情は、カントよれば人間の道徳的卓越性と根源的に結びついている。自立的に意志を決定し、自己において責任をとるという人間性の潔い態度に対して、あるいは恐怖に立ち向かって挑戦するという善の、実践理性の理念に対して、崇高の満足が与えられてしかるべきだからである。しかし崇高の感情も美的判断の一種といってよい面がある。美と崇高は区別されながら、両者とも判断力にかかわる。両者の相違を繰返すと、美は悟性に、崇高は理性に関わる。さらに美の満足は、創造力と悟性による自由な遊戯がつくる感情であるが、崇高は、想像力が理性とかかわる厳粛な労苦の結果に生まれる満足であった。崇高の感情の厳粛性は、道徳的善の生真面目さと根源的に合致する。それゆえに崇高の感情は、人間性の道徳的自由の存在を証示するので、道徳的善の理念に触発されて、想像力が崇高性の満足を生み出すことが可能となる。この意味で崇高の感情性と道徳的善とは、根源的に相互の関係があるといえる（美と崇高の形式的区別にこだわり過ぎるならばかえって事柄の本質を見誤ることにもなろう）。

仮にカントによる崇高性が、自然の破壊力に圧倒される主体の抵抗を介して心内に目覚める克服の力にたいする尊敬であり、一方美的なるものは、快感の気楽さ、楽しさとを基本としているものという一応の区別があったとしても、両者の区別はさほど明確ではないという反論が今日大勢を占めているからである。その反論に押されて、多彩な価値を含む美的判断から、厳粛な崇高の感情性を区別し、特徴づけることを怠るならば、道徳的善の厳粛な人生における意義が見落とされることになるのではないであろうか。

さらに崇高の感情は道徳性の領域を越えて宗教性の世界へと人間理性を導く基礎をなしていると考えられる。

6　宗教性と崇高の感情　ユダヤ教は偶像を排して聖なるものの象徴的表現を禁止しているが、宗教にとって美的表象は不可欠の条件である。カントは美意識を快適と崇高の感情に区別することによって、美の宗教的意味を明瞭に意義づけた。宗教性の美的表象には宗教的存在による救済の善意（神仏像）が芸術的に表現され、美と善が理想的な形で融合されている。宗教的対象の形象は、まことに美と善の融合の象徴である。カントに仏像美術に接する機会が多くあったならば、美学論をさらに豊かにしたのではないであろうか。

カントは宗教論を理性的に取りあげる。理性を捨て去るところに宗教の世界が開かれるとすれば、カントの宗教論は非宗教的であるとか、カントには宗教体験が欠如していたのではないか、などという批判がある。第一批判において信仰に席を譲るために理論理性の限界を設定したカントは、第二批判において徳と幸福の完全な合致を求める最高善の要請として魂の不死と神の存在性を希望したのである。現象的存在者（**phaenomenon**）と仮想的存在者（**noumenon**・物自体界）の区別によって批判哲学の体系的統合を試みようとした。このような見地に立って、一七九三年に『たんなる理性の限界内における宗教』として宗教性の意味が問い直された。ところで、「道徳は不可避に宗教へいたる」としても、「道徳法則の意識は、宗教に依存するものではない」という外見上の矛盾は、カント哲学の内部まで浸透しているのであろうか。「存在するのはただ一つの（真）の宗教である。がしかし、多様な種類の信仰が存在しうる。……そこで、この人はかくかくの（ユダヤ教の、マホメット教の、キリスト教の、仏教の、カトリックの、ルターの）信仰をもっているという言い方のほうが、かくかくの宗教をもっていると言うよりも適当である」[25]と、道徳的立法者としての神の理念と信仰の行為とを区別する。上述の力学的崇高の分析の個所で、既にカント独自の宗教観が述べられていた。「一般に宗教においてはひれ伏すこと、頭をたれ、歯がみしつつ、恐れおののく身振りと声とをもって礼拝することが、神の前における唯一の適当な姿勢であるように思われ、したがっていずれの民族もほとんど皆このような姿勢を取り、今もこれを遵守している」[26]が、この態度は宗教における対象についての崇高性の理念とよく合致するものではないと。このような時、人の心は、卑屈になっているという。「恐れなければならない原因が自己のうちにあって、実際におそれを感じている時には正義の意志を所有する力に、自ら逆らっているのを意識している。このような人には到底神の偉大さを賛嘆することができる心的状態が備わってはいない」[27]とカントらしい態度が述べられている。たしかに神のまえにひれふしぬかずくのは、人間の弱さのゆえに救いを求め、人間の罪深さのゆえに神の赦しと恵みを求めている態度にちがいない。しかし、カントは自己の弱さのゆえに神を恐れ、自己に閉じこもっている者には、真の意味での神の偉大さは理解できないのだという。「神の意に適う正し心術をもつことを自己が意識している場合においてのみ」神の偉大なること、崇高なる存在であることの観念を自己のうちに呼びさますことができるという。

「神の意にかなった正しい心術を用いる」ことによって、徳と福合致の最高善の可能性を保証する神への信仰が、カントにとっての道徳的宗教性であったと考えられる。宗教論で問題となる悪への性癖は、ルソーの社会悪による外来的な性癖ではなく、人間の主体自身のうちにひそむ叡知的行為（intelligible Tat）である。自由概念は、善悪のいずれも主体的に選択する意志として宗教論において捉えられてくるので、そのことによって人間における自由の意味がより厳しく問いつめられることとなる。ルソーにおいても、やがて社会悪の真の根源は人間の心のなかにあり、「汝の自由の敵は汝自身のうちにある」と言明されるにいたる。このかぎり、カントとルソーの見解は一致する。カントは理性的宗教性と信仰の行為とを理論的にも、現実的にも区別しているが、信仰の立場としては、とりわけキリスト教を敬虔の念をもって受け入れようとしながら、主としてその道徳性に関して神の言葉に尊敬を寄せている。「人間が神意に適うようになるために善い行いをする以外になしうると信ずる一切は、単なる宗教的妄想（Religionswahn）であり、神への偽奉仕である」というのが、一貫したカントの信念でさえあった。したがってカントの伝記者R・B・ヤッハマンは、カントは晩年には教会で礼拝することすらなかったとさえ伝えている。そこで、キリスト教側からは半ペラギウス主義と批判されるのであるが、ラヴァター宛の手紙（一七七五年四月二八日付）でカントは「私は、キリストの教えを、キリストの教えについてわれわれが所有している報告から区別する。そして前者を手にいれるために、私は新約聖書のすべての教戒から分離させてなによりも、道徳的教えを抽出しようと試みる。イエスの教えは、たしかに福音の基本的教説であるが、それについての報告の方は、単に補助的教説にすぎない」[28]というのである。たとえ組織化された宗教の信条を共有することなくしても真に宗教的でありうるという個性的信条を貫いたところにカントの宗教哲学の立場がある。すなわちカントによれば、教会の歴史的役割は、純粋な宗教的信仰に導きいれるための手引きの役割をなす意味において重要であったことになる。カントにとっても最高の意味をもつ道徳性は神を背景にし、「神の御こころにそうための善なる意志」というのでなかったならば、それはサルトルの立場と等しいことになり、道徳的命法にたいする尊敬、もしくは崇高の感情性のよりどころを失うのではないであろうか。

宗教哲学をより一層主体的に深め、背理なるイエスへの信仰に結びつけるならば、宗教哲学の道は、キェルケゴールの方向に発展する内的可能性を含意している。ところで、カントは孤高の人ではなかった。食事には友人を招き、音楽、芸術に花を咲かせた。カントの最後の著作である『人間学』において「天才を気取った奇人であるよりも、社交を愛する凡人であれ」という意味の言葉を残している。美的趣味判断の基礎を、悟性や理性にではなくして、感情の普遍性に求めて「共通感覚」の存在を不可欠の前提としたカントのこの共通感覚は、現代では「間主観性」、この世界に存在する人間関係の社会性の原理として受けとり直すことができる。共通感覚は単なる快適を求めた安易な妥協の集合というのではなく、自己の固有性への主体的反省、道徳性の自律をふまえて、人間の基本的なものに満足をあたえる共通の目的に対して共通の感情を共有することでなくてはならない。あたかもコーラスにおいて各個人の個性が生かされつつ全体の調和が程よく充たされる場合に似ている。厳格な義務（自律）を要求する道徳性に対して、美的判断力の共通感覚の社会性を重ねることによって、「美は道徳的善の象徴である」という命題が生かされるということができる。

カントにおける美と崇高の区別は、美学成立の次元では精彩を欠いているかも知れない。しかし人間と宗教の総合的立場から捉え直してみるならば、カントの意図の重要性が意識されてくる。『美と崇高の感情』で扱われた美意識についての理論化は、第三批判の究明においても、それほど基本的に踏み外されてはいない。例えばその対象の区別に関して恐ろしげで厳粛なるものは崇高、楽しく微笑をさそうものは美、さらに悲劇＝崇高、喜劇＝美という、形式的すぎるようにさえ思われる区別を行いながらカントは、崇高の概念に固執する。(29)上述した判断力批判における崇高の分析に当たって崇高の数学的対象は絶大にして無限的なるもの、力学的対象は恐ろしげなるもの、恐怖を与えるものであった。両者ともに宗教的体験が前提されている。とりわけ、後者の恐ろしげなるものの場合についての見解にカントの宗教哲学の立場が示唆されている。すなわち天変地変の恐怖を神の怒りとして受け取り、嵐のなかでひれ伏し、天を仰いで祈る者は神の威力を誤解している。そのように卑屈な者には神の真の偉大さは理解できないとさえ言われる。そうではなく恐しきものによって自己内に勇気が換起され、恐るべきものに対応して立つ勇気にこそ崇高の価値が与えられてしかるべきという。この場合の崇高の概念は叡知界における神の理念に合致するとも述べる。ここからならば、崇高と理性との根源的関係が理解される。

第四章　キェルケゴールの実存弁証法

1　美的から倫理的へ

人生航路の諸段階として特徴づけられる美的＝倫理的＝宗教的は、カント的には実践的自由の心術の革命に連結するテーマであると私は理解する。

キェルケゴールの実存はもっぱらキリスト教に向けられていた。いかにしてキリスト者となるか、そのキリスト教とは何であるか。この二つのテーマをめぐる著作活動は文学的才能に恵まれたキェルケゴールにとっては救いの綱であったかも知れない。仮名と実名という二種類に分けられた綱で巧みにキリスト教を頂点とする信仰と世俗との断絶に結び目をつくって実存主義哲学の世界を構築したといえるのではないか。したがってすべての著作が個性的な濃淡のある二色の糸の組み合わせから彩られていて、どの著作をとっても思想の全体がパノラマとなって覗き見されるところがカントの著作態度とは対照的である。カントの場合には各々の著作が体系構築の要素をなしていて全てのカテゴリーが鋼鉄のように堅く思われる。

美的実存という訳語の美的は、感覚的、刹那的の意味であって、審美的、享楽的、唯美的、などのうつろいやすい人生態度の表現である。享楽こそが人生だ。愉快に生きようではないかというのである。サルトルはこれを詩人的夢想家と称していた。何ひとつ現実的なことの決定をしようとはせずに、創造の世界で夢をもてあそぶ者のことである。この美的態度を説明する言葉は、かれの著作のいたるところにちりばめられているが、『誘惑者の日記』(1842)から二、三を拾ってみると、「わたしたちの生きている世界の背後には遥か彼方の背景に、第二の世界があって」……「薄いヴェールを通してみられるこの第二の世界は、いわばヴェールの世界で、いっそう軽薄で、現実の世界とは質の違った世界なのである。多くの人々が肉体的には現実の世界に姿をあらわしていながら、この現実の世界をおのれの住み家とせず、かえってあの別世界にすんでいる」(1)。それは健康のせいか、病のゆえかと。「倫理的なものは、学問においても人生においても、退屈なものである。なんという違いであろう。美学の空の下では、すべてが軽快で、美しく、うつろいやすい」(2)のであるが、とにかく享楽的人生態度は、華美な、人目をひく何ごとにも興味を示しながらも、倫理的真剣さのみが彼には欠けている。やがて彼の現実は倫理的なものから目を逸らすことができなくなる。倫理的段階は生真面目な人生態度であり、カント的義務の世界といってよいかも知れない。「汝隣人を愛すべし」を義務として受けとることの苦痛のために彼は窒息して倒れんばかりとなる。ついに倫理的実存は美的生への転落か、宗教的生への飛躍か、そのいずれかを選択しなくてはならない状況に立たされる。さて実名の著作は、苦しむ人、悩める人に向かって、神の聖句を語り告げようとするところの救済の説教書である。倫理的から宗教的への飛躍を促す仮名の著作とは違った姿勢で真理を語り告げようとする。第二章では仮名『不安の概念』(1844)と『死に至る病』(1849)とを参考にしてきたので、実名の『野の百合と空の鳥』(1849)という宗教性Aの書と、『キリスト教の修練』(1850)、いわゆる宗教性Bの立場にあるこの二書を取り上げることにしたい。

2　野の百合と空の鳥

カントもキェルケゴールも、こよなく自然を愛した。

カントの生まれた東プロイセン東北端の都市ケーニヒスベルクは、現在はロシア領で、カリーニングラードとなっている。カントは十三歳の時に母を失い、二十二歳の時父を亡くした。当時のケーニヒスベルグは人口五万人ほどで、バルト海に注ぐ河口に位置する海外貿易の中心的基地としての役割をもち、東プロイセンの経済、文化の中心都市であった。父は馬具商人であり貧しかったが、母が敬虔派のキリスト教信仰をもち、カントに大きな影響を与えた。自伝を語るのを好まなかったカントではあったが、カントの弟子によれば、「母によって郊外に連れ出され、神の被造物にわたしの注意を向けさせ、万物の創造者に対する深い敬愛の念がわたしの心にしるされた」と。カントの美学論には豊かな自然描写がなされている。哲学者としてのカントは、堅苦しい理論の構築に専念していたようだが、第三批判書における雄大にして繊細な自然観察の描写には、常に自然に触れ、自然の景観に驚嘆した者の目のあったことが察知される。

一方、キェルケゴールの生い立ちについては上に少し触れておいた。北欧のパリといわれたデンマークのコペンハーゲンは、当時文化的教養市民のあつまる落ち着いた雰囲気の人口三十万人程の大都市であった。森の中に八つ辻と呼ばれる道の交差した場所があり、キェルケゴールは疲れるとブナ林を散策したりした。キェルケゴールの生涯と深く結び付いていた父に死別したのが二十五歳の時、(3)母についてはほとんど語っていないのはカントと逆の関係にある。

キェルケゴールには周知の仮名と実名の著作がある。「右手で教化的講話を差し出し、左手で美的諸著作を差し出した」(4)にもかかわらず、読者は右手で、左手の差し出すものを掴んでいるとキェルケゴールは憤慨する。たしかに仮名の著作に一般的関心が熱狂的に集中していたが、自然環境に親しみをもつ日本人にとって身近な共感を与える直接伝知の著作としては、『野の百合・空の鳥』を挙げることができよう。北シェランの、見はるかす森と田園の自然風景を背景にして描かれた豊かな情感にあふれた宗教書である。一八四九年出版の序言に「この書物は人に知られず生まれ出たように、今もなお人に知られずにあることを願っている。ちょうど大きな森の片陰に咲く小さな花のように」(5)とある。今も、というのは一八四七年に既に『さまざまの精神における教化的講話』

の第二部「野の百合と空の鳥から何を学ぶか」として世に問われていたからである。大きな森の片陰に咲く、すなわち『あれか、これか』の第二版（一八四九・同年初版売切れ）序論の意味をもつことが『野の百合・空の鳥、三つの敬虔な講話』の冒頭に掲げられている。前年の一八四八年の講話の題材としても取り上げられていたことからして、この教化的主題は、この三年間ほどはキェルケゴールを捉えてやまなかった教訓のようである。カントもキリスト教によせた関心が主として「山上の垂訓」にあったことを考え合わせて取り上げておく。

著作年次に従って(6)「野の百合と空の鳥から何を学ぶか」の解釈を傾聴しよう。

人間であることに満足せよ。思い煩っているものは野に出て行き百合の傍らに佇むのである。「百合は労せず紡がない」。ここで百合と鳥の物語が挿入される。自由な鳥が百合をそそのかす。百合は鳥の自由を手に入れたくなり、鳥の虚言にまどわされる。他の場所では非常に多くの百合が全く異なった美しさで咲いていると。こうして百合は思い煩うようになった。ついに小鳥に相談をして場所を変えることになった。結果の悲劇は目に見えている。移動の途中で萎れてしまった。この百合の思い煩いは他ならぬ人間のことである。分相応な欲望をもって思い煩うな。野の百合が無心に与えられた命を生きるように、人間であることに満足をしていのちのかぎりを生きよ。「空の鳥をみよ。——然るに汝らの天の父はこれを養いたまう」(7)(8)。百合は百合、空の鳥は鳥、人間は人間と、それぞれに存在して生きよと。

人間であることはなんと素晴らしいことであろう。「神は野の草をもかく装い給えば。まして汝らをや、ああ信仰うすきものよ」「汝ら信仰うすき者よ」。この言葉は愛するものへの優しい叱責であるという。何故なら「神ははるかに他に優って汝を装い給うたのである」。いかなる植物も、いかなる動物も比肩することのおぼつかないすばらしさ、すなわち思考の働きによって人間は、いわば人間の著しい特徴であるもの、直立して歩むことを行い得たのである。まっすぐな眼差しをもっている。高い幹が亭々と聳えていても、まっすぐに立てば、眼差しの助けを借りて山よりも高く、上を見あげることができる。また真っ直に手をあげることができる。その手は支配者の意味をもつ。手を上げることの千変万化の意味を考えてみなくてはならない。

神が人間に与えた装いの数々、これを簡潔に語れば「神は人を自らの姿に似せて造り給えり」となる。福音は百合を賞賛して「ソロモンの栄華にまさる装い」を与えたとするが、「神に似ている」というのは、何にもまさって素晴らしい装いではないか。あらゆる自然に恵みを与え賜うた目に見えない神の手を思い起せ。そこで期待されていることは、「人間がやってきて支配を譲り受けることではなくして、――そうではなくて、人間が祈りながら創造主を讃めたたえることである」、「人間がもし支配することによって神に似ようとするならば、人間は神を忘却することになる。異教における生活はこのようなもの」とここで宗教性AとBの間に一線が引かれるので、ひとまずここでは立ちとどまらねばならない。

「鳥は播かず、刈らず、倉に収めない」――鳥は働かない（鳥も必死で働いているのでは?）。そうであるのに餌を得ている。これが鳥の完全性ではあるまいか。人間においては「働かざるもの食うべからず」といわれて、神もまたそのように言われておられる。労働に栄誉を与えた偉大な模範、使徒パウロが呼び出される。一日が二倍になれと願ったのは、パウロであった。個々の時間を多くの人のために限りなく価値あるものとした人は、ほかならぬパウロであったと、働くことの喜びを伝える。

思い煩っている人は、鳥のもとで気晴らしをして、思い煩いとは全く別のあることを考えるにいたった。「彼は働くことがいかに素晴らしいことであるか、人間であることがいかに素晴らしいことであるか、ああ、それでもおそらくかれの愛らしい教師である鳥が、彼のかたわらを翔け抜けて、かれに忘れたことを思い出させるであろう。もしかれが鳥を見やりさえするならば(9)」とある。

なんという浄福が人間に約束されていることであろう。

思い煩っている人は他人と心労をともにすることによって、自ら慰めを見いだす。そこで「思い煩っている人を野に連れだす」。草を観よ！「今日ありて明日、炉に投げ入れられる」。「灼熱の太陽は昇り、草は萎え、花は散り、その美しい姿は滅びる」。鳥を観よ！「二羽の雀は一アサリオンにて売るにあらずや」[10]。一羽の雀では一アサリオンにも値しない。小鳥は焼かれて死ぬ。自然の中には美しさと若さと愛らしさとが存在し、生命と平和と歓喜とが存在しているようではあるけれども、また自然には底知れぬ悲哀がこめられている。このように百合と鳥を観察する人は、百合と鳥のもつ必然に思いを馳せるならば、百合も鳥も必然の生命に委ねられていて、縛られていることを知るであろう。百合の装いを羨むことなかれ。空とぶ鳥の自由をうらやむことなかれ。人間にも自由があるではないか。しかし、百合も空の鳥も短い生を楽しんでいるかのようだ。それは神の摂理のうちにあるからである。人間の特権としては「人間には自由な選択が許されている」ということである。この人間の特権を考察し、選択しなければならない。そして「正しく選ぶことを通して、何という浄福が人間に約束されていることであろうか」[11]。有限なるものに思い煩うことなく永遠なるものに思いを馳せよと、キェルケゴール自身が自己自身に語りかけているかのようである。

このように野の百合と空の鳥に関連させながら、小さな物語を挿入することによってキェルケゴールは、人間に対する神の恵みの偉大さを自覚させようとしている。人間よ思い煩うこと勿れ。

当時の実名の著作活動における彼の関心は、特に聖書のこの個所に強く注がれていて、イエスの言葉を人生の教訓として謙虚に学び取ろうとしていた。これは彼にとって全くの理念的教話にすぎないものであったであろうか。この時期の身辺の事情を挙げれば、「卒中にでもうたれたような」できごととして『反復』（1843）において告白されている、シュレーゲルとレギーネの婚約が結婚（1847）に至ったこと、父の遺産に依存してきた経済的窮迫という現実が彼の人生における「あれかこれか」の決断をより厳しいものにしていたことなど現実の苦闘がある。内面的焦燥と孤独感。加えて一八四五年頃から起こっていたコルサール事件の波及による世間からの離反が決定的に神の国への情熱となってキェルケゴールを駆り立てる。

一八四九年に出版された『野の百合・空の鳥、三つの講話』は、「人間であることは何を意味し、また人間に対する神の要求はなんであるか」の条件を告げて、「沈黙・服従・歓喜」としている。けだし沈黙と服従とは、世間からの風刺や反目や攻撃の前で沈黙し、服従することのみを意味しない。思い煩うものにとっては何よりもまず求めべきは「神の国とその義」なのである。前著において百合や鳥に対する人間の優位性を、「働くこと」、「神の似姿をもつこと」、「選択の自由をもつこと」として特徴づけられてきたのであるが、ここで翻って百合と鳥を教師として反省が加えられる。

「百合や鳥を教師として人間は沈黙せよ」と命ぜられる。しかし言葉をもつことは人間の卓越性を意味するのであって、言葉のもつ意義を否定するならば、それは著作家としてのキェルケゴールの存在根拠を揺るがすことになりはしないであろうか。この疑問は「沈黙」の言葉の多義的使用に注目するならば、たちまちにして氷解する。キェルケゴールにとって「沈黙」もまた表現の一形式なのである。例えば『おそれとおののき』の著者には「沈黙のヨハンネス」の匿名が与えられているが、匿名の著者は極めて雄弁である。しかし匿名には隠された深相がある。いわゆる語ろうとして語りつくすことのできない沈黙の苦悩がそこには秘匿され、偽装されている。すなわち、神を最も愛したアブラハムの苦悩が神の前ではおそれ、おののき、自己を無にして、沈黙するほかには術がないのである。キェルケゴールはいう。「神を畏れることが知恵のはじまりとすれば、沈黙はまた神を畏れることの始まりである」[12]。「鳥は黙って悩んでいる」。「たとえ萎れるといって悩むときにも、百合は沈黙している」。あたかも汚れを知らぬ幼児が自己を偽る術を全く持っていないかのようにである。

沈黙を前提として服従を学ぶことが次の課題である。

ところで沈黙と服従は、人間にあっては必然の関係をなすわけではない。沈黙して反抗する場合も少なからずあるからである。沈黙を服従への第一歩として関係づけるには「あれか、これか」の自由意志が介在する。『野の百合、空の鳥』を大著『あれか、これか』（第二版）のかたわらに咲く小さな花とキェルケゴールは言っていたが、「あれも、これも」として特徴づけられるヘーゲルの量的弁証法に対して質的弁証法の哲学的意味をもつのが「あれか、これか」である。ヘーゲル哲学の壮麗な体系に驚嘆しながらもキェルケゴールは次第にヘーゲル哲学批判へと傾斜していった。そして、その関係を次のような例えで捉えている。あたかも一人の貧しい少女が華麗なレースを編むようなものである。少女はその美しいレースを自分の身につけることはできない。「キリスト教とは何か」に関していえばヘーゲルは信仰の世界を哲学のレースで包み込んでしまっているようなものだが、少女はレースの外にとり残されている。思い煩う少女の救いは、ただ神への信仰以外にはありえないとする。哲学と信仰の世界とを次元的に峻別し、キリスト教は信仰の世界であるとするキェルケゴールにとってこれは、「あれか、これか」の世界である。この選択を促すものは、理性ではなくしてパトスの論理、すなわち「神を愛するか、憎むか」(13)である。過酷な境界におかれて思い煩う者は、時には神を恨む。しかし、どのような状況におかれようとも、百合や鳥は自然のままに沈黙して、神の摂理に絶対的服従である。この百合や鳥を教師として思い煩う者は、神への愛を選択し、神の国へ向けて情熱を傾けよ、というのである。

そして汝が百合や鳥のように絶対服従にいたるならば、汝は学ぶべきを学んだのであって、百合や鳥が教師であるが、その瞬間に、かれらにまさってより完全になるので、百合や鳥は教師であることをやめて、たんなる映像となる、という(14)。すなわち百合や鳥は自然における神の摂理に絶対服従であるのに対して人間は、あれかこれかの緊張と苦悩の道程を経て選びとった自己の生成だからである。絶対服従が神の愛であることを知らないものに対して、福音はあたかも父親が幼児を導くように野に連れだして、無邪気な百合や鳥を教師として示したのであるという。「汝の主はただ一人である。他の主に仕えようと欲したこと、あるいは二人の、否、さらに多くの主に兼ね仕えようと欲したこと、それは人間の罪である」とキェルケゴールは解釈し、唯一の神に集中できない汝の中の曖昧性にこそ、何処からかやって来たサタンの誘惑の手がしのび込む隙を与えるものと警告する。しかし絶対服従によって神の中に身を隠しているならば、隠れた人間の姿をサタンの目は捉えることができず、その人間には安全が約束されているとキェルケゴールは力説する。[15]誘惑はサタンからくるのではなく、曖昧さがサタンを刺激するという。ところでサタンはどこの世界からやってくるのであるか、とキェルケゴールに問うならば、彼は福音の、次の聖句をもって答えるにちがいないのである。

「人は二人の主に兼ね事《つか》うる能わず、あるいはこれを憎み彼を愛し、あるいはこれを親しみ彼を軽《かろ》しむべければなり。汝ら神と富とに兼ね事うること能わず」[16]。サタンの好むところは人間の憎しみの心と、神を軽んずること、飽くことなき富への欲望であることが教えられる。このようにサタンの誘惑にさらされている危険性は本来幸福の選択が自己の自由に委ねられている人間にとってのみ存在するのであって、自然に生きる絶対服従の百合や鳥とは無縁の世界となる。しかもこれは生死をかけた危険な闘争であり、さらにおそるべき危険は、神への関係を忘れ、それによって危険を脱したとするならば、それは危機を脱する正当な方法ではないということであると。「御心の天におけるがごとく、地にも成らせ給え」[17]と祈るならば、それは汝を通して実現されるであろう。「誘惑（こころみ）に遭わせ給うことなかれ」と祈るとき、汝の祈りは聴かれるであろう。あらゆる煩いを神のもとに投げだして今日を生きる百合や鳥の歓びを学び、神の愛を享受せよというのである。「もし汝が神の中にとどまるならば、そのときには汝が生きようと死のうと、汝の生ける間に汝の望みが遂げられようと、妨げられようとも」[18]神の中にあって、パラダイスに在る、というのが「百合と鳥」の例へに従ってキェルケゴールが聖句から受け取った結末の思想である。

仮面の著作に対して実名の著作には、キェルケゴールの宗教的実存の途上における内面的事実性が告白されている、という解釈がなされてきたが、これは確かであり、それによればこの著作はいまだ宗教性Aの段階に留まっている。世間一般と全く妥協を許さない宗教的潔癖性が超越的神への絶対服従の世界へと精神を向かわせる。やがてその情熱は、死を越えて永遠の生に触れることによって、精神の安らぎを見出すのである。これが神への信仰であり、信仰によってキェルケゴールは、十九世紀前半における、北欧のコペンハーゲンという限られた思想的、現実的空間の閉鎖性を突破して、神の国への飛翔を遂げようとするのである。その事を準備する精神の序奏が、「野の百合、空の鳥」という小さな著作になったものと解することができるのではないだろうか。

人間とは何か。人間は有限性と無限性、時間的なものと永遠なもの、自由と必然の総合であり、総合とは二つのもののあいだ関係である。関係それ自身は否定的統一として第三者であるが、関係が自己自身に関係すると、この関係は積極的第三者となって、それが自己である。一八四九年の『野の百合と空の鳥』に続いて出版された『死にいたる病、教化と覚醒のためのキリスト教的心理学的論述』の有名な人間についての規定的把握である。人間を二つの契機の総合と捉え、総合の関係を関係づける積極的第三者を自己として捉える。この自己を精神とする。「人間とは精神である。しかし、精神とは何か。精神とは自己である。しかし、自己とは何か。自己とは自己自身に関係する関係である。つまり自己とは関係が自己自身に関係するということである」というのがキェルケゴールの人間観であり、人間とは何かについての一つの回答である。

こころ（Seele）は肉体（Leib）に関係するが、この関係が自己自身に関係する実存は、精神（Geist）であり、この精神こそが関係を関係づける自己なのである。自己は自己自身に関係するとともに、関係全体を措定した第三者に関係する。この第三者への関係の故に絶望の基本形式が二様になる。「絶望して自己自身であろうとしない」「絶望して自己自身であろうとする」。絶望して自己自身であろうとすることは自己を措定した第三者の力のうちに、自己が根拠をおいていることを意味する。この自己を措定する第三者の力へと透明に自己の関係を通すならば、第一、第二の形式の、いずれの絶望からも解放されて、救いの道が開かれることになる。人間にとって絶望は悲惨であるにちがいないが、これは人間の動物性への優位である。人間における絶望からの救いは、単独者として神のまえに立ち、絶望を罪として捉えることによって成就する。著作『死にいたる病』では、人間の存在構造の葛藤をめぐる絶望の諸形態が緻密な分析と包括的な総合によって理論的に整理されて、究極的にはキェルケゴールは、神への信仰にいたる途上の懐疑と障害を取り除いてつまずきの可能性の焦点を示す。(1)「汝なすべし」を忘れてはならない。(2)キリストを無視できないと感じながら、キリストの逆説の前で立ち留まる。(3)逆説としてのキリストを否認する（仮現説者、もしくは合理主義者による)。

ヨハンネス・クリマクス著『哲学的断片への完結的、非学問的なあとがき』は『断片』の二年後の一八四六年の出版である。同著によって宗教性AとBとの区別がなされる。「主体性＝真理」を標榜する『野の百合と空の鳥』は、聖句を素材としてはいるが宗教性Aに属するということは、人間性の内面に神の似姿を保有していることからもあきらかである。アンチ・クリマックスの『死にいたる病』は「いかにしてキリスト者になるか」の課題を掲げて、逆説としてのイエスのまえで踏み留まっている。真のキリスト者になるには「主体性＝非真理」の罪責意識が神の前で告白されねばならない。

3　信仰への飛躍と同時性の概念

神の前で罪を告白するということがキェルケゴールにとってどのような意味をもっていたか。神は、神人として〈一八〇〇〉年前にこの地上に下り給うた背理なる神である。一八五〇年のアンチ・クリマックス著の『キリスト教の修練』は、この背理なるイエスとの同時性を問うことによって真のキリスト者として生きることの本質を解き明かそうとする。全体が三部からなり、第一部「招きのイエス」、第二部「躓きのしるしとしてのイエス」、第三部「高きより招くイエス」である。第三部冒頭の講話がトールヴァルセンの高きより『わたしのもとに来たれ』の彫像が立っていたフルエ〈聖母〉教会で聖餐式の行われた場所での講話がもとになって内容が展開されている。これによっても分かるように「キリスト教会にキリスト教を導入する」というキェルケゴールの真摯な態度をよみとることができる。一方では、レンブラントの『十字架を負うキリスト』の受難のイエス像への接近が試みられる。

①招きのイエス――「労苦する者、重荷を負う者は、すべてわたしのもとに来たれ。わたしはきみたちを休ませてあげよう」[19]。

世に救いを求める人は多い。その人々が自分の求める人と出合うのは極めて難しい。ようやく出合えたとしても、相手は勿体振った態度を示すのが世の常である。しかしイエスはすべての人を救う力と意志をもちながら、救いを求める人々のもとに自ら足を運び、イエスのほうから「来たれ」と呼びかけたまう。さらに加えて「わたしのもとに来たれ」と宣べたまう。この世において慈悲深い人、恵み深い人は少なからず存在する。そのような人々が外に出て恵みを施すことは珍しくないが、わたしのもとに来たれとまでは、いうことができない（例外はあるとしても）。自己自身の平和な境遇が乱されたくないと思うからで、それは自然のことである。これに対してイエスの述べるところは、「労苦する者、重荷を負う者はすべて」わたしのもとに来たれと。すべてに重点をおくならば、人間である限りのすべてをさすものと普遍化することができる。キェルケゴールは言う。「労苦から離れられる静かな場所、重荷の存在しないしあわせの地[20]」を教えたあとで、「それでは出かけて行くがよい」といわねばならぬような場所ではない。そうではなくて、「わたしのもとに留まるがよい。わたしのもとに留まることは休みなのだから」とのべる。すべてを対象としながら、しかも個別的に、あるいは単独者としての相手に語りかける。

招きの場所が指示される。それは世の苦しみの象徴である十字架の立つところ、すなわち「死が死と生をわかつ、その岐れ路」「罪の道が罪なき無垢の園から岐れ出る、その岐れ道」[21]である。キェルケゴールは「招き」の聖句を反復しながら、「招きたもう方、それはだれであるか」[22]と問う。「栄光のなかで父の右に座したまうそのイエス・キリストであるか。いな。栄光の中からかれはひとことも語りたまわなかった」[23]。それゆえにこの言葉は「卑賤のもとにいますイエス・キリスト」[24]である。そのイエス・キリストが栄光のうちに再臨することを告げたまうのである。したがって実現していない再臨を待ちのぞむ資格のある者は、かつて現存したイエスに固着できる人のみであり、世界史的、教会史的な意味での中間時におけるキリストの紹介は、根本から無意味であるというのがキェルケゴールのキリスト論である。屈辱のイエスを忘れ、生涯の結果の栄光を歴史に留め、それを正当な場所として安置すればよいという見解は、かえってイエス・キリストを虚しくするという。「イエス・キリストはみずから屈辱の人、受難の人となることを欲したもうた。……みずからが招きよせたもうた境涯であり、その結び合わされてあることは、かれが欲したもうた弁証法的な結び目」にほかならない。それゆえにだれもこの結び目を解くことはできない。「かれご自身が栄光の中での再臨によってこの結び目を解く」にいたる以外には。したがって、「労苦する者、重荷を負う者よ。すべて来たれ」と招くのは下僕のイエス、愛ゆえにみずから地上に下りたまうた受難のイエスでなければならず、それ故に躓きの可能性もまた避けて通ることができない。躓きの可能性は、懐疑と信仰との分岐点である。

②第二部の表題は「わたしに躓かぬ者は、さいわいである」[25]。

躓きは、神人にかかわり、二つの形態を持つ。その一は、躓きが高さという点にかかわる場合。ひとりの人間が自分を神と呼び、神の本質を洩らすような仕方で行動し、語ったりする。その二は、躓きが卑さという点にかかわる場合で、神でありたまう者が、受難の人となって苦しむことである。第一は、イエスを神と規定することから出発しながらその彼を人として限定する背理、第二は、人としての規定を出発としながら神として限定することの背理である。

「ひとりの人間が、神であるかのように語り、あるいはふるまい、かつ自分自身を神であると告げる」[26]。これが高さに向けられた本質的躓きである。

ここでキェルケゴールはイエスの奇蹟について述べる。奇蹟はイエスの神性を証明するのに充分であるか、否かということである。聖書には奇蹟の事例は多く出ている。次の一例はキェルケゴールの奇蹟論の核心に触れるものであろう。

洗礼者ヨハネが獄中からキリストのもとに使いを出して問わせた、「あなたはきたるべき者であるかどうか」。イエスは使者に託して「あなたが見聞していることをヨハネに報告しなさい」、「目の見えぬ人の目が見え、足なえは歩き、病人はきよまり、耳の聞こえぬ人の耳が聞こえ、死人はよみがえり、貧しい人々には福音がのべ伝えられている。わたしに躓かぬものはさいわいである」と。ここで注意したいのは「わたしは来たるべき者。神である」とヨハネに直接的に述べることが避けられているということである。何故か。それは、奇蹟を例示することによって信仰を要求しているからだ、とキェルケゴールは解釈する。奇蹟は神のみが為せる技だからで、予言者といえどもイエスの神性については間接的に奇跡を介して確信するにすぎないという。問題は奇蹟が神性を真に証明するか、どうかということである。理性にとっては何よりも躓きの石であった奇蹟について、キェルケゴールは厳しく、それはひとつの狂言にすぎないという仕方で批判する[27]。奇蹟によってイエスの神性を信ずるとすれば、その信仰はあまりにも安易なものに堕落するのではないか。一八〇〇年が経過した後になって奇蹟の業を考察した結果、イエスが神であったということを知ったという確信は、底なしの無意味であるという。奇蹟の業は人の注意を引くための狂言に過ぎず、それによって、躓きか信仰かの選択に迫られて、信仰したとしても、それは真実ではない。真の意味における躓きの可能性とは、ひとりの人間が受難の人でありながら、行動においては神であることを示すという矛盾にある。そのような受難のイエスと同時になるという状況を忘れるならば、自己を欺いて、錯覚のとりこになるというので、キェルケゴールにとっては、受難のイエスとの同時性の意識が媒介となって、始めて神の真理に接近することができる。このように奇蹟への盲目的信仰を排除するキェルケゴールではあるが、神性そのものにおける奇蹟を否認するものでないことは留意しておきたい。

同時代人の目撃する一人の人間に、奇蹟の業を想像し、空想的イエス像を描く（一九世紀の教会説教の現状として批判される）とすれば、これは虚偽であるという。したがってこのような仕方の奇蹟の証明によっては、到底高きにいますイエスのもとにはいたりえない。しかもこの躓きの可能性が今日では取り払われて、奇蹟の業がキリストの身体の偏在という教説の典拠となってしまっている。どこまでも躓きの可能性のないところに真の信仰はありえないとするキェルケゴールは、逆説的に、躓きの可能性を除去したキリスト教世界の空想を断固一掃しなくてはならぬと、気炎を挙げている。しかし打開の道はある。追従者の状況をイエスとの同時代性におくならば、「自分は天から降ってきたパンである」とイエスが告げた時その言葉に弟子たちは動揺するが、「それなら、もし人の子が以前にいたところに昇るのを見たら、どうするつもりか」とイエスに詰問され、それに応えて、あくまでイエスに従おうとする。そのためには、懐疑と躓きの可能性をつきぬけて、永遠の彼方に突き進む信仰の勇気が要請される。そもそも高きにむけられた躓きの可能性についての聖句はそれほどに多くはないと、キェルケゴールは指摘する。そのうえ空想的なイエス像の理解によって躓きの可能性が曖昧になっているのが一八〇〇年後の現状である。この誤謬を除いて真摯な信仰の原点に立ち帰る唯一の手段は、一八〇〇年前の「下僕のイエス」のもとにいたることによって可能だというのである。

「自分は神であると称する者が、現実には賤しく、貧しくあり、苦しめられ、ついに無力の極みにはてる人間」

という十字架上のイエスにキェルケゴールは強く魅かれた。彼のキリスト論が特に受難のイエスに向けられたことについて費やされたキェルケゴールの言葉は実に厖大であるが、核心をなす次の二点に焦点化しておくことにする。一、イエスの受肉は、救い主なる神の愛ゆえであり、受難は神の欲し給うたところであるから、そのうちに真理の証しがないとすれば、神の愛が無意味になるであろうということ。二、信仰のパトスを尖鋭化するところの神の直接伝達の拒否（Inkognito）であること。三部において受難は栄光の投影である、といわれるところから、受難を栄光との関係において捉えることによって受難の意味が深められる点を探っておくことにする。

受難のイエスについての躓きの可能性の記述はあまりにも多いがキェルケゴールはペテロの否認の一例を挙げただけで充分であるという。ペテロは奇蹟をおこない給うイエスを神として信じていた。受難を目前に控えたキリストの予告に対して「たとえ、みなの者があなたに躓いても、わたしは決して躓きません」と約束する。ペテロはイエスを奇蹟の神として信じていたればこそ、「無力なイエス」に直面した瞬間の戸惑いに、計りしれない苦痛をもった。イエスを否認し、おのれの弱さに慟哭するペテロをイエスはどうして咎められようか。すべての人間が、ペテロさえも躓いたあの瞬間こそは、人間的にいえばイエスの全生涯は虚しいものとなったかのごとくではあったが、神自身が「躓きのしるし」として招き給うたイエスの受難の歴史であったことをキェルケゴールは強調する。信仰を擁護する破邪の剣たる躓きの可能性は、すべての人間理性に対して、躓くか信ずるかの決断を迫る両刃の剣なのである。

③第三部の表題は「かれは高きところから、すべての人をみもとに引きよせたもう」である。この章の主題は聖者ヨハネの「わたしがこの地から上げられる時には、すべての人をわたしのもとに引きよせるであろう」(28)の聖句によっている。この高さからみもとに引きよせたもう贖い主は、愛ゆえに下僕となって悩める者、重荷を負う者と共に歩み、彼らを招きよせ給うた下僕のイエスであった。イエスを知ることは、地上における下僕のイエス

に始まる。そのイエスと同時でありうる者とは、イエスに倣って苦しみを受けようとする決意、または愛による犠牲を受けようと意志する者である。苦しみの機会があって、イエスの痛みと赦しをもって癒しとすること、そのことは、そのような機会の有無ではなくして、イエスに倣って愛ゆえに苦しみを受けようとする意欲の問題である。愛ゆえの十字架の苦しみに耐えて昇天された栄光のイエス・キリスト、この背理を突き抜けることによって受難は栄光の投影となる。したがってこの栄光のもとに引きよせられる者は、地上でイエスと共に苦難な道を歩んできた者たちである。即ち栄光のイエスへの憧れは彼らの信仰の発露にほかならないといはねばならぬ。とすれば、ヨハネの聖句の意味するところは、栄光のイエスと受難のイエスとの奇しき弁証法的融合ということができる。

七つのヴァリエーションをもつ第三部の冒頭は「救い主、贖い主としてのイエス・キリスト」(29)への賛歌に始まる。これによって高きよりすべての人を引き寄せようとするイエス・キリストへの弁証法的パトスが聖母教会での講話の形式で表現されている。これを序奏とする第二節以下の展開は、彼の宗教的自叙伝ともいわれる部分を巧みに織り込みながら、キェルケゴールにおける宗教性Bの立場の核心に迫ろうとしている。キリスト教信仰との脈絡でいえば、とりわけ彼の父による少年の日の宗教教育を彷彿と偲ばせる叙述の箇所がきわめて興味深い。特に象徴的意味をもつのが一少年の成長過程に応じて変貌する十字架上のイエス像である。ひとりの子供が見た十字架上のイエス像は、同時に見せられた英雄、豪傑の勇敢で華麗な姿に比べて、まったく異質の暗い印象である。その異質性が子供に疑念を起させる。「これは誰か」「何をしているのか」の質問に父は答えなくてはならない。その時には「すべての人間のなかでいちばん大きな愛をもっている人であるとだけを教えてやればよい」(30)という。子供の疑問は果てしなく広がる。他の絵のことは忘れてしまい、受難のイエスに心を奪われる。栄光のイエスに話が及んでも両者は簡単には結びつかない。少年の心を虜にしたのは「自分が大きくなったら、愛の人にそのような仕打ちをした、あの神をおそれぬ人間どもをひとり残らず成敗してしまおうと、堅く決心した」。一八〇〇年前の昔の出来事であるのも気づかずに。しかしこの少年のもつ戦うことの激情は、青年となるに従い、分別によって変質していった。さらに壮年になるに及んで「卑くなりたまいし彼は、打ちかかりもせず、また打たれたときにも、打ちかえすことをしたまわなかった」ことを知り、この男の望みは、「この世において彼が負いたもうた受難と同質の苦しみをうける」[31]ことを欲するようになったのである。それは「卑くなりたもうた者のみ姿はこのように人を感応させる威力をもつ」[32]からである。そしてこの男は真摯なキリスト者になることだけを望んだのである。

二枚の絵があるとしよう。一枚は主題に受難のイエス、背景に遠く栄光のイエスが描かれている。もう一枚はその逆の構図になっているとして、前者はイエスと同時代、後者を現代とする。現代に住むものにとっては後者の図柄が親しみやすく、そのように生きるのを是とするならば、それは錯覚に陥いる危険をはらんでいるとされる。イエスの栄光を人間の人生に例えるならば、かれは試験を通過し、卒業し終えて、高きところに迎え入れられているようなものなのだ。ところで「地上の人生もまた試練であり、試練の時にほかならないのだ。」[33]これがキリスト教の考え方で、それゆえ正統的キリスト教もまたこれを自己の見解として常に表明し続けてきた」ので、人生とは採点者を神とする一種の試験なのだ。ただし「世界歴史は審判である」という説は、「人間の狡猾な知恵の発明にかかるもの」[34]で、じつはそれによって人間が神とのかかわりを断ち、自分自身を主人公として、みずから摂理の役割をも演じようとするものであって、「それゆえ人生の結果ばかりを気にして、ほんとうはあらゆる瞬間に人間がただひたすら神からテストされているという厳粛な事実を思いみない」[35]ことに起因する錯覚であるとしている。

高きよりみもとにひきよせたもう人生の試練とは「キリスト者となり、キリスト者として生きる」こと、この一つの課題に尽きると宣言してキェルケゴールは突き進んでいく。彼はあくまでも受難のイエスから目を離すことができない。信頼する者からは裏切られ、売り渡され、そして最後に期待をかけた一人の弟子からさえも「そんな人は知らない」という否認のことばを聞かねばならなかったイエス。そして最後は神の沈黙へのおそれとおののきをもって祈る。このことは「この世が続くかぎりはただ一回しかない、あの瞬間にこそ起こったのである」[36]。青年の想像力がイエスの受難をこのように辿ったとして、青年はその苦痛と苦悩のため、早くも老人のようになったとしても、み姿を手放すことはできない。そして「わたしにはこれ以外しかできない」[37]からという。これによってかれは「高きよりすべての人をみもとに引き寄せんとしたまうかれによって」[38]引きよせられ、永遠に生きるのである。すなわち、キリストの屈辱とはただそれだけではなく、実は栄光の映像に外ならない。例えば「星のほんとうのあり場所は、高き空の上にある。それゆえに海面に映る星影をみて、海の底に深く沈んでいると思われるときでも、星はやはり高き空の上にある。それと同様に、キリスト者であることも、この世に映る映像は下僕の姿であったとしても、実は最も高い栄光なのである」[39]と述べる。『修練』第七節にあたる結びは、すべての人たちに贈り届けようとする祈りの言葉で充たされている。両親に抱かれたか弱い幼児、あなたと契約を新たにかためた者たち、またこの地上の生活の最もすばらしい意義を体験できた者たち、愛し合う者たち、人生の活動のただなかにいる男たち、家庭で働く女たち、墓のかたわらにたたずむ老人のために……神による祝福を祈ります、で結ばれる。あくまで現実との妥協を許さない厳しい人生の選択をなし、キリスト者として生きぬいたキェルケゴールは、単独者として神のまえに立ち、独自の宗教哲学の領域を開き、高くに上って、空の星となって光り輝いている、といったとしても決して過言ではないのである。

この様な視点に立ち、『修練』において屡々触れられているイエス・キリストとの同時性を、招かれし人と、選ばれし人との両者から捉えてみるならば、前者には、隣人愛による日常生活に恵みがあるのに対して、後者には、あらゆる地上の栄光の断念を摂理として受けとめるべき厳しい神の配慮があり、キェルケゴール自身が選んだような、あたかも殉教者的生涯こそが、真性のキリスト者として生きたということになる。しかし、キェルケゴール自身がいうがごとく、すべての人が殉教者になるわけではないから、同時性の概念と共に、この世に信仰の座席をもつことのできる倫理的＝宗教的意味があり、それがカントの宗教哲学の立場ということができる。

（以上の第四章は、日本宗教学会編『宗教研究』四十一巻一九四号に掲載した「罪性と自由―キェルケゴールの一問題」と、同誌四十三巻二〇二号に掲載した「キェルケゴールにおける同時性の概念」を基礎にしたものである。）

第五章　カントの純粋宗教信仰

1　道徳と宗教[1]

「人間は自由な存在者であるゆえに、自己自身を理性によって無制約的法則に結びつける存在者であって、このような存在者としての人間の概念にもとづくかぎりでは、道徳は、人間の義務を認識するのに、人間を越えた人間以外の存在者の理念を必要としないし、義務を遵守するのに法則以外の動機なども必要とするわけではない」[2]。これは『たんなる理性の限界内の宗教』の第一版序文の言葉である。道徳は、人間のなすべき義務を認識するに当たって宗教を必要とせず、純粋実践理性によって、道徳の範囲に留まっていればよい。「理性によって採用される格率の普遍的合法則性があらゆる目的の最上の制約」である。このように宗教からの道徳の独立宣言を主張しながら、「道徳は宗教にいたるのは避けられず、道徳は宗教により、人間以外の力をもった道徳的立法者という理念にまで拡大される」[3]というのである。

「道徳は宗教を必要としない」との言明と、「道徳は宗教にいたるのは避けられない」という言明は明らかに矛盾した表現をとっている。この矛盾はカント自身の言明から出ているのだから、カント自身によって答えられなくてはならない。そこで序文の言明を注意してみると、道徳的当為に対する目的概念の扱いがカント独自の仕方になっていることに気づく。即ち、道徳における最高権威を義務とするカントにとって義務を動機づける目的はまったく必要ではないとしながら、一方、目的は道徳的行為に必然的関係をもつともいうのである。カントの言葉によれば「道徳法則に即して採用される格率の必然的帰結となるような目的には、必然的関係をもつ」。また「まったく何の目的関係もなくして意志規定が成立するということは、人間においてはありえない」[4]こととしている。このように「格率の必然的帰結となるような目的」[5]という論理的表現がとられているが、この目的とは何を指しているのであるか。人間においては何の目的関係もなくしては意志規定が成立しない、というのであるが、文脈からすれば、この目的とは行為の結果として手に入れることのできる事実的目的というよりも、意志規定を促す目的と解することができる。意志規定の成立に関して、形式的には「義務から」となるにしても、意志の目指す目的意識がつき従うことが要求される。（義務から）正しく行為するとして、「そこから何が生じるというのであるか」[6]「なすこと・なさざることを何に向ければよいのだろうか」[7]という問いが生ずる。そのような問いに対して、カントは、「なすこと・なさざること」の一切を全体として捉えて、これに対して、理性によって正当化できるなんらかの究極目的の理念を要求するのである。これを第二批判の理説に従って言えば「有徳な者にはそれにふさわしい幸福が与えられること」を目指す最高善にかかわる理念となる。この徳と幸福との因果関係をめぐる二律背反の鎖を断ち切るためにカントは「感性界」と「叡知界」とを区別した。感性界においては否定される徳と幸福との因果関係が叡知界においては実現せられる。かくして最高善の実現のために神の存在が要請される。このように神の存在を要請することは、道徳の理想を実現するためには不可避的に宗教にいたることを意味するが、宗教と道徳の関係の問題としては、道徳の理想を実現する限りにおいて宗教の世界を認めようとするもので、この点にカント宗教論への批判も集中する。宗教の世界が道徳的理念の投影によって被われてしまっているのではないかとなる。ところでこの場合には少なくともカントにおいては純粋実践理性の善性は認められている。キェルケゴールが人間の自律から神へと、救済の中心を移動させたのはキリスト教における原罪思想であった。イエス・キリストの贖罪への信仰によってキェルケゴールの罪責意識が深められ人間理性の放棄へと決断を促したのである。カントの場合にはどうであろうか。カントが宗教論において問題にした根源悪の究明は道徳と宗教の関係になんらかの変更を強いるものであるだろうか。

宗教論は内容的に四つテーマが掲げられている。(8)

①「悪の原理が善の原理とならび住むことについて」
②「善の原理による悪の原理との戦いについて」
③「善の原理による悪の原理にたいする勝利」
④「善の原理の支配下における奉仕と偽奉仕について」

これら四つのテーマは始めから計画的に体系性をもって著述されたわけではない。第一論文「人間本性における根源悪について」はカントの友人ビースター主宰の『ベルリン月刊誌』に一七九二年四月号に掲載された。第二論文を続行の予定であったのが、ベルリン検閲局審査官ヒルマーの不許可のため順調にことが運ばなかった。一時はゲッチンゲンかハレ神学部への提出を計画しながら、それを断念するという紆余曲折を経たのち、テューリンゲンのイェーナ大学で、しかも哲学部の印刷許可をうけて第二論文に、第三、第四篇を加えて著作としてまとまる運びとなった。翌年一七九三年の春期にイェーナで印刷されて、その年の復活祭にケーニヒスベルグで出版されたのである。このような経過は、カントの宗教論が『理性の限界内における宗教』という表題をもつことの意図をいささか告げているように思われる。テーマに掲げられている善の原理、悪の原理の述語からも明らかなように、問題は倫理と宗教に間に関するものである。第四のテーマは宗教における歴史性と普遍性に関係し、論点が広範多義にわたるので、ここではカントの所論に関連する枠内に留めて取り上げることにしようと思う。

2　善原理と悪原理の共在

人間の性は善なるか、悪なるか。人間についての深奥なこの問いは、とりわけ道徳と宗教に根源的に絡まる難問である。カントは、まず悪の原理が善の原理とならび住むとする。これはいわゆる弁神論の善悪並行論をいうのではない。むしろカントにおいて道徳的理性の善意志の立場をつらぬくならば、悪の原理が人間本性のうちに根源的に住むことは、道理にあわなくなる。生来善なる人間本性が環境の悪影響によって汚染せられた結果の悪性、と考えるほうが妥当ではないかと思われる。何故にカントは宗教論で根源悪の問題を扱うようになったのであろうか。おそらく理由の第一は、原罪教義を前提とするキリスト教に対して、何らか学問的回答を明確にしておきたいと考えたからでもあったろう。それにもましてこの世は邪悪に充ちていること、それは環境の悪化による人間の自然状態の堕落というだけでは説明のつかない、なにか人間本性のなかに悪への抜きがたい性癖があるのではないか、という理論的予想をいだいたからではないであろうか。

カントは善について「人間本性のうちなる善への根源的素質（die ursprüngliche Anlage zum Guten）」とし、悪については「人間本性のうちなる悪への性癖（der Hang zum Bösen）」としている。素質とは生得的なること、さらにそれに根源的の意味を与えている。性癖は人間によって偶然的に招き寄せられた傾向性ということができる。したがって悪への性癖は人間の誕生とともに備わっている生得的性質ではない。にもかかわらず人間の本性に居座ってしまった悪い傾向性ということができる。善への素質からとりあげれば、

(1)「人間の動物性（Tierheit）の素質」、「理性的なものとしての人間性（Menschheit）の素質」、「責任能力ある存在としての人格性（Persönlichkeit）の素質」の三者を挙げている。[9] 動物性素質を分析して生物としての自然的欲望と社会的衝動となる。これらには悪徳が接ぎ木されうるがそれ自体からは悪を生むということはない。例えば自然的欲望が逸脱したその極としてカントは、暴飲暴食、淫蕩及び社会においての暴力的不法行為などの善の素質に接ぎ木された悪徳を挙げている。第二の理性的人間であるが、人間性の素質にはフィジカルな側面があると同時に、精神的側面がある。そのゆえに理性の認識によって区別の観念が生まれると、その際フィジカルな

自己愛をもとにして他者と比較し、区別する意識がうまれる。それによって嫉妬や競争心にかりたてられると、やがては善から逸脱するようになる。その結果、善への素質に悪徳が接ぎ木されることになるという。このように善への素質は、悪への可能性と連続していることが例証せられる。第三の善への素質については、責任を負う自由な人格性のための素質というのである。この素質についてカントは道徳性への尊敬の感受性、いわゆる道徳的感情性としている。この場合カントは、道徳的感情性を自由な人格性そのものとはしないで、むしろ人格性のための素質としているのは何故か。

一般に人格（ペルソナ、パーソナリティ）というのは、人間の主体的あり方、自己に対して創造的立法者であることを意味する。また自己意識は多様に表象されるが、人格性とは、意識の総和ではなく、統一体を指す概念とせられる。カントの有名な「他人を手段としてではなく目的として扱え」[10]というときには、相手の人格性を目的として尊重せよ、ということにほかならない。しかしそこにおいて、いかに主体性を尊重するにせよ、狭い意味の自己愛に陥ってはならない。例えば人格概念のギリシャ古典劇のペルソナ（仮面）の意味からしても、人格性には、社会的共同体における役割意識が含まれている。このように人格性には共同体意識の普遍性が要求される。このような普遍的善なる意志をカントは、義務の概念で捉えようとしているのであるが、この道徳的義務意識を行為へと駆りたてる情熱が、カントにおいては道徳法則への尊敬の感情ということになる。「天上の星の秩序にも似た心内の道徳律」、良心への尊敬の感情である。このような意味において道徳的感情性は人格性の素質として、人間性のうちに根源的に組みこまれている。

人間本性における悪への性癖であるが、この性癖についてカントはその意味をあらかじめ次のように限定している。「性癖ということを、私は人間性一般にとって偶然である限りでの傾向性（現世の欲望）を可能にする主観的根拠という意味に解する」[11]とする。人間は道徳的善を意欲する存在でありながら、一方道徳法則からの逸脱を格率のうちに採用するという傾向性を有し、カントはそれを「悪への性癖」としている。この悪への性癖は、「悪い心情」とも称され、段階別に三様が指摘される。(1)「格率一般を遵守する際の人間の心情の弱さ、あるいは人間本性の脆さ」。(2)「不道徳な動機と道徳的動機を混合する性癖（不純さ）。これには「それがよいとの意図で、善の格率下でなされた場合でも」[12]の括弧つけの注記がある。(3)「悪い格率を採用しようとする性癖、または心情の邪悪さ」である。「心の弱さ」「心の不純」「心の邪悪さ」という様態の悪への性癖は人間本性に定着するものとする。「心の弱さ」についてカントは、使徒パウロにおいてさえも嘆きに陥るような底無しの深さのなかで捉える。にもかかわらず、これが人間にとって普遍的な傾向性である、という仮定を許すとするならば、道徳法則を格率として採用するか、しないかの意志の強弱は、「自然的性癖に源を発する」ことになろうと述べられる。しかし悪の源泉を自然的性癖におくならば、必然的に道徳的責任の観念が曖昧にならざるをえない。ここで厳格な道徳的責任の根拠を解明しようとするカントにとっては、悪への源泉を、自然的性癖に求めることはできない。もし求めるとすれば、理論的首尾一貫性に欠けるといわねばならなくなる。そこで第二の人間の心の不純さが問題になる。ここでのカントは微妙な表現をとっていて歯切れが悪い。

「格率が客体からみれば善であり、恐らく実行するにも十分であるが、しかし純粋に道徳的ではない」[13]場合がある。つまり法則性だけを十分な動機としてはいない。むしろ多くの場合（おそらくいつでも）、意志を規定して義務の要求するところに向かわせるためには、それ以外にも諸多の動機を必要とする。すなわち義務にかなった行為が純粋に義務からなされるのではないからである。これは人間において大抵の場合、義務を義務として純粋に行うことの難しさを、理論というよりも、むしろ現実の経験的視点に立ってカントは告白しているものと考えられる。第三において述べる心情の邪悪さは、結局のところ自由なる選択意志の性癖であること、それは「心情の倒錯（die Verkehrtheit des menschlichen Herzens）とも呼ぶことができるとしている。すなわち道徳法則にもとづく動機、いわゆる義務を、他の動機よりも軽視すること、自由意志による選択の動機に関して、道徳的秩序を転倒させることであると、厳格にカントは批判する。例えば道徳的行為にあたって、法則そのもの以外の動機が（名誉欲、自己愛一般、いや、同情の類がそうであるような善良な本能ですら）必要だとすれば、行為が法則と一致するのは偶然にすぎず、一致することもあれば、同じように違反の方向に押し流されかねないこともあるからなのである。この「悪への性癖」はいかなる時間的行為にも先行する、それ自身いまだ行為となっていないような、選択意志（die Willkür）の主観的規定根拠をいうので、この場合には「叡知的行為」として、時間的制約なくして理性によって認識することができない。またこの根源的性癖は根絶することができない。すなわち最上格率の腐敗の原因はもはや追求することができないとしている。これは、一面ではカントのキリスト教的原罪論への限界を表明したことを意味するのではないか。しかし悪への性癖を道徳的秩序の転倒とみなすかぎりでは、その行為は自由意志の責任にほかならないことは、カントが承認するところでもある。最初に述べた人間本性における善への素質との関連でいえば、善への素質に接ぎ木された悪徳が、「悪への性癖」として人間性のうちに抜きがたく定着するようになる。したがってカントによれば、「悪への性癖」は、人間本性にもとづく生得的素質というのではなく、人間によって招きよせられた「心情の邪悪」である、と解釈できる。カント自身も自ら招きよせた「悪への性癖」と述べている。したがって、「主体自身が招き寄せたものとして主体に責任を帰す」のでなくてはならない。

かくしてカントは「善への素質」と「悪への性癖」の区別を踏まえたうえで、「人間本性における悪への起源」に関する時間的起源と理性的起源を問題にする。カントにしたがって言えば、まず悪の理性的起源については、人間があたかも無垢の状態から直接にその行為に陥ったかのように考えなくてはならない。というのは道徳的行為は、常に自由意志の使用であって、「どのような時世に、どのような交わりのなかにいたとしても」、人間は悪い行為を思いとどまるべきだったとカントはいう[14]。すなわちそもそも世界内のいかなる原因によっても、人間が自由に行為する存在者でなくなることはありえないからというのである。したがって悪しき格率の理性的根拠は人間にとっては究めがたいものである。理性そのものに責任が帰せられる叡知的行為ではあるが、これ以上に何故という問いを立てることはできない。一方、時間的起源にかんして言えば、カントはこれに答えることができない。というのは時間の因果系列を過去にさかのぼることになる、すなわち性癖の原因を性癖をもって説明するとすれば、そこで無限遡源に陥ってしまい、悪の時間的根源を突き止めることは理論的にも不可能となるからである。ここでカントは旧約聖書の堕罪物語[15]に助力を求める。というのは、聖書物語によれば悪の根源は性癖によるのではなく、罪から始まるからである。アダムには悪への性癖はなく、彼は無垢の人であった。ところで彼にとって道徳的善は神の禁令として与えられていた。アダムはその禁令を破り、その後の人類に罪をもたらした。したがってアダムの物語は堕罪論となる。この堕罪物語の告げるところによれば、アダムの罪によってその後の人類に悪が生まれたということとなり、悪の量的積み重ねによって悪への傾向性が人間本性に深く根づいたこととなる。とすればアダム以後の人間が悪を犯すようになった責任の根源はアダムにあるのであろうか。したがってこのアダムの原罪を十字架の受難によって贖い賜うたイエス・キリストを信仰するならば、罪は免罪されているということなのであろうか。このキリストの愛の犠牲への信仰によって人間は自ずからにして善の人になるのであろうか。キリストへの信仰なき異邦人には罪からの解放は許されていないのであろうか。キリストへの信仰の飛躍の前には道徳的自由の努力は無意味となるのであろうか。これらの疑問に対してカントにはひとつの回答が用意されている。それは聖書物語の道徳的善の立場からの解釈である。「より善き人間を形成する」ために役立つ意味において聖書を読むことを許されたい、との但書のもとに強引なまでのカントの聖書解釈がなされている。この道徳的立場からの聖書の利用ということは、他律的純粋信仰の立場からすれば異論のあるところと思われるが、カントはあくまで道徳性の範囲に踏み留まりながら、しかも理性の限界を越え出て、原罪物語から人間的善の意味を採り出そうとするのである。

聖書の告げるところによれば、アダムに神の禁令を破らせたのは精霊（創世記に出てくる蛇）である。精霊は人間が存在するよりも以前から存在し、この精霊は「自己の罪過を軽減するために肉の誘惑の責任を自己へは帰し得ない存在者」である。つまり自己の存在の意味を自覚していない不可解な精霊なのである。その精霊のもとに悪が何処からかやって来たのではあるが、何処からなのかは、人間にはわからない。悪の根源が人間にとって不可解なのはその故であるとカントはいう。[16] 人間はただ誘惑によって悪に堕ちたので、したがって根底から（善への最初の素質から見て）腐敗しているのではなくして、誘惑する精霊に対抗して、「なお自己を改善することができると見做される。したがって心は腐敗しているにもかかわらず、依然として善なる意志を有する人間には、自己の背いた善に再び立ちかえりうるという希望」[17]が残されている。つまり人間には自由意志によって誘惑者に対抗できる可能性が残されている。これをカントは「心術の革命」によって可能とし、その可能性を自由意志の力に求めている。神を創造主と仰ぐならば、神は人間を自由な存在として創造されたので、それを神の恵みとして受け取ることが救いへの第一歩であるという。

3　善原理と悪原理の対立

善を養成するには、人類の自然的素質としての善の萌芽を育てるのみではなく、私たちの内面的な悪の原因を克服する努力が払われなくてはならい。「善の原理による悪の原理との戦い」という表題は、悪に対して善の原理が優位に置かれていることを示唆する。ストア的な徳の概念は、勇気、勇敢を表わしており、敵の存在が予想されている。もし善が勇気を欠くとすれば、それは不精な善であると。絶対依存の態度は、人間の力を弛緩せしめることとなり、かえって他からの援助さえも受けることができない状態におちいるのだという。したがって自力の善を自覚しながら、悪を退治しなくてはならないのが人間存在の立場（宿命）である。とはいえそれは理想であって、現実的に目的に達するには幾多の難所を克服しなくてはならないが、差し当りカントに従って進んで見るならばどうなるであろうか。

第一の課題「人間本性における悪の原理と善の原理の共在」において、「善の根源的素質」を「悪への性癖」に対置させて、両者の根源性の差異を際立たせている。かならずしも「よい木からよい実がなるとは限らない」との植物の比喩から、生来の「善の素質」に接ぎ木をしたのが「悪への性癖」であって、それは人間の自由意志によって招き寄せた傾向性にほかならないというのである。

このように述べながら次に「人間は生来悪である」と「生来」の言葉を使用する。このように悪の原理に関して性癖から生来へと言葉を変えているが、これは何を意味するであろうか。生来の言葉を生かすならば、如何なる人間のうちにも、よい人間のうちにも悪への素質が人間性そのものに織り込まれていると考えられる。そうでなければ、「悪の普遍性とは辻褄が合わなくなる」といっている。単に辻褄を合わせるために「接ぎ木された性癖」が「人間本性のうちなる生得的な根源悪」の命題に変容したわけではないであろうが、カントはつぎのように弁明する。人間は「道徳法則を意識しながら、道徳法則からの逸脱を格率のうちに採用する」が、これをもって「人間は悪だ」と称するのであって、「生来の悪というのは、このことが類として見られた人間についていわれるというほどの意味」であって、人間の類概念から推論できるという意味ではないと釈明する。すなわち、人間の類概念からの演繹ではなく、「人間の行いに即して、経験により目の当たりに見ることのできるまぎれもない実例が数多くあるので、型どうりの証明は省略できる」と、カントは鷹揚に構えているが、これをあえていえば、極めて蓋然的な帰納推理による確信以上にでないのである。というのは道徳的に善い行いをする人間は特に目立たない仕方で、日常性に組み込まれて目の当たりに多くを見ることができるからである。むしろ現実生活の秩序と平和は、多くの人たちの善意志に支えられて成り立っている。また現実的には善いと思われている人が理解を越えた悪事をなしたり、その逆であったりするわけで、客観的事象は、社会組織と人間関係が千差万別に絡まって複雑怪奇な様相を呈しながら推移している。したがって第二編のテーマ「善の原理による悪の原理との戦い」はいうまでもなく原理的意味を問うのであって、客観的蓋然性を論拠としての帰結ではないことはカントも熟知するところと考えられるが、悪の起源の問題は、結局のところカントにとっても釈然としないまま残っているといわねばならない。

さらにこの戦いの決着は、第三編のテーマ「善原理による悪原理にたいする勝利」によってカントの意図は明白であるが、勝利にいたる道程は険しい。というよりもカントの論述が晦渋なのである。多くの括弧づけと長いセンテンスに読者は悩まされる。文豪トルストイやドストエフスキーも、嘆きながら愛読したそうである。(18)

この第二篇のテーマの展開は、キリスト教倫理に引きよせられながらカント独自の宗教論を一歩すすめようとする。ここで焦点化されてくるのはイエス・キリストである。「彼において神は世界を愛された」のであり、私たちは彼の心術を受け入れることによってのみ「神の子となる」ことを希望することができる。宗教とは道徳的義務を神の命令となすことである。たんに形式的制約にすぎないア・プリオリな理性法則に対して、その理念的内実を与えるのは神への信仰であり、すなわちイエス・キリスト像(19)なのである。

さて悪に戦いを挑む善原理の鉾先が向う敵は何処にひそんでいるのであろうか。敵をたんなる自然的傾向性にもとめてはならない。敵は目に見えない相手であって、理性の背後に潜んでいるというのである。そもそも自然的傾向性（血肉）は、それ自体ではむしろ善であって、それを根絶しようとするならば、無駄ばかりか有害でさえあるとカントはいう。それよりも自然的傾向性が相互に傷つけあわないように、幸福という名の全体における調和にもたらされるように、知恵をはたらかせればよい。問題になるのは道徳的悪のみで、それのみが根絶されねばならない。道徳的に反法則的なものだけがそれ自体において悪である。このことを教えうる理性だけが、知恵という名に値するとまでいわれる。理性の一般法則はただ形式的規定のみであるゆえに、人間が悪を脱却し、聖性の理想にまで高まるためには、道徳的完全性の原像が与えられねばならない。この原象は悪徳への可能性を秘めた人間によって充たすことはできない。そのような方は罪なくしてこの世に降りられた方、その方は、世界の最善のためにあらゆる苦難を引き受ける。敵のためにすら進んで救済を引き受けるような方である。[20]「いまやこのような神の御子への実践的信仰において神の祝福を受け、神に嘉される人間になるという希望をもつことができる」[21]というのである。これは救済の理念であるが、このような理念の客観的実在性はどのようにして保証されるであろうか。カントによれば、このような理念の実在性は道徳的理性そのものに本来与えられているというのである。私たちはこの理念に一致してあるべきであるし、一致してあらねばならぬという希望を抱くことがその実在性の証明に有効であるといわれる。ここに問題が生ずる。いかに理想的模範があたえられていても、悪からの脱却は困難ではないか。カントはその解決法として、

①行いは欠陥のある善からの無限に絶えることのない前進としてうけとめる。すなわち一挙に理念に合致しようと焦るのではなく努力目標となすようにというのである。

②善からは決して落ちないという心術の現実性、および恒常性の保証を確かなものにする。

③最後の難関は、人間が悪から始まったとしたら、回心の後にも過去の罪責の負い目からは逃れられないのではないか、という罪責意識についてである。この難問の解決法としてカントは提言する。すなわち、人の心を知り給う神の判決は、行為の法則への一致、不一致によって行われるのではなく、被告の心術の革命をもって神は嘉したまうというのである。[22]被告に下される罰は回心以前にまでは及ばない。回心以前にも神の義と一致していたかどうかということは問われないというのである。この意味では心術の革命によって過去からの罪責意識も解

放されるというところが、カント独自の見解ということができる。論拠をカントに問わねばならないが、仏教の罪業思想とは異なった人間解釈と理解される。とはいえ犯した罪の現実の法的制裁は地上の帝王カイサルの掟によって裁かれることは当然であるとしても、理念的には精神は罪意識から解放されている。

過去の罪責に囚われることなく、人は新しく生まれなくてはならない。古い自己を捨てる心の痛みは、新しい自己が生まれるための糧となる。「新しい人間は古い人間に死ぬことによって人生において絶えず苦難をひきうけなくてはならないが、神に嘉とされるという自己のうちに信仰的自信が生まれるのであって、これが仕事の功績を上回る余剰分なのだ。しかもそれは恩寵から返してもらえる功績なのである」[23]。これが善原理の勝利の意味である。

第二編のテーマはカントの提言のままでいえば、「人間の支配をめぐる善原理と悪原理との戦いについて」というのであって、たんに対立の状態にあるのではない。両者が力を出し合って打ち合う場面が想定されなくてはならない。このとき人間における善原理に力を与えたまうのがイエス像なのである。その方はこのうえなく大きな誘惑に試みられながら、それでも、かぎりなく屈辱的な死にいたるまでのあらゆる受難を、世界の最善のために、それどころか敵のためにすら、進んで引き受けるような人間像の理念である。いまや人間は、このような神の御子（人間の本性を受け入れていると表象される限りでの神の御子）への実践的信仰において、神に嘉されるようになれる（そのことにより浄福になれる）という希望がもてるようになる、ということなのである。あたかもイエスがサタンの誘惑に打ちかつことができたように、その人間性の原像に従おうとするならば、そのような人は、自分が神に嘉とされるにふさわしい存在であるという確信を自己自身において抱くことができるという。このようにカントにとってのイエス像は山上における道徳的原像としてのイエスであって、受難の死後に高き神のもとに昇天されたイエス・キリストは理想の彼方の栄光のうちに存在する。その点がキェルケゴールからすれば、カントの信仰論は不徹底の感を免れなかったといえよう。現実の人間はカントの研究する人間像よりもはるかに複雑で、また本質的に弱さの側面がある。その弱さとの戦いに当たって、善の原理による強さと勇気の意味を再考させるのがカントの純粋道徳信仰といってよいのではないか。所詮人間は自分の足で歩かなければ、健脚の人となることはできない、というのがカントの持論ではなかったか。

4　宗教と不可視的教会

人間はひとりでは生きていくことができない。自己をとり巻く多様な人間関係のなかで、複雑に絡み合って生きている。そのような絡み合いのなかに善原理と悪原理が織り込まれて人間関係は複雑な様相を呈する。個人における善原理の勝利について第二篇の考察の最後に触れたが、第三篇では善の理念のもとに形成される倫理的公共体が課題となる。

(1)倫理的公共体と純粋宗教信仰（Der reine Religionsglaube）との関係をカントは問題とする。法律的自然状態が万人の万人にたいする戦争状態であるように、倫理的自然状態も人間関係の不調和によって争いが生まれ、個々人のすべてに善意志があっても、彼らを統一する原理がないならば、相互の軋轢によって善の共同体目的からは遠ざかる。これを克服するためにカントは、倫理的共同体の理念を掲げ、この理念の実現のために、人間の人間にたいする義務ではなく、人類の人類自身にたいする義務の概念を要請する。ではこの普遍的義務による共同体の支配者にふさわしい存在は誰なのであろうか。ただその存在を人間に求めることはできない。そこで、すべての人間の心を知りたまい、そのものの行いに値するものを授けることのできる方として「神」の概念が要請される。かくしてこの公共体のもとで、普遍的義務に生きる人たちは神の民と呼ばれるに相応しい仲間となるであろうと、カントはいう。

「倫理的公共体という、決して達成することのできない崇高な理念も、人間の手にかかると矮少になってしまい、せいぜい公共体の形式だけは純粋に表象できるにしても、この全体を樹立するための手段に関しては、感性的人間本性の諸制約のもとでは、きわめて制限された制度となってしまう」(24)ということで、哲学者カントの思考も立ち留まざるをえない。支配者に相応しいのは神である。したがって神の摂理にまかせるほかはないのであるが、人間の方は沈黙して神の摂理を待てばよいのであろうか。現実的にいえば、そのような役割を果たしているのが宗教における教会である。であるが歴史的教会は、相対的であるし、そもそも倫理的公共体は、可能的経験の対象ではなくして、「教会の原像」ともなりうるような基礎的形態を必要とする。そこでカントは、その理想の形態に対して「不可視的教会」(25)の名を冠する。仮にこの倫理的公共体に教会としてイメージを与えてみれば、それは、君主制でも、貴族制でも、民主制でもなくして、目に見えないが、共通の道徳的な父［母の原理も必要］のもとでの、一家共同体（家族）という体制になぞらえるなら、それが一番よいであろうと。ここで「真なる宗教は一つしかないが、信仰には種々の様式がある」の命題が打ち出される。

カントは道徳宗教を「純粋宗教信仰」と呼び、歴史的教会信仰とは概念的に区別する。これに関連して「宗教」と「信仰」の言語使用でのニュアンスの相違に目を向けると、例えばこの人はこれこれの宗教をもつ人間というよりは、これこれの信仰をもつ人間といったほうが適切と考えられるからである。普通には信仰という表現が用いられて、あの人はこれこれ（ユダヤ教、イスラム教、キリスト教、カトリック派、ルター派［東洋の諸宗教その他］）の、といった信仰をもつといわれる。このように宗教というよりは、信仰のほうが日常化しているという。これは厳密な定義というわけではないが、カントはこれをもって宗教には概念的に普遍性を、信仰を教会信仰として特殊化している。これまで幾度となく世界を震撼させてきた宗教紛争も、結局は、教会信仰をめぐる喧嘩がほとんどであった。また、ある教会が普遍教会と自称しながら、その特殊性のゆえに信仰を承認しないことから教会から不信仰者と呼ばれ、その果には異端者扱いをうけることがあるのも、教会信仰の特殊性をなによりも証言しているとカントはいう。しかし人類救済を目的とする宗教にどうしてこのような混乱が起こるのか。おそらく利害対立を原因としているのであろうが、本来は不可解な現象である。

『宗教学辞典』に、信仰について「仏教では信心といわれるが、西洋語の翻訳としては信仰という言葉に包まれるようになった。Glaube は、erlauben、loben、lieben と語源（lub）を同じくし、献身の意味をふくみ、誠心を捧げて信ずるといった意味であり、対象は……次元の高い神のことである」。宗教の Religion の語源 religio に二説があり、その一はキケロ（前106～43）によって「再び」、「拾う、読む」から再読、反復吟味の義とする。その二は三～四世紀のキリスト教護教論者ラクタンティウスが、re-ligare から、「ligare」の「結ぶ、縛る」の語義によって「神から離れた人間を再び神に結びつける」の語義を与えている。「信仰」も「宗教」も言葉の定義は、学者の数だけあると言われ、詮索すれば限りがない。しかしカントは特に概念定義を問題にしているのでなく、宗教もしくは信仰の純粋性を明らかにすることによって、両者の逸脱の可能性を排除しようとしたものといってよい。「宗教」の純粋性は「神から離れた人間を、再び神に結びつける」の意味で、カントは、それを道徳と宗教の関係から捉え、よって道徳宗教の立場を「純粋宗教」と読み替え、さらに信仰を付加して「純粋宗教信仰」の概念を作成したのである。そこで信仰の意味を「神への献身」として、同じく純粋宗教に信仰概念を結びつけるならば、それは「純粋宗教への献身」といった意味になるであろうが、それはひたすらな神への献身とは、やや意味が異なってくる。すなわち、道徳性の模範としての神へ関係が重要視されてくる。はなはだしく道徳性を逸脱するような神は危険であり、そのような神への献身は、より以上に危険性をはらむので、カントのつぎのような言葉は、信仰の危険性を暗示する。すなわち「道徳性のない神がいかに恐ろしいか」。

(2)「宗教は一つしかないが、信仰にはいろいろな様式がありうる」というのがカント宗教論の格心をなしている。カントにとって信仰の対象として最も彼の信条に適った宗教形態がキリスト教であったことは確かである。しかしカントの宗教観についてはよく言われるように、カトリック教徒なのか、プロテスタント信者なのよく分からないというところがある。むしろ特定の歴史的教会組織のなかに従属させることができないところにカントの独自性があるともいうことができる。すなわち「種々の教会は信仰様式が分かれているにしても、しかしそうした相違のうちにも同一の真なる宗教を見い出せる」という立場に立って宗教を哲学しているのである。カントにとって世界における多くの宗教のなかで最も「純粋理性宗教」の要請を充たしてくれる宗教は、真なるキリスト教であると考えていたにちがいないのである。それはカントの心情を強く捉えたイエス像の純粋道徳性の理想にあると考えられる。イエスは実践理性の理想像であり、これを神の啓示として受け取ることによって比類なきキリスト教の意味がカントの信仰に力を与える。そうかといって全ての人々をキリスト教に誘い入れようとするのではない。その点がキェルケゴールとは異なっている。個々人の信仰の自由に従って、より善き生の意義を受け取ればよいということなのである。但し純粋道徳性を踏み外すような狂信は慎まなくてはならないと警告するのみである。

キリスト教の神は、歴史上に一度だけイエスの受肉によって自己を啓示する。このイエスの啓示は神の秘術の開示ともされるのであるが、カントにあっては、人間による反抗の罪によって引き裂かれていた神との不幸な関係を、再び取り戻すための神の恩寵の証であるという。カントは人間の善性の回復を神人イエス・キリストによって可能とする道徳宗教の礎石を、教会信仰の土台に埋め込もうとする。「何となれば教会信仰の理論的方面は、もしそれがすべての人間の義務を神的命令として遂行すること（それがあらゆる宗教の本質をなすのだ）に影響しないならば、私たちに道徳的関心を起こさせはしないのだから」[26]というのである。したがって聖典の解釈にあたっても、道徳的信仰の命題と一致するように意図する。このような解釈はテキスト（啓示）に関して、しばしば牽強付会のように言われてきたのであるが、それはかえって宗教の本質を見失うものであると。そしてこのことは古今東西、理性的で思慮深い民族が行ってきたことであるのをカントは強調する。ギリシャ人、ローマ人の間の多神教、イスラム教徒たちも、パラダイスの描写に際して、たくみに精神的意味を与えてきているし、インド人はヴェーダ解釈に少なくとも比較的開けた部分では、これと同様な方法を与えている。このような民族信仰の傾向は、それ以前のむかしより「道徳的宗教のための素質が人間理性のうちに潜んでいた」からということになるのである。

このように啓示の意味を「人間がすべての義務を神の命令として履行するように働きかけている言葉」とする。要するに、神の啓示であることの最高の基準は「聖書はすべて神の霊の導きの下に書かれ、人を教え、戒め、誤りを正し、義に導く訓練をするうえに有益[27]」であると受け取ることによって、純粋宗教信仰の意義づけをなし、これをもって宗教の本質となすのである。そしていかなる教会信仰といえども、この霊（Geist）を探すという原理を出発点とするので、現世的刺激に惑わされて純粋性を逸脱してはならないことを戒める。「聖書がこの原理ついて証をするかぎり、そこに永遠の命を見い出せる[28]」というヨハネの聖句によって啓示についてのカントの解釈が保証されている。

(3) 浄福への祈願、「純粋宗教信仰をめざして実践的となっているならば、何人のうちにも浄福なる信仰が見い出されうる」とカントは確信する。これを基準として礼拝宗教信仰を苦役と報酬の信仰であると批判する。これは道徳的ではなく、浄福をうる信仰とはみなすことができない。この道徳的努力を前提としない神への隷従的、崇拝信仰に対する批判は、既に『判断力批判』においても原始宗教への見解として述べられていたが、「宗教論」でも繰り返して述べられている。仮に儀礼宗教であっても、集団の祈り、連帯共同意識を高揚するという何等か純粋道徳性に資するならば、かえって是とせられることはカントの宗教観からも導くことができることは上述したところである。むしろ近代以降の教会宗教における世俗化傾向には批判が向けられている。「そもそも浄福になる信仰は純粋な心的態度にもとづいた自由な信仰（fides ingenua）」でなくてはならないと。祭礼をとうしてなされる礼拝宗教では、時には悪心の人でも参加できるわけで、そうした行為によって神が嘉しうるとは考えられないからというのである。カントは、浄福にいたる信仰の条件を二つあげる。その一は、贖罪（罪責の返済、救済、神との和解）への信仰、その二は、今後のよき生き方により、神に嘉されるようになれるという信仰である。しかし、この二つの条件は一つの信仰にほかならず、「必然的なかたちで一つの全体をなしている」とみなすことができる。すなわち、まず過去の贖罪への信仰によってこそ今後のよき生き方の勇気が湧き起こるというもの、それとは逆のこと、力の及ぶかぎりよき生き方をすることによって贖罪への真摯な信仰が生まれ神に嘉されるような新しい生をかちとることができるということも成り立つ。この「贖罪」と「よき生き方」との因果関係は、あたかも相互依存的な循環論、もしくはアンチノミーの外観を呈してはいるが、この二条件の調停は可能であることは、事実的相関関係によって相互に消し合い新しい方向に向かって切り開かれるからである。神への全面的依存の態度はカントの認めないところであるが、よき生への努力との相互性によって贖罪をこのように意義づけているところは第二篇には見られなかった側面である。第一義は、神がなして下さったことへの信仰なのか、あるいはそのことに価するものとなるために私たちが為すべきことをなすことなのかと問えば、「後者に決定するのに何の疑念もない」[29]としている。人間が浄福にあずかることのできる希望は人間的義務を遵守するという努力の結果でなければならない。これがカントの持論である。

カントはイエス・キリストの御名を使用せずに、「神の御子」と呼び、「神の気に入る人間性の原像（Urbilt）への生きた信仰」を呼びさますところの「理性にふくまれる原像を、神人（Gottmenschen）のもとに置くのであるから……本来、この原像こそ浄福になる信仰の客体」とする。そしてかかる信仰こそが神に嘉される生き方という原理と同一である。したがって、「ここにあるのはそれ自体において異なった二つの原理ではない。……そうではなく、ここには同一の実践的理念があるに過ぎず、私たちの出発点はこれである。それは一方ではこの理念が神のうちにあり、神から出てくるものとしての原像を意味し、他方では私たちのうちにあるとしての原像を意味し、いずれの場合にも、この理念は私たちの生き方の規準となるような原像を意味している」[30]。そして力の及ぶかぎり神の意志に従おうとする努力に対しては、神は私たちの努力の不足分を——どのようにしてかは分からないにしても——補ってくれるにちがいないという信仰は、道徳宗教にとっては、また不可欠なのである。これに対して罪の償いに対する神への全面的依存の態度の「贖罪思想」は、条件としての道徳性を前提しないならば、迷信に陥り、人間性を堕落に導く可能性のあることをカントは警戒する。

このような純粋道徳宗教に相応しい理念の教会形式をこの地上においては期待することはできない。というのは、それは理性の理念であって、適切な直観形式にもたらすことが本来不可能だからである。したがって「不可視的教会」とならざるをえない。

5　宗教における理性と愛

宗教における善の原理は、カントにおいては「純粋宗教信仰」である。この善原理による歴史的表象を、地上の教会として普遍的に樹立することは到底不可能である。というのは歴史性は時間的制約を免れることができず、つねに特殊的事情を担っているからである。したがって純粋宗教信仰は、「各人がこの信仰において遂げた進歩を自分自身で意識できる」のみであって、きわめて個性的、実存的内実を示すといわねばならない。とはいえ宗教における善原理を歴史上に表現（Darstellung）するとすれば、それは教会という形式をとるよりほかにはありえない。そこでカントの提起した宗教に対する課題は、歴史上の教会と純粋宗教信仰との関係のあり方である。

過去における宗教現象の多くは、カントの見るところによれば「礼拝の宗教的信仰と道徳的宗教信仰とのたえざる戦いについての物語にほかならない」という。その原因について、人間というのは、前者を歴史信仰としてつねに上位に置きながら、後者は魂の改善のための不可欠の信仰として、その優越権を放棄することはできなかったから、としている。この宗教に寄せる人間の願望の多様性が、歴史上の教会信仰に価値観の混乱を招き、宗教上の争いを巻き起こしてきたということは見逃すことのできない事実である。この宗教によせる人間の願望の多義性に対して、神はどのように応え賜うであろうか。神が嘉し賜う人間の願望とはどのような内実であるか。ここに神への奉仕と偽奉仕（der Afterdienst）の区別が問われてくる。カントは所論を二部に分け、その一は「宗教一般における神への奉仕について」、その二は「規約的宗教における神への偽奉仕について」としている。

「宗教とは、（主観的にみれば）私たちの義務をすべて神の命令として認識する」[31]というのがカント宗教論の大前提である。ところでこの認識の根拠は客観的に証明することができない。というのはそれはカントにとっては信仰の事実にほかならないからである。そしてこの信仰の正当性は、人間理性における義務への尊敬が意識されることによって内省的に保証されているということになるであろう。ところで、このように道徳的義務論を宗教性の中核におくことによって宗教一般についての意味規定がつぎのように提示される。「ある宗教において何かを私の義務として承認するに、あらかじめ神の命令であることを私が知らなければならない」とするならば、それは啓示的宗教である。これにたいして、「何かを神の命令として承認する以前に、それが義務であることをあらかじめ知っていなくてはならない」とすれば、それは自然的宗教である。[32]啓示宗教と自然的宗教の相違をこのように捉え、超自然的神の啓示を否認すれば、その人は自然主義者、普遍的宗教に啓示的信仰を不可欠の要件とするならば、その人は超自然主義者である。自然的宗教において必然的に義務を表明するならば、その人は合理主義者、啓示を承認しながら、それを知り、それを現実的に受け入れることが宗教にとっては必ずしも必要ではないとするならば、彼は純粋合理主義者と呼ばれるのである。このような区別を踏まえて、啓示宗教といわれるキリスト教に目が向けられる。するとキリスト教は啓示宗教としてばかりか、自然的宗教としても表象できるとするのである。自然的宗教は、原始宗教を意味する自然宗教とは区別されなくてはならない。義務を神の命令として承認する以前に、あらかじめ何かが義務であることを知っていること、カントはそれを自然的宗教と見ている。啓蒙主義者のディドロによれば、ユダヤ教、キリスト教、イスラム教などの啓示宗教は、むしろ自然的宗教の異端であり、自然的宗教こそがあらゆる宗教の源泉であるというような問題設定の流れのなかから自然的宗教の述語が生まれてきている。

カントによれば、「ユダヤ教から起こったキリスト教ほど、魂に命を吹き込み、自己愛を砕き、しかも同時に希望を与えてくれるような何かを、世界にみたことがない」と称揚して、このような高まりに達することができたのは、これを認可した理性宗教との合致であるとする。これは第四課題の冒頭に掲げられたつぎの問い、すなわちキリスト教的啓示と自然的宗教との合致の確認ともなる。つまりカントは両者の結合の立場をなす。

ある歴史上にひとりの師が想定せられる。

その言葉はだれにで理解できて、自然的に強く訴えてくる純粋宗教が講じられている。師の言葉は、当時の世界一般であった他のあらゆる道徳目的をめざさない教会信仰の実例に逆らって講じられた純粋宗教にほかならない、というのがカントのイエス像である。そして、その教えのいくつかが宗教一般の疑いなき証拠として挙げられる。さてカントは、この宗教論の著述に当たり、それとして例示することなく数多の聖句を背景にかかえているが、それらの聖句から理性によって選び抜かれ、表象化された貴重な言葉が第四篇第一部第一章に挙がっている。そのほとんどが『マタイ伝』の五章からであるが、それらは他の共観福音書を代表させているとも見做すことができよう。特にカントによって引用された聖句について、新約聖書の順序に置き換えて列挙するならば、カントの道徳的宗教性の本質性を描出することができる。

まずカントの解釈文を要約して引用し、該当する聖句を対応させてみよう。

①「こうした純粋な心術者たちには、その心術が行いにも示されるようにせよと求められ（五・一六）」[33]「そうした行いが学びの模範となるために公にもなされるように（五・一六）」。――聖句「あなたがたの光を人々の前に輝かしなさい。人々があなたがたの立派な行いを見て、あなたがたの天の父をあがめるようにである」。人間の救済は心術の革命であること、心術といえば内面的である。それを行為として外に表わしなさい。それによってこそ心術の革命が天に届き、他人にも伝えられるのであると。

②「ユダヤの律法を完全に全うするつもりだといわれるが（五・一七）」――聖句「わたしがきたのは律法や予言者を廃止するためだと思ってはならない。廃止するためではなく、完成するためである」。カントはユダヤ教にたいしては批判的であるが、愛は律法の完成であるとは、キェルケゴールの『愛の業』のテーマであり、その他キリスト教学の重要課題でもある。カントは律法と愛を純粋理性宗教の枠組にいれようとする。

③「最高立法者に呼びかけ、それを賛美することで行いの欠如を補えると思い、へつらって恩恵を受けられると思っている心術者たちには、そのずるい希望を否認なさるのである（五・二一）」――聖句「私に向かって、『主よ、主よ』と言うものが皆、天の国に入るわけではない。わたしの天の父の御心を行う者だけが入るのである（七・二一）」。カントの注釈の部分には他の聖句が入っているが該当する箇所は「七・二一」である。主はへつらいの賛美を疏《うと》まれて、虚飾なき誠実の善をこそ嘉したまうのである。

④「たとえば、心のなかで憎むことは殺すことと同じであること（五・二二）」。――聖句「兄弟に腹を立てるものはだれでも裁きを受ける。兄弟にむかって、……『愚か者』という者は、火の地獄に投げ込まれる」という厳しい言葉が与えられている。「汝、殺すなかれ」にもまして、イエスは「汝、憎むなかれ」をより根源的な戒めとして強調するのである。

⑤「隣人に加えた不正が補償されうるのは相手への罪の償いだけであって、礼拝の行為によってではないこと（五・二四）」。――聖句「その供えものを祭壇の前に置き、まず行って兄弟と仲直りをし、それから帰ってきて、備え物を献げなさい」。

⑥「思いのなかでの罪は、神の前では行いに等しいものとされる（五・二八）」。――聖句「しかし、私は言っておく。邪な思いで他人の妻を見る者はだれも、既に心の中でその女を犯したのも等しいと、いわゆるモーセの戒め以上に厳しい心情の倫理が説かれる。

⑦「誠実さという点では、市民的強制手段である誓いは真理そのものへの尊敬を損なう（五・三四―三七）」。――聖句「一切誓いを立ててはならない。……髪の毛一本すら、あなたは白くも黒くもできないからである。あなたがたは、『然り、然り』『否、否』と言いなさい。それ以上のことは、悪い者から出るのである」。不誠実な誓いの虚偽、力の及ばないものを、誓いの呪文によって現実化しようとする人間の弱さと欺瞞性への、これほど強い警告はないということができる。

⑧「人間的心情の自然的ではあるが悪い性癖は、全面的に転回させよということ、復讐のあまい感情は寛容性に（五・三九―四〇）敵への憎しみは親切に（五・四四）移りゆかなくてはならない」。――聖句「悪人に手向かってはならない。だれかがあなたの右の頬を打つなら、左の頬を向けなさい。あなたを訴えて下着を取ろうとする者は、上着をも取らせなさい」「敵を愛し、自分を迫害する者のために祈りなさい」。この個所はとりわけ徹底的に世俗的倫理の転倒が要求される。自分を愛してくれる人を愛したところで、あなたがたにどんな報いがあろうか。自分の兄弟にだけ挨拶したところで、どんな優れたことをしたことになろうか。この神の無差別にして平等の愛が人間に要求せられる。何故に。それは「あなたがたの天の父の子となるためである」と。

⑨「そもそも聖性こそ人間がめざして努力すべき目標であること（五・四八）」。――聖句「だから、あなたが

たの天の父が完全であるように、あなたがたも完全な者となりなさい」。これがマタイ伝第五章の結びの言葉である。カントはこれを倫理的努力目標となすのである。これは道徳的徳性でもあって、目標をめざして努力すること、その過程そのものがすでに徳性にかなっているということなのである。したがって一挙に神と能作的合一を体験する直観を宗教性の本質とする神秘主義はカントにとっては不可解な世界なのである。

さて以上、カントに従って枚挙した九箇条のうち「勿れ」の禁止にふれたのは、三箇所「憎む勿れ」「邪心を抱くこと勿れ」「不誠実な誓いを立つること勿れ」（ここで扱った限りでの禁止）であって、あとは神の愛に応えるための唯一の道としての「心術の革命」に関連する。善への心術の革命は、ただ心の問題としてだけではなく、行為として表現すべきこと、行為が主に対しても、他人に対しても心が伝えられる手段になるという指摘は実践理性の優位を説くカント固有の視点ではないだろうか。これに対して、神への空虚な賛美、供儀、礼拝は、ある虚構性を内含している。従って純粋道徳性を内蔵することによってはじめて、信仰の儀礼的表現に生命が与えられるのである。ところで「勿れ」の聖句が消極的であるのに対して、「汝の敵を愛せよ」、「汝、己のごとく隣人を愛せよ」の心術は、自己を取り巻く周囲への積極的関係を意味する。善き種を畑に蒔くように、このような心術を伝え広めるという小さき行為のはじまりが、すなわち「宗教はそこから内的な力により少しずつ大きくなってやがて神の国となるであろう（一三・三一、三二、三三）」。――聖句「天の国はからし種に似ている。人がこれを取って畑に蒔けば、どんな種よりも小さいのに、成長するとどの野菜よりも大きくなり、空の鳥が来て、枝に巣を作るほどの木になる」、また別の喩え「天の国はパン種に似ている。女がこれを取って三サトンの粉に混ぜると、やがて全体が膨れる」。この有名な「からし種」と「パン種」の喩えは、キリスト教教会の成長に類比される。本書の別の箇所では「神の国はいつ来るか」の問いに対してルカ伝福音書の聖句が挙げられ、「神の国は目に見える形で来るのではない。見よ、ここにあるあそこにあるともいわれないだろう。見なさい、神の国はあなたたちのうちにある！（一七・二一―二二）」。即ち思いを深くし、精神をつくして沈思するならば、「神の国」はあなたがた夫々の心のなかにあるということなのである。

宗教論のいたるところに聖句が天上に輝く星のように散在している。とりわけ第四篇のこの箇所は星群をなして際立っている。宗教は人間の義務を神の命令として認識すること、これがカントの大前提なのであるが、神は人間を自由なるものとして創造された。ゆえに神の命令は外からの強制というのではなく、自由の感情をともなって意識される。それば善を愛する人間の素朴な良心の素顔であり、良心は神からの贈りものである。したがって良心による義務への尊敬の念は、神による贈り物への感謝の意識ともいってよい。したがってカントは最後にまとめて、「すべての義務を、（一）普遍的規則と、（二）特殊なかたちで、総活なさる」と述べる。このまとめについてカントは、自己の見解としてではなく、師イエスの聖句からの学びとして受け取ろうとするのである。

普遍的規則については、「義務への直接的な尊敬の念以外の動機から義務をなしてはならないということ、即ち何にもまして神を愛しなさい」ということで、特殊的規則は、「普遍的義務として他人への外的な関係にかかわることにほかならず、相手がだれであれ、あなた自身を愛するように愛しなさい(34)」と。ここで特殊的というのは普遍性に制限された意味の特殊というのではなくして、我と汝の人格的応答関係を意味しなくてはならない。前者を形式的規則とするならは、後者は実質的規則といってよいのではないであろうか。この最終的結語であるが、義務を強調するカントもイエスの「隣人愛」の黄金律をもって究極目的としなければならなかったのは、まことに瞠目に値する。

上掲の道徳的命法を全体的にまとめてみると、「……勿れ」の禁令に対して、「……すべし」の奨励的、創造的聖句が対応していることに気づく。しかも、禁止と奨励句の両極の間には、多数の条項が横たわり、段階的に重層をなしていると考えられる。さらに禁令の背景には、人間が自ら招きよせた悪への性癖が潜んでいる。神によって「……勿れ」といわれることは神の愛の叱責であり、御言葉に応えて、力を尽くして、自制によってこれを除去しなくてはならない。とはいえ除去にのみに固執すれば、一層に破壊の傷を深くすることにもなりかねない。したがってこの自制と並行して、「……すべし」との御言葉によって奨励されている行為を創造的、積極的に行うように努めるならば、それと逆比例して、「悪への性癖」の追放が、善の光を受けて自ずからに容易となり、漆黒の闇が次第に薄れてゆくのではないであろうか。人間の心というのは、自然的には善を望み、善を愛するように創造されているからである。カントは第一篇において善原理と悪原理の並行論を展開した。キリスト教の原罪思想への何らかのカント的回答が根源悪の追究であった。その回答は決して明快な論述とは言えないが、カントによれば、悪への性癖は自由意志によって招きよせられたものである。これに対して人間の生来の自然的傾向性は善への素質、あるいは善への可能性をもった存在として捉えられている。それは神の創造物語に告げられている聖句からも洞察することができる。「神はお造りになったすべてのものを御覧になった。見よ、それは極めて良かった」(35)と満足しておられるのである。

悪への性癖は善の木に接ぎ木されたような異質のものという喩えをもって説明がなされている。これがカントの率直な真意であったと考えられる。ただし、アダムの堕罪のもたらした悲劇は、本来罪と共に地上の生に「死」がもたらされたということであって、ここには存在論的意味が絡んでくるという点がカントによっては問題が回避されている。しかし「注釈」によれば、むしろカントはその聖書解釈に疑問を抱いていたといってよい。例えば「奇跡」についてカントは、動植物の生殖の神秘に驚嘆している。生殖における内的メカニズムは実に完全である。春になると、またしても、可憐で美しい色合いを帯びて、かならずや、ふたたびそっくりのままがあらわれて来る。秋や冬の悪天候による破壊的諸力にもめげずに、「種子」は、自己の貯えた「いのち」を失うことはない。これこそが神秘なる自然界の奇跡ではないか。奇しき自然の生殖力――それは人類においても例外ではない、——創造力を通して、万物の創造者としての神を称える。この神による創造の奇跡の認識の上にたって考えるカントは、アダムの堕罪論をあくまで人間の道徳性レベルで解釈する以上には出ようとはしなかった。人間は善への素質を有しながら、善（禁令）に逆らって、自ら悪への性癖を招き寄せている。したがってこの悪への性癖からの解放は自己による「心術の革命」の決断によってのみ可能であって、イエスの贖罪の恩恵のみに頼ることは、むしろ自己の労力を惜しむ「徳の怠慢」とさえなる。ただ罪なき神人としてのイエス像は、神の愛に触れる心の原像となることによって人間を導きたまう光なのである。この意味ではカントの道徳的宗教は、キェルケゴールが『不安の概念』で扱ったアダムの堕罪論と救済論のテーマに連続している。つまり、アダムの堕罪は質的規定であって、アダム以後の人類、もしくは人間といえども、罪への堕落は実存的自由、つまり不安なる自由のゆえに目まいが生じ、自由が有限性に取りすがることによって罪に堕ちたというので自己責任をまぬがれることができない。かくして美的実存の救済は永遠性への飛躍、カント的には「心術の革命」といってよいであろう。確かにキェルケゴールは、カントの倫理的真剣さを実存概念の中核にとりいれてはいるが、罪責意識の深さについていえば、カントは遥かにキェルケゴールに及ばない。キェルケゴールは『哲学的断片』において人間の堕罪は自縄自縛である。そうでありながらその縄目をみずから解くことができないと述べ、実存の救済にはイエスの贖罪が決定的意義をもつことを強調する。カントにあってはイエスを天からの恵みの綱とし、生存の模範としながら自力を強調する。キェルケゴールの深刻さに比較して、カントが楽天主義者と評される所以もここにあるが、視点を変えて実践的努力の要求を考えれば、より厳しい道を人間に求めているということにもなるのである。

カントは歴史上に現れた諸宗教のなかで世界宗教としての最高形態は、キリスト教をおいてほかにないと考える。それはキリスト教がその本質に純粋宗教信仰の優れた意味を貯えているからであるとする。ではあるが一般にどの宗教形態においても存在する理性にとって不可解な非合理的信仰要素が、当然のごとくキリスト教にも内在し、その点についてカントは触れずにいることができなかった。宗教論第四篇の「善原理の支配下における神への奉仕と偽奉仕」の批判的見解は、理性をもって理性の枠外を跋扈する冒険を敢えておこなったといえる。人間における最高善の純粋な道徳的理念、人間はそれを自分では実現できないにもかかわらず、それを目ざして努力するという義務にみずから出会う。そこで神が嘉したもう神への奉仕についてカントはくり返し述べたが、その点について、第四篇第二部第二節の冒頭の命題は決定的である。「よき生き方以外になお、神に嘉されるためになしうると人間が思いこんでいることはすべて単なる宗教妄想であり、神への偽奉仕（迷信）である」。よき生を求める以外は宗教妄想、神への偽奉仕に過ぎないというこの批判的言明はかなり強烈である。この視点のさらなる論究は宗教にとって、のみならず倫理的にも極めて重要なことと思われる。というのは宗教は人類に絶大な貢献をして来ている反面に、すざましい悪徳を流してきているからである。宗教間の対立に人類の根深い不幸をみて取ったカントが、歴史的諸宗教の世界にも倫理的批判の目を行き渡らせる必要を痛感したということは、まことに意義ふかいことである。しかし、それはきわめて現実的で困難な課題を含んでいるのをいまさらながらに痛感するので、私としては保留としておきたい。それに代わってキリスト教におけるアガペーの倫理をヨブ記との関係で取り上げてこの稿を閉じることとする。

ヨブ記の二つの解釈を補足しておきたい。

此の世の悪に哲学的考察を向けた弁神論へのカントの批判が一七九一年『ベルリン月報』に掲載されている。古典的テーマではあるが、ヨブ記を比喩としているので、キェルケゴールとの対比で聖書解釈の相違を捉え、宗教性一般の意味を問い直しておきたい。主題は『弁神論におけるあらゆる哲学的試みの失敗』[1]となっている。

この試論はどのような角度からみても不首尾に終わることをカントは論破する。本来このような試みは、世界創始者である神の弁護に対しては僭越であるとすら述べる。というのは思弁的理性の限界を越えて神の意図を探り出そうとするからである。もしこの世に神の意図が告知されているとすれば、この世を経験することからしても、神の意図が読みとられなくてはならない。ところで人間理性が神の計画を読み取ろうと挑戦するならば、世界はいつも「閉じられた書物」になってしまうというのである。このような思弁的態度を「理説的弁神論」と称し、カントはこれを退けながら、一方では道徳性に関連して、「確証的弁神論」の名を与え、神の創造の世界に対する意図の解釈を実践理性の役割としている。『純粋理性批判』(1787)と、続く『実践理性批判』(1788)の処論を踏まえての弁神論批判ということになろうか。実践理性に関わるこの確証的解釈の比喩的表現として特に『旧約聖書』のヨブ記が取り上げられている。カントの引用句は『新約聖書』がほとんどであるのに『旧約聖書』からヨブ記をとりあげたのは、神と人間との純粋な関係を確証しようとしたからではないか。これによって一七九三年に刊行された「宗教論」[2]の基礎的理念が確保されたことになる。

ヨブはパレスチナのウツ地方の人で大富豪の身分(七人の息子と三人の娘を持ち、羊七千匹、駱駝三千頭、牛五百くびき、雌ろば五百頭の財産と多くの使用人をもつ)の人である。ある時期に恐らくは自然的災害、シェバ人とカルデア人襲撃と家族の死、その上病魔に取りつかれるという最悪の苦難を神への信仰によって、以前にも勝る繁栄を手に入れたという伝説的人物が想定されている。旧約聖書における「ヨブ記」は、その伝説的人物のイメージを宗教詩劇に仕立て、旧約文学の世界を構成したものといえる。このヨブ記の背景についての理解は聖書の記録からの想定にすぎないが、この聖書の記載を資料としながら、カントとキェルケゴールの解釈に違いがみられるので、その個所について特に焦点化して取り上げておく。

はじめに全てに充たされたヨブが登場する。[3]ヨブは無垢な正しい人で、神を畏れ、悪を避けて生きていた。「健康で、裕福で、自由であって、彼が幸福にしてやることのできる他の人々の命令者であり、幸せな家族に抱かれ、愛する友人の間にあって、そして（これがもっとも大切なことだが）すべてのものよりも、善い良心のなかにある自分自身に満足していた」。[4]カントはまずヨブを家族、友人、家畜、使用人たちに取り囲まれた幸福な人として描く。これに対してキェルケゴールの関心は、ただヨブにのみ注がれる。ヨブの言葉が「病み衰えた魂にとっての栄養」[5]のように、キェルケゴールの心のなかに浸透し、目で読むのではなくて、心で読むというのである。つまりキェルケゴールを捉えたヨブの思想は、ただ「反復」の理念のみで、ヨブは孤独な彼の友人である。一方カントにとってのヨブは思弁的弁神論を批判するのに適切な確証例でもある。この相違をどのように解釈したらよいであろうか。

ヨブ記の著者が誰であり、著述の年代についても不明であるが、学識があり、文学的才能に恵まれたあるユダヤ人と推定されている。著作の年代も曖昧であるが、旧約文学史の初期ではなく、比較的後期の作品ではないか。とはいえ本来、物語の種は古いものであったであろうが、ヨブ記としてまとめられたのは、ギリシャ文化がパレスチナに浸透しはじめた頃の紀元前三、四世紀か、もう少し前の時期ではないかと推定されている。[6]その主題は人間が何ゆえに苦しまねばならないのか、自分に責任がないにもかかわらず、突然に降りかかってきた苦しみをどのように理解できるのか、といった普遍的な課題に取り組んでいる物語である。このような課題は他民族の襲撃からしても特定の時代背景を想定しなくてはならないようではあるが、そうばかりではなく、人間にとって繰り返し問われてきた歴史を超越した課題の提起でもある。

さて聖書によって物語の大筋を辿るならばまずはヨブの受難[7]である。ヨブの受難に罠を仕掛けたのはサタン。サタンは各地（とりわけ砂漠地帯）を巡回しながら、ヨブの繁栄ぶりをみて、多分嫉妬した、もしくは神の恵みの不公平を意識したのであろうか。神に囁く。ヨブが信仰深いのは、繁栄に対する神の庇護があるからで全てを失うならば、ヨブは信仰を失うでしょう。そこで神は、試みにヨブの身柄をサタンに委ねるのである。ただしヨブから「いのち」だけは奪ってはならないと、神はサタンに命令する。この命令に関していえばサタンは神に忠実で、サタンといえども、あくまで神に反抗するというわけではない。かくてサタンは、ヨブを徹底的に痛めつける。全財産を奪い、子供たちを奪い、そのうえヨブは重病のために倒れてしまう。病に苦しみながらもヨブは妻にいう。「わたしたちは神から幸福をいただいたのだから、不幸もいただこうではないか」（二—八〜一〇）と。そこへヨブを慰めるためにやってきた三人の友人は、ヨブの変わり果てた姿を見て驚愕し、七日七晩ヨブと苦しみを共にし、黙して地面に座っていた。やがてヨブの嘆きの言葉が出て、友人たちがヨブを慰めようとするが、それがヨブと友人との間の論争に発展してしまう。キェルケゴールによれば、彼らとの論争はヨブがあくまで正しいという考えを醇化する浄罪火の役をなすとするが、カントにあって問題なのは論者の性格、つまりは神に対する認識の内容と態度が問題になる。

種族の異なる三人の友人、テマン人のエリファス、シュア人のビルダト、ナアマ人のツォファルが[8]、各々ヨブに慰めの言葉をかける。それが慰めの言葉にはならない。すなわち悲運に打ちのめされているヨブには、慰めの言葉が心に届かないのである。その他にブズ出身でラム族のバラクエルの子である若いエリフが[9]怒りをあらわにしてヨブへの三人の曖昧な追究の態度をなじる。このような劇的構成をとっているのは、角度を変えて神の正義（友人たちの推測的見解）に訴えて、ヨブへの反省を促そうと徐々に問い詰めていこうとする手法をとるからである。しかし、ヨブはその都度に自己の正しさを主張して決して譲ろうとはしない。以下の長編詩劇から、特に罪と罰との因果関係を推定させる劇的言葉を選んで論争の焦点を明確にしておこう。論争は四章から始まる。

エリファス「考えてみなさい。罪のない人が滅ぼされ、正しい人が断たれることがあろうか。……災いを耕し、労苦を蒔くものが災いと労苦を収穫することになっている。……彼らは神の息によって滅びて、怒りの息吹によって消え失せる。（四—七〜九）……わたしなら、神に訴え、神にわたしの問題をまかせるだろう」（五—八）、とヨブに助言する。これは一見正当のようであるが、カントによれば誤っている。というのは道徳的善悪と運命的ともいえる自然的禍悪とを神の知恵によって結合するという観念が前提となっているからで、これは人間の知恵（理性）の及ばない越権を犯していることになるからである。むしろカントは、ヨブの正直な人間的叫びに素直な共感を示す。人間的素直さがヨブの魅力であることはキェルケゴールによっても「ヨブの苦しみさいなまれた魂が力強い叫びとなってほとばしり出ていて、それがわたしにわかるのです[10]」と。

ヨブは赤裸々に「全能者の矢に射抜かれ、私の霊はその毒を吸う」（六―四）、そして詩篇七章の最後「なぜ私の罪を赦さず、悪を取り除いてくださらないのですか。今やわたしは横たわって塵に返るのです」（七―二一）と、サタンの罠とは知らずに神を恨む。ヨブが非を悔いて神の恩恵にすがろうとしない態度にビルダトは詰め寄る。ビルダト「いつまで、そんなことを言っているのか。あなたの口の言葉は激しい風のようだ。神が裁きを曲げられるだろうか。全能者が正義を曲げられるだろうか。あなたの子らが、神に対して過ちを犯したからこそ、彼らをその罪の手にゆだねられた。あなたが神を捜し求め、全能者に憐みを乞うなら、またあなたが潔白で正しい人であるなら、神は必ずあなたを顧み、あなたの権利をみとめて、あなたの家を元どうりにしてくださる」（八―二～六）と誘いかける。

ヨブの答えは変わることなく、「正義に訴えても証人になってくれるものがいない。私が正しいと主張しているのに」（九―一九）と嘆き、「わたしなど、だれの目にも止まらぬうちに死んでしまえばよかったもの」（一〇―一八）と、遂に死を口に出して絶望的に叫ぶ。

ツォファル「あなたは言う『わたしの主張は正しい。あなたの目にもわたしは潔白なはずだ』と。……しかし神が何と言われるか聞きたいものだ（一一―四～五）……神は偽るものを知っておられる。悪をみて放置されることはない。……もし、あなたが正しい方向に思いをはせ、神に向かって手を伸べるなら……人生は真昼より明るくなる（一一―一七）。……だが、神に逆らう者の目はかすむ。逃れ場を失って希望は最後の息を吐くように絶える」（一一―二〇）とヨブに迫る。

ツォファルに向かってヨブは「神に代わったつもりで、あなたたちは不正を語り、欺いて語るのか。神にかわったつもりで論争するのか。そんなことで神に諂《へつら》おうというのか」（一三―七～八）と、怒りをあらわにして、自己の潔白を表明して断然としている。

「ヨブと三人の友の議論」は、堂々めぐりのまま、熾烈に、エリファスとビルダトとの間に三回、ツォファルとの間に二回繰り返される。議論の焦点は、神の代弁者と自称する彼らが、ヨブに向かって何らかの罪科を強引に認めさせようとするもので、それは慰めを装った偽善にすぎない。それゆえに友人の慰めは彼を一層に苦しめる。どのように詰め寄ってみても、自己の正しさの主張を曲げないヨブの強情さに三人は議論の続行をとりやめるのである。ここで今まで黙していたエリフが怒って言う。エリフの怒りは、まずヨブに対して、「神よりも自分の方が正しいと主張する」（三二―二）からで、つぎは三人の友人たちに対して、「ヨブに罪のあることを示す適切な反論が見いだせなかった」（三二―二）からである。エリフは老人たちを抑えて、若さを誇示しながら意見を述べる。

エリフ「言いたいことはたくさんある。腹のうちで霊がわたしを駆り立てている。……わたしも話して気持ちを静めたい」（三二―一三～二〇）と。エリフはこれ迄の議論を総括し、ヨブに向かい、あなたは自分が潔白で、清く、咎められる理由はないのに、それでも神はわたしに対する不満を見だし、わたしを敵視されるのが不可解といわれるが、それが間違っているのだ。なぜ神と争おうとするのか。「神はそのなさることをいちいち説明されない」（三三―一三）。たとえ罪のあるものでも、「魂を滅亡から救いだし、命の光を輝かせて下さる御方なのだ」（三三―三〇）。私にいうことがあるならば語れ。言うことがなければ耳を傾けよ。……ヨブが沈黙したままなので、エリフは更に続ける。三四、三五、三六章とエリフの独語が続く。内容はヨブへの助言となってはいるが、三人の友人たちと異なる観点といえば、エリフはひたすらにただ神の偉大さを称えていることである。ヨブは沈黙のままに耳を傾ける。やがて、沈黙のヨブはエリフの神へ賛歌によって、次第に魂が偉大なる神の力とその世界へと導かれてゆく。

エリフ「神は貧しい人をその貧苦を通して救いだし、苦悩の中で耳を開いてくださる。……だから注意せよ。富の力に惑わされないように。……警戒せよ、悪い行いに顔をむけないように。苦悩によって試されているのはまさにこのためなのだ」(三六―一五～二一)。苦悩における試練の意義をエリフは語る。「試練」の言葉が三人の老友からではなく、若いエリフの口からでたのは、聖書記述者が観点を変えて、ヨブの苦悩を取り扱おうとしたからと考えられる。

宗教的意味において過去の罪への反省を懺悔というならば、「試練」は苦悩との戦いであって、未来的なものにかかわる。エリフはヨブについて神との関係において過去の罪を探り出そうとするのではなく、その都度いかなる境遇におかれようとも、神に嘉されるように正しくあれと、試練の道を指し示すのである。「苦難を経なければ、どんなに叫んでも、力を尽くしても、それは役に立たない」(三六―一九)からである。キェルケゴールによれば、ヨブ物語は「サタンが神とヨブとの間に悪を据えたことから起こり、そして全体が試練であったということで終わるあの雄大な恐るべき訴訟において人間の側に立ってなされた内容豊かな弁証そのもの」であり、「試練という範疇は美的でも、倫理的でも、教義的でもなくして、超越的である」。いわゆる実存範疇に属する概念であって、「ヨブは殉教者ではありません。彼は恐ろしい苦痛を伴って『試練』の範疇を生むのです」[11]と述べている。ヨブの信仰に関して多くの解釈者によって特記せられる言葉「神は与え、神は取りたもうなり、神の御名は讃むべきかな」についてキェルケゴールは、通常の見解とは異なった意見を示す。なぜならこの言葉はただ二章で言われているのみで、その後の展開においてヨブは反復しなくなっているからである。それよりもむしろ「荒れ狂う好戦的な激情の力の恐るべき反乱が彼のうちで演じられた」ということ、すなわちヨブの真の偉大さは試練の範疇を生みだしたところにあるというのが、キェルケゴールのヨブ解釈である。苦悩によって鍛えられるというヨブ解釈は、重い意味をもつ実存範疇なのである。

エリフ「まことに神は力に秀でている。神のような教師があるだろうか。誰が神の道を見張り、『あなたのすることは悪い』といえようか。世の人は神の御業に賛美の歌をうたう。あなたも心してほめたたえよ」（三六―二四）……「神はその上に光を放ち、海の根を覆われる。それによって諸国の民を治め、豊かに食べ物を与えられる」（三六―三二）。エリフは最後に三七章で「ヨブよ。耳を傾け、神の驚くべき御業について、よく考えよ。あなたは知っているか。どのように神が指図して密雲の中から稲妻を輝かせるか」（三七―一四～一五）。かくてエリフは、万物の創造者としての神を称えて、ヨブを神の前に引き出すのである。

神は嵐のなかからヨブに答えて仰せられた。

「これは何ものか。知識もないのに、言葉を重ねて、神の経綸《けいりん》を暗くするとは。男らしく、腰に帯をせよ」（三八―二）(12)。

三八、三九章は神の言葉でみたされている。神は御自分の威力をあますところなく示され、「お前はわたしが定めたことを否定し、自分を無罪とするために、わたしを有罪にするのか」（四〇―八）と、叱責をもって、ヨブの訴えに答えたまうた。神による試練の意味を受け取ったヨブの答えが四二章の最後に置かれている。ヨブ「あなたのことを、耳にしてはおりました。しかし今、この目であなたを仰ぎみます。それゆえ、わたしは塵と灰の上に伏し、自分を退け、悔い改めます」（四二―五～六）。ヨブ記の宗教詩劇は、このヨブの悔い改めの言葉で終わり、あとは結びの章となる。ここでそれぞれに神の判決が下される。三人の友人たちはヨブに比較をすれば正しくは語ってはいなかった。主曰く「お前たちは、わたしについてわたしの僕ヨブのようには正しく語らなかった。しかし雄牛と雄羊を七頭ずつわたしの僕ヨブのところへ引いて行き、自分のために生贄にささげれば、わたしの僕ヨブはお前たちのために祈ってくれるであろう。わたしはそれを受け入れる。……お前たちに罰を与えないことにしよう」（結語―七）。この友人についてキェルケゴールは殆ど触れていないが、カントは彼らを弁神論の代弁者とみなし、彼らがヨブのように神に受け入れられることのなかった理由を多角的（後述）に詮索している。突然の不幸を神に訴えていたヨブが、神の偉大さに触れて悔い改めを行った。即ち、宗教的カテゴリーの懺悔をもっていえば、計りがたい神の御業に対して人間の知恵でこれを解釈し、理解しようとした傲慢さへの懺悔として理解される。カント的にいえば心術の革命によって謙虚に心を神に向けたとき、ヨブは神に受け入れられ、元の境遇に戻されて、更に財産が二倍となってヨブのもとに返った。兄弟姉妹、かつての知人たちも彼のもとに訪れるようになり、ヨブの平和が甦ったというのである。ヨブ記四二章の七節以下、とりわけ十節以下に記された大団円のエピローグには神の力に対する人間の夢が込められている。夢が幻想に終わらないで、現実の努力に相応しい幸福をえるためには「苦難を経なければ、どんなに叫んでも、力を尽くしても、それは役に立たない」（三六―一九）ので、これを一種の楽天主義と批判するものがあったとしても、それはそのまま受け流すよりほかはない。このような試練に対する幸福の反復の理念は、ヨブ記特有の輝きをなすものと理解されるので、極めて通俗的、この世の道理で言えば、何事によらず労苦を経ることなくしては素晴らしい何物も創造され得ないということこそが、神の授ける人間への貴重な教訓なのである。

　ギリシャ人は追憶の意義を教えたが、新しい哲学は反復の意味を把握するにあると、キェルケゴールは述べる。反復の概念がキェルケゴールもいうように旧約聖書のヨブの生んだ理念というのであれば、そのルーツは古い。にもかかわらず、それを新しく甦らすということは、反復が永遠に属する理念であるからであろうか。そのように反復を強調するキェルケゴールの哲学こそが古くなったのではないか、と言って終えば事柄は単純化されるが、そうとは割りきれないところに永遠性を追究する哲学と、時々刻々の批判に晒されて進歩する科学との相違があるのであろうか。とにかくキェルケゴールのいうには、「人生は反復であり、そして反復こそ人生の美しさであることを理解しないものは、手ずから自己に判決を下したのも同様で、所詮まぬがれない運命、つまり自滅よりほかにはあるまい」[13]というので、美徳としての反復の概念が追求される。

このテーマに添ってキェルケゴールは現実に反復の実験的試みを行ってみた。しかしこの世の現象は留まることのない変化流転の世界であることを痛感した彼は、反復は永遠性にかかわる宗教的実存の理念であることを改めて認めざるをえなかった。日常的にも反復は行われている。キェルケゴールは日常的反復について、それはあたかも着慣れた普段着のように、着心地がよいとか、反復は日々のパンである。それは祝福をもって満腹させてくれる、とかいっている。人生を周航してうんざりするような人は虚弱体質の持ち主だ。反復を選んだものだけがほんとうに生きるとも言っている。しかし身体的レベルで見れば、時間性のなかでの有限の出来事である。キェルケゴールのいう人間を有限と無限、現実性と可能性の総合であるとするならば、質的に異なった二つのものの間の総合の関係において反復を捉えなくてはならないであろう。さらにキェルケゴールから少し長いが引用すると「神みずから反復を望まなかったら、世界はけっして生まれなかったであろう。神は期待するままに絶えず新しい計画を立ててゆくか、それとも、万物を元にもどして追憶のなかに保存するかであろう。しかし、神はそうはしなかった、だから世界はこうして存在しているのだ。しかもそれは反復であることによって存立している」[14]という。すなわち現実の反復と神の計画とがこのように結びついている。そして神と人間とのあいだを引き裂く、魔的なるものをサタンというのである。

ヨブにおいても神と人間との間にサタンが介在する。サタンの仕掛けた罠によってヨブは苦境に立たされて絶望的となり、死を望むようにさえなるが、最終的にヨブは、サタンの介入は神による試練であったことに気づくのである。ヨブは災いを、試練として受け止めた。そのことによって苦境を抜け出し、神との和解が成立し、反復を可能にしたのである。ところでヨブ記の終局の場面から姿を消したサタンと若者エリフの行方はどうなったであろうか。サタンはカント、キェルケゴールの、その後の著作のなかにも、時折り迷い出て登場する。その都度に問い返すことによって、サタン追放の戦略を立てなくてはならない。

さて長編ヨブ記の要点を辿ってきたのは、カントの弁神論批判への関係からであった。したがってカントに立ちかえっておこう。

ヨブの結末についてカントは、「神は、ヨブに神の創造の知恵を探求不可能なものであるという側面から示すことによって、ヨブを嘉している」と述べている。神への認識の限界の設定は、四年前に出版された理論理性の立場を踏まえての発言である。これに対して三人の友人たちは、かれらが自説の正しさを主張するのはよいとしても、その見解によって強大な支配者に迎合しているということ、物事を外見のために主張するという彼らの術策、いわゆる詭計が告白される結果となっているというのである。カントも上掲の十三章7～16節を、ヨブと友人との関係についての参考の聖句として挙げているところからしても、これは問題の個所であろう。すなわち友人三人は、神の代弁者になったつもりで、誤った認識をもってヨブに迫っているということなのである。これはヨブの真っ直な率直さと著しい対照を示しているので、その結果、神によって、ヨブの方に大きな利益が与えられることとなった。更に友人との和解も成立するという大団円の結末を迎えるのであるが、カントによれば、友人三人は、認識論的には、経験された世界から、神の意図を確定しようとする越権を犯しており、態度としては、術策をもって神に阿諛的と理解される弁神論の代弁者と見做される。

ヨブ記の構成には「ヨブと三人の友の議論」に続く「エリフ」の意見。そして、最後には神によるヨブへの語りかけ三八～四二章がある。カントによれば、神はヨブに二つの顔を示されている。その一つは「世界創造者の知恵と善意ある配慮が、人間に対して把握可能な諸目的を、一つの疑うことのできない光の中に示して、創造の美しい側面」を覗かせていることである。その反対に「神の力が産みだしたもの、およびその中にある恐るべきものを数え立て、それらの一つ一つがそれ自体としては、また神の同類にとっては、なるほど合目的的に整えられているが、他のものにとっては、そしてまた人間にとってさえも破壊的・反目的的であり、そして普遍的な、善意や知恵によって秩序づけられた計画とは一致しないように見えることを示すことによって脅威的な側面」[15]を覗かせているのである。すなわち、光の中で輝く美しい自然に対して、その自然を破壊するような天変地変は、普遍的な善意や知恵とは一致しない脅威的な側面ともいうことができる。このような両極端についていえば、人間は神のこの両局面の一方にのみに常に出合っているわけではない。天候にも晴れの日もあれば、嵐の日もあるわけであり、ヨブ記のエリフの言葉を借りれば、「神はそのなさることをいちいち説明されない」(三三―一三)のである。人間にとって与えられた状況が幸運な時もあれば、苦難に充ちているときもある。幸福だからといって有頂天になって奢り高ぶってはならない。不運に出合ったからといって嘆いたり、わめいたりしてはならない。人間はサタンの挑戦に耐えていかなければならないのであって、その苦難に耐える力を自己の内に貯えること、苦難を切り開く知恵を身につけることの人間側における対応が、神の試練に耐えて、打ち克つことの術である。神の試練は、すなわち形を変えた「神の知恵と善意」の表現にほかならない。試練の背後に隠された神の偉大さに触れて、その大いなる光のなかで顔をあげたヨブが神の経綸について「わたしには理解できず、わたしの知恵を超えた驚くべき御業を論《あげつら》っておりました」(四二―三)と、カントによればヨブは無知を知ったのであり、ヨブの最後の言葉は「自分を退け、悔い改めます」(四二―六)であって、キリスト教以前のソクラテス的無知の自覚における信仰告白となっている。

ヨブ記に埋もれていた「試練」の宗教的意味が、私にとってこれほどに輝いてみえたことはない。日常的にも何げなく使われる「試練」の意味が、カントやキェルケゴールの問題提起、すなわち倫理と宗教の間に生ずる摩擦と緩和の相関関係によって研摩され、真実の真価が発揮されることとなった。カントもヨブの紹介に「彼の上に試練のために下された厳しい運命」と意味づけている。

さらにヨブの解釈にとってカントが問題とするのは、自然的秩序と道徳的秩序との結びつきである。それは人間理性にとっては探求不可能な神の道、立ち入ることのできない世界ではあるが、その結びつきのなかには、全体の秩序と維持を示す世界創始者の配慮が隠されているかもしれないという予想（信仰）をカントはいだく。その確証を与えるのが、思弁的弁神論によってではなく、確証的弁神論によってであるというのがカントの見解である。この意味においてヨブの信仰告白は、カントにとってゆるぎない確証的弁神論の内面的真理性を保証する事件とみなされる。

ヨブ記の証示する一つは、宗教が地上的幸福を約束しないものだということ、それを原則的には言っていても、この書が地上的幸福に問題を感じ、それに挑戦している書であるとも解釈できる。すなわち幸福の喪失が信仰によって回復する（地上における神の国の実現）というテーマは、抑圧されたユダヤ民族の祈願であったし、その投影がヨブ記では個人の問題として反映していると考えられる。旧約聖書の世界において自然と人間はそのままでは融和しない。それはむしろ対立の関係にある。パレスチナの東及び南アラビアの地は気象条件が厳しく、ほとんどが砂漠的風土のなかで彼らは生きる。この対立、抗争する自然と人間との協調、融和を可能にするのが契約の思想。契約は神とイスラエル民族の特殊な関係を形成する一種の法的関係である。契約と律法とは不可分の関係にある。それは言葉としても同義語のごとく用いられている。例えばモーセの十戒が契約と呼ばれている如くである（申命記四の十三、エレミヤ書二一の三二）。ヨブ記では、風、水、雷、雨のような気象も神の支配のもとにあると歌われる。「雨のために規定を設け、雷のひらめきのために道を設けられた」（ヨブ記二八章）。「規定」というのは、他のところで多くは「法（のり）とか「律法」とかに訳されている語で、元来「掘る」とか「刻む」とかいう動詞の名詞化である。モーセの十戒のごとくに。これと同じようなことが天についてもいわれる。「……北斗とその子星を導くことができるか。あなたは天の法則を知っているか。その掟を地に施すことができるか」（三八―三二～三三）。ここに「天の法則」とあるのは、その法則が「規定」と訳された語と原語は全く同じで、規定は単数、法則は複数の相違があるだけである。しかし両者とも十戒の如く神ヤーべと民イスラエルとの契約関係、あるいはまた人と人との法的関係を定めている掟である。そのような語が天候、気象とか、天体とその運行とかに当てはめて語られる。私たちはそれによって旧約聖書が自然の中に一つの法則的なものを見出そうとしていることを窺い知るのである。砂漠的風土を背景として生まれた旧約記述のなかで、特に「ヨブ記」においては豊かな自然環境が彷彿とされる描写が随所に見い出される。ヨブの出身地、ウツ地方が何処なのかを確定することはできない、というよりもむしろ不可能に近いが、一つの物語の想定を付記したい。パレスチナのウツ地方で畑と家畜を所有する恵まれた自然条件のもとで繁栄を誇っていた大富豪のヨブ。その彼の身上に起こった突然の自然災害と異民族の襲撃、それに伴う家族たちとの離別と、さらに当人の病苦といった幾重もの苦難に襲われたヨブ。その苦難を克服して、より以上の繁栄を回復したヨブの信仰。遠い過去に実在したとして神話化されていた義人ヨブの記憶を辿って、一ユダヤ人の聖書記述者が、個人的に起こった信仰における試練と反復の意義を宗教詩劇に仕立てて教訓的に公表したものが「ヨブ記」ではないかということである。

以上の「ヨブ記」をめぐるカントとキェルケゴールの解釈の比較研究に関連して、私なりに「倫理と宗教との間」という課題とどの程度に関係するかの答えを付け加えておきたい。要するに試練と反復の倫理的＝宗教的意味についてである。まず苦難によって鍛えられるという「試練」の概念は倫理的であると共に一般的教養の基準でもある。試練を通俗的意味の鍛練に読み替えるならば、誰にでも理解される美徳の最たるものである。心身の鍛練を目標としての反復練習は生真面目な日本人が好むところの向上への原理でもある。鍛練と反復練習によって一定の成果が得られれば、心身に定着する美徳に対して愛着が生まれ、やがて苦痛は喜びに変容するにいたるのである。しかし有限な存在としての人間には限度というものがある。これ以上は前に進むことができないという限界に直面して絶望の断崖絶壁にさしかかったときどうなるか。救いと飛躍を求めるならば、人間以上に力ある存在に依拠しようとするにちがいないのである。そこが心身の鍛練と「試練」の概念とでは微妙に異なってくる。鍛練は一般的理解を得やすい美徳ではあるが、「試練」は神への信仰を前提とする。「試練」はすべての個人にとって本質的に可能的ではあっても、単純に現実的となる美徳ではない。ヨブの如く絶望の谷底にうずくまって、ひたすらに神の前に謙《へりくだ》る者のみが、嵐のなかから聞くことのできる神の救いの声である。したがって、試練は倫理的＝宗教的理念であって、たんに倫理的ではない。鍛練の結果の報酬にくらべるならば、二倍（象徴的意味）の報酬が与えられる。但しこの報酬は、あらかじめ計画して欲望せられたものではなく、ヨブにとっては予期しない恵みである。むしろ人間の側から判断すれば「奇跡的解決」であるような、計り知れない「神の知恵と善意ある配慮」(17)がヨブに与えられたので、カントのいうにはヨブの人格の中にある誠実さが、神の判決においては宗教的な阿諛者よりもすぐれていることの決定となった確証であると。したがって、神に感謝しつつ謙虚に生きるがゆえに、一層に祝福が増大することとなったというのがヨブ物語の結末である。

　ヨブ記の成立の年代は確定されてはいないが、キリスト教成立以前の物語であることは確かである。したがってキリスト教の神を「愛の神」というのに対してカントは、ヨブにとっての神を「知恵と善意」をもった万物の創造者としている。そもそも宗教の創始者というのは夫々に険しい受難の道を経ている。とりわけイエスの受難は、罪なくして十字架刑に処せられるという悲惨な最期であった。イエスの死と復活への信仰は贖罪の思想によって昇華され、貧しきもの、悩めるもの、弱きものへの救いの糧となったのである。新約聖書におけるキリスト者の試練は、イエス自身の受難による弱きものへの共感の慈愛にあずかることによって、救いを求める者に希望を与えたのである。「この大祭司（イエス）は、わたしたちの弱さに同情できない方ではなく、罪は犯さなかったが、あらゆる点において私たちと同様に試練に遭われたのです」（ヘブル書四―一五）。誘惑に弱い人間が「わたしたちを誘惑にあわせず、悪い者から救ってください」（マタイ六―一三）と訴えている。「愛する人たちよ。あなたがたを試みるために身に振りかかる火のような試練を、何か思いがけないことが生じたかのように、驚き怪しんではなりません」（ペテロ一四―一二～一三）。「そればかりではなく、苦難をも誇りとします。……苦難は忍耐を、忍耐は練達を、練達は希望を生むということです」（ロマ書五―三～四）。イエスの受難と愛は、ヨブとは違った弱きもの、罪を持つものが運命の試練に耐え抜くことができるような慰めと希望をあたえる。「神はあなたがたを耐えられないような試練にあわせることはなさらず、試練と共に、それに耐えうるような逃げる道をも備えていてくださいます」（コリント書一〇―一三）。イエスの愛の信仰では弱き者の苦難が神の試練と受け取られることによって、心の痛手が癒されて生への反復が可能となるのである。

生きるということには大なり小なりの苦難がつきまとうもの。

「人生は苦なり」の釈迦の洞察は真実である。しかし振りかかる苦難にいちいち悲鳴を上げていたのでは、意地悪いサタンの罠にかかったようなもの。イエス・キリストに啓示した神の愛によって苦難を神の試練として受け止めるならば、それによって生きる勇気と力が養われる。また、困難にたち向かう勇気が与えられるというものである。裸の自然のなかで人間は一人で生きていくことができない。多くの人々に囲まれながら、相互に協力し合う集団的存在、すなわち社会を形成して、政治、経済、その他の諸々の組織に守られながら安全を保ち、多くの人たちと共にあって、豊かに安心して生活することができる。その社会構造の絡まる繊維質の間に熱気と生命と機能を与えるところの血流となるのが諸々の愛情形態、恋愛、親子愛、友愛、同胞愛、仲間愛、国家愛、人類愛、環境愛などなどである。しかしそれら愛と愛、事柄と事柄は、時には激突して火花を散らすか、その逆に愛の欠乏によって硬直状態になるかである。美的、倫理的愛による人間的限界と挫折を超えるには、苦難を試練と受け止める「神の愛」（または仏の慈悲）の導きが必要である。神の愛は両刃の剣（ヘブル書四—一二）、一方で傷を負わせながら他方で患部を除き（罪の告白）、癒しの薬を塗布して痛みを和らげ、人間を強くする。この神の愛によって試練の意味は全きを得て充実するのであり、かくして「試練」の倫理的＝宗教的意味を律法（自然条件）と愛の両面から捉えることができる。律法による試練は理性的（ロゴス的）であり、イエスの愛（アガペー、カリタース）は律法の厳しさを和らげ、弱い者の苦悩を慰め癒す優しさを含むのである。

苦難による試練を受動的主体性とすれば、外へ向かって能動的に働きかける倫理的＝宗教的理念に「隣人愛」がある。キェルケゴールは人生における愛を美的、倫理的、宗教的諸段階の実存範疇に整理し、美的愛は偏愛とする。それは特定の対象にとらわれているが、他面で移り気でもあるゆえに、愛の無責任をまぬがれることができない。それは諸々の危険な要素を孕み、やがては破滅する。そのような偏愛への反省をもって、実存は倫理的愛を理想として掲げる。真面目な倫理的実存における愛は、普遍的にして無差別、無償の愛を自己に課して、成るべき自己の理想を描いて自己愛を退けようとする。相手に何ら求めるところはなく、ひたすらな献身と自己犠牲を伴う能動的愛への転換である。このような愛のあり方には美的愛のもつ不安、絶望、刹那性、無責性といった危険な条件は排除されていて、それはあたかもキリスト教の隣人愛に等しい内容をもつのである。ではあるが人間は絶えず自己愛に引き寄せられる。したがって人間は愛の理想としての無償、無差別、献身、自己犠牲を現実のものとするには殆ど不可能に近い未熟な存在であって、かえって愛の理念に圧倒されて挫折する。ところで倫理的段階で愛の理想をかかげるのは良心、もしくは理性であって、良心、理性を内省することによって内面に神の面影を見るならば内面性＝宗教性一般（A）の立場で愛の理念を受け止めたことになる。しかしキェルケゴールにあっては、神の前における人間は、善を志せども、かえって罪の意識によって、自己に絶望する自己否定の契機の存在を告白せざるを得ない。これがすなわち主体性＝非真理の自覚であり、これによって自滅にいたるか、救いを得るかは、神への信仰にかかっているので、「行為によってではなく信仰によって義とせられる」のルターの信条はキェルケゴールによって受け継がれる。罪の懺悔によって与えられるイエス・キリストの恩寵の愛は、貧しきもの、弱きもの、悩めるものの魂の救いとなる。この究極がキェルケゴールにとって救いとなった単独者の道であるが、そうとすれば異教の人々の魂は救いを得ることができないのであろうか。このように問い詰められるならば次のように答える以外にはないのではないか。即ち「宗教性の核心は一つであるが、信仰は各個人の求めるところによって多様にして自由でありうる」という、カントのすべての宗教性が交錯する地点にまで立ち帰る要請を痛感するのである。信仰は各人の自由ではあるが、それは各個人にとって、「より善き生」の営みに資する意味においてであり、迷信によって疑似宗教へ転落する可能性が阻止されうる宗教の倫理性が見失われてはならないということである。

さて愛についてカントは、これを義務論から基礎づけている。けだし愛は義務と直接的に結びつく概念ではないことは、カント自身も認めている。『人倫の形而上学』（Metaphysik der Sitten, 1797）において「愛とは感覚の事であって、意欲の事柄ではない。そして私が愛しようと意欲するからとて、ましてや私が愛すべきである（愛するように強制されている）からとて愛することはできない」[18]、という極めて自然的な愛を意識している。本来義務は法則による強制を含んでいるがゆえに愛の自発性とは相入れない概念である。このような直接的愛に対して、カントは義務を媒介に他人に対して好意が生まれるような場合について述べる。例えば、他人に親切を尽くすのは相手を愛するか愛しないかに関係のない人間としての義務であるとする。そこでこの義務を繰り返して実行するならば、このことによって次第に相手を愛するようになる。これが「汝自身を愛する如く、汝の隣人を愛すべし」という隣人愛の基礎になるのだとカントはいう。相手への直接的関係による愛が先行し、しかる後に親切を尽くすという場合もあるが、そうではなくして逆に、まず親切を尽くすという義務を媒介にして、次第に愛が生まれるという関係もある。このような愛は、日常的に経験される様々の人間関係の出来事のなかで屢々見受けるところである（第六章の三参照）。このように、カントは直接的愛と間接的愛を区別し、むしろ間接的愛から、義務を媒介にした普遍的隣人愛にいたる道を提示する。何故なら直接的関係では特定の対象に限定されてくるからである。カントは倫理学原理論の第二部で「愛と敬は義務の実行に伴う感情である」と述べている。この一見したところ不透明な表現、義務と愛の概念的不調和は、義務の原理（有徳性）を基礎にした他者への行為の反復を媒介として、調和が可能であることを指示する。この融合は理性による法的認識と感性（感情）との調和とも解釈することができる。この義務を媒介にして芽生えた自＝他を結ぶ愛の感情は、次第に理性の義務意識を希薄にして、やがて理性を媒介にすることなく直接的共感を呼び覚ます境地にいたるものである。純粋な愛は心の共感にあり、カントに従っていえば義務の認識から解放された共通感覚的体験が愛の純粋な形に変容する可能性を告げている。キェルケゴールがカントの愛の研究を評して「……せよ」と命令されるとかえって愛することの意欲も削がれてしまうと言っているが、それはたしかである。しかしカントのいう義務（神からの試練）に媒介された愛の形成は、むしろ人間性の修練には必要不可欠の一条件であることも見逃せない倫理的＝宗教的課題ということができる。第二批判で軽視されていた「親切」が、人倫の形而上学では愛への導きの糸となっている。

キェルケゴールの愛の実存弁証法についてはすでに触れたが、『愛の業』第二部に愛の働きを彼は次のように特徴づけている。即ち「愛は建徳的である」と。実にこの言葉は遠い記憶に連続するものがある。それは『死に至る病』の西谷啓治先生ゼミ最終日に総括討論を行った時のこと、同著の序文にある論述の形式の教化的（erbaulich）について私は問題にした。先生はその視点をもって『愛の業』を調べるよう示唆された。いまその言葉を想起しながら「愛は建徳的（erbaulich）」における処論の主要点の抜粋を述べることによって本論の最後の締めくくりにしておきたいと思う。

「愛の業」即ち愛の働きをキェルケゴールは多角的に取り上げるが、(19) ここでは義務意識を支える意味での建徳的について述べる。聖書からの比喩的な言葉に「徳を建てる」（erbauen）がある。それは、bauen（築く）と、接頭語 er との合成語で、er は高さの方向に増すことであり、二階に三階を増しても三階を建てるとはいわずに増築するという。建てるとは土台から上に高く築くことである。神の言葉を聞いてそれを行う人は、地面を深く掘り下げ、岩の上に土台を置いて家を建てた人に似ている。洪水にも押し流されることはない（ルカ六―四九）。塔を建てるために、「金」の見積りをするのはよいが、いよいよ建てるときには、充分に土台を深く掘るように注意せねばならない。ひとは空中に楼閣を築くので、空中に楼閣を建てるとは言わない。もし「空中に建てる」といえばこの組み合わせは真実を離れた誇張になってしまうのである。

一人の変わり者が称賛に値するつつましさで、生活を切り抜けていくのをみれば尊敬はするが建徳的とはいえない（孤独者の自画自賛の構図）。これに反して家庭の主婦が、家族のみんながゆったりと暮らせるよう、つつましさと賢明な節約によって、愛とともにわずかなもののなかにも祝福を与える術を知っているのを眺めたときには、これこそが建徳的な有様であると呼ぶ。眠っている人の姿を建徳的とは言えないが、母親の胸に眠っている子供とその母親が喜びに没頭している情景は、まことに建徳的である。

建徳的なものがあれば、いたるところに愛が存在し、愛があればいたるところに建徳的なものが存在する。だからパウロも、愛のない人間は、たとえ彼が人間の舌と天使の舌でしゃべったところで、真鍮がひびき、鐘が鳴っているようなものだという。おそらく真鍮の鐘の音ほど建徳的でないものがあろうか。およそ世俗的なものは、たとえどんなに立派な名声であろうとも、愛というものをもたねば、したがって建徳的ということはできない。

しかるにいかに些細な言葉でも、いかに小さい行為でも、それが愛と共に、もしくは愛のうちにあるときは建徳的である。したがって知識は高ぶるものではあるが、ひとたび愛がそこにそなわると、知識やその伝達もまた建徳的なものとなり得るのである。ところで自己称賛はほとんど建徳的でないようにみえる。しかし愛があればそれさえも建徳的になりうる。パウロさえも自己を称賛している。にもかかわらず、この世において建徳的なものを見たり聞いたりすることが、何故にかくもすくないのであるか。わたし達は一般に福祉をみることを心から願っている。天才の傑作が見られることがまれであるかどうかは、また根本的には人間にとってなんらの問題とはならない。このような場合、それを自分ではどうすることもできないからである。ところで建徳的なものに関しては、事情が別である。どの瞬間にも無数の人間が生きているのだが、いかなる人の企てることも、いかなる人の語ることも、すべて建徳的であることが可能なのである。

ところで宗教は人類にとって魂に根源的救済の希望を与える文化である。

宗教を文化と捉えることは一面的でしかないが、宗教は文化の本質的な要素を吸収している。この宗教による救済について、宗教哲学者の武内義範先生は包括的処論に先だって、語義の説明から入っておられる。「よく知られているように、救済（Erlösung, salvation, salut）の意義を理解するのは、ドイツ語の救済を意味するもう一つの言葉（Heil）を考えてみるのが好都合である。Heil はその動詞形 heilen（〔英〕heal）が意味するように、病を癒すことである。それは聖なる（heilig, holy）力ゆえに、その治療の力を発揮することができる。聖（das Heilige. the Holy）という語は英語の holy が示すように、whole（全体）の意味をもっている。危機（crisis）の原義が、分かつこと、分裂を意味するなら、救済はそのような分裂に害されないこと、その分裂を調和の全体にもたらすことである」[20]とされる。

このような宗教における救済概念の包括的、全体的な意義をもって、諸宗教間の対立や、宗教的意味の特殊性からの疎外がもたらす救済の閉鎖性を排除しようとされている。例えば、従来宗教的論議の焦点となった呪術を宗教とみなすかどうかについて、祈願と強制の区別を、宗教と呪術の厳密な定義と考えることなく、宗教起源の問題から切り離して、一つの宗教意識の型として認めてはどうかということである。そうすることによって救済についての人間のかかわりかたの理解が有意義に包括されるというのである。高度な神秘主義のなかにさえ呪術的な強制と共通した態度が見られるのではないかと指摘されている。このような指摘を踏まえてみると、カントが神秘主義を極度に遠ざけようとしたのは神秘主義、さらには呪術信仰に対する一方的解釈の故ではなかったかと考えさせられる。とにかく非宗教的なものと純粋宗教との区別（真の信仰と偽信仰との区別）は、今後もさらに重要な課題となるであろう。カントのいう純粋宗教と信仰との区別も救済概念の包括的意義によれば、かえって緩和されてくる面もでてくるのではないであろうか。

宗教は「神から離れた人間を再び神に結びつける」の語義の解釈をもって私はカントにおける純粋宗教の理解の助けとしたのであるが、救済概念の包括性によってその意味が一層に深められ、さらに柔軟性が与えられるのではないかと思うものである。

第六章　教育に関連するもの

人間にとってもっとも難しいのは教育の問題である。

カントも最晩年には教育に関わるようになった。ルソーの『エミール』に刺激されて自然に基礎を置く新しい教育理念が掲げられるようになり、バゼドウ（J. B. Basedow, 1723～90）が、デッサウにいわゆる「汎愛学院」を設立するようにまでなっていた。カントはエミールの愛読者でもあって、少なからず教育に関心をもち、人間学的に基礎づけられた教育学講義を四回ほど行っている。学院の方にも間接的ではあるが、関係をもつようになった。弟子のリンクがカントの教育学講義を筆録して著書にまとめたのである。それがカントの死の前年に出版されている。カントの承諾を得ての出版であったから、カントの最後の仕事ということもできるであろう。内容は具体的で、カントにこのような繊細な気配りがあったのかと驚くばかりである。次に掲載する三つの論文は教育に関連し、カントに触れる面もあるので、五章までの主題の延長として、取りあげておこうと思う。

1　義務と愛について――ルソーとカント――

カントに対するルソー（1712～1778）の影響を見逃すことはできない。ルソーは宗教について次のようにのべる。

「私は宗教の中に、一つの儀式にすぎない礼拝形式のほかに、二つの部分を識別する。一つは教義であり、一つは道徳である。私はさらに教義を二つの部分に区別する。つまり一つは義務の原理を提示することによって、道徳の基礎として役立つ部分であり、他の一つは純粋に信仰にかかわるもので、そこには思弁的な教義だけがふくまれる」(『山からの手紙』1764)。ルソーの道徳はキリスト教の教義によって原理が与えられている。無神論的な十八世紀のモラリストたちのように、純粋に人間主義に徹底することができなかった。何故にそうであったのか。そこには人生の悲惨から彼を救い出してくれた誠実なゲーム氏(サヴォワの助任司祭の原型)との出会いがある。「人間の義務が何であるかを定めるためには、原理までさかのぼってみる必要がある」(『告白』第三巻)と考え、人間としての義務の原理をキリスト教教義から受け取ろうとしたのである。そうでありながらルソーの心は揺れる。ルソーの言うには福音のキリスト教は「全く精神的な宗教で、天国のことにのみひたすら専心する宗教である。キリスト教徒の祖国は、この世のものではない。なるほど、キリスト教徒はその義務をつくす。それはそうだ、しかし、彼が義務を尽くすとき、自分の心づかいが成功するかどうかについては全く無関心なのだ」(『社会契約論』)[1]。この点がルソーには不満足なのである。ルソーは地上の幸福と安らぎをもとめ、それ故に動揺する。心ならずも、良心の呵責と、後悔の念にさいなまれながら、道徳的義務を放棄し、この世の愛と平和を求めて、地上を歩き回って落ち着かなかったのである。

義務と愛というテーマからいうならば、道徳の象徴としての義務と人間の愛との間を気忙しく往来したルソーの苦闘の足跡が、学者として、文学者としての異彩を放つ。カントは、道徳論を専ら義務主義として貫くことによって、徹底した哲学者となった。しかし、人間の実践理性の要請をキリスト教における神の愛から受け取ることによって、義務と愛との間隙に架橋する可能性を、独自に『宗教論』を展開することによって基礎づけをなした。さらに美学論によって感性に普遍性を与え、普遍的理性との調和を試みようとする。その背景を支えるのが宗教性の理念だといってよい。

とにかくカントもルソーも家庭教師の経験があり、もともとかなりに子供好きであったように思われる。ルソーの教育論『エミール』は有名であるが、カントの『教育学』はあまり知られていないようなので、断片的にではあるがここで触れておくことにする。

(1)カントの日常性と哲学　カントの生まれたケーニヒスベルグは第二次世界大戦で無残にも壊滅的打撃を受けた。戦後はソ連領に編入され、現在カリーニングラードと呼ばれるが、それより以後、外国人の訪問は許可されていないという。ドイツには往時のケーニヒスベルグを追憶し、記念する書物や写真集も少なからずあることが紹介されている。さらにデュイスブルグには、ケーニヒスベルグの博物館があって、カントの部屋が設けられているとのこと。しかしそれらをみればみるほど、現実的にはケーニヒスベルグは遠くに消え去り、かえってカントを通じて、その哲学者の故郷に親近感を覚え、その者の胸中の残像に実在性を追憶するほかはないと、カント研究者（浜田義之）を嘆息させている。たしかに哲学を学ぶものにとっては、十八世紀の国際都市ケーニヒスベルクの解放的な明るさは記憶からは消し難いものである。プロイセン東北端におけるヨーロッパの東西交通貿易の接点に位置する地点にあったからである。カントの哲学がケーニヒスベルグの都市生活と深く結びついていたことはその社交性からも特徴づけることができる。カントの交友関係は、学者のみならず、広く貴族、実業家、役人、軍人、婦人に及び、彼等を食事に招いて、賑やかな話題が提供され、論議が白熱すれば、昼食のために幾時間も費やすことがあったことは、伝記研究者によって紹介されている有名な話である。

それは単に日常的出来事として片付けられるのではなく、晩年の彼の思考タイプにも深く係わっている。一般に複数主義といわれる思考法である。これは自分の考えを他人の意見と比較吟味することによって、不適当な意見を濾過して真なる意見に到達しようとするもので、数学におけるような演繹論理ではなく、むしろ方法論としては経験的帰納法を採用していることに改めて気づくのである。最晩年の著作『人間学』において「利己について」の項目て、論理的、美的、道徳的の三点から、利己的態度、いわゆるエゴイズムについて触れられている。「自己の判断を他人の悟性によって吟味してみることを不必要と考えるもの」、「美的趣味判断を他人におしつけるもの」、「あらゆる目的を自己自身のみに限定して自己の利するものにしか利益をみない人」のことを利己的とみなしている。利己主義に対立するのは公共主義であって、「公共主義とは全世界を自己に包括しているとみなすのではなく、自己を一個の世界公民とみなして振るまうという考え方である」として、利己心については以上の論点のみが人間学に属しているとしている。自他の区別の概念は形而上学的問いに属する、という。いうならば、この三視点はカントの主著三批判書の帰結とも深く関わっているものと考えられる。とりわけ、公共主義と個人の主体的自由との関わりについては、カント哲学の最重要点でもあると考えられる。

カントのルソーに関連する有名なエピソードに「長い昼食のあとで、自室に退いて、読書し、あるいは瞑想したが、七時（午後）と定めた散歩の時間に、数分と遅れることは決してなかった。この散歩も、またきまって時間通りにおこなわれたので、ケーニヒスベルグの幾人かの人々が、この巡回に従って時計を合わせたという。——ただ一度だけ散歩を怠けたことがあるが、カント自身がこのことを公にみとめ、この日は、ルソーの『エミール』を読んで、熱中のあまり、最後まで一気に読み通してしまったと弁解をした」。このようにエミールに夢中になったのであるが、カントには長い家庭教師時代（1747～1755）がある。この頃はカントの最も静かな時代であった。後年「私くらい心がけがよくて、私くらいまずい家庭教師があったためしがないだろう」と自己を酷評している。とにかくカントは、大の子供好きであったらしい。そこにカントの優しさの横顔を見ることができる。ケーヒスベルグとその近郊で、三個所ほどの家庭を巡ったのであり、そのいずれにおいても非常な知遇をえている。伯爵家の令夫人、カントの教え子の母親によって肖像画が描かれている。ヒュルゼン家の息子は後にカントの家に下宿するほどであった。これら僅かなことからも、カントがいかにケーニヒスベルグと深く結びついているか、その街の人々との交流を土壌として、哲学の構想を成熟させていったかが推定される。

ルソーについて、「私は語句の美しさがもう私を妨げなくなるまで、ルソーを読まねばならない。それで始めて私は、理性をもってルソーを読み窮めることができる」という。理性をもって読むということは、ルソーの巧みな表現力に引き込まれないように視点を引き離しながら、批判的思考をめぐらすということである。人間論として、もしくは教育学的見地から見て、カントは、ルソーとは意見を異にするところがあったからである。

(2)ルソーの『エミール』と自然概念

カントの教育論はルソーからの刺激によっている。

カントは、生涯の殆どをケーニヒスベルグで過ごしていたのに対して、ルソーの生涯は彼の波乱に充ちた人生のように、他国を巡り歩いているが、共和国スイスのジュネーブの市民であることを誇りとしていた。皮肉なことに嫌いなはずであったフランスのパリが、ルソーを哲学者に育てあげていったのである。時代は一八世紀後半、仏ブルボン王朝絶対的圧制のもとで喘ぎ苦しんでいた民衆の解放への願いが、ルソーの哲学への情熱を駆り立てていったのである。教育と社会改革の理論は車の両輪のように「新生」のための理念を要求していた。このような時にルソーの教育論と社会理論が、同年に、出版の運びとなっていたのは意義深いことである。『エミール』と同年に発刊された『社会契約論』（1762）の第一章、第一篇の主題の冒頭は「人間は自由なるものとして生まれた。しかもいたるところで鎖につながれている」に始まっている。人間は自由なるものとして生まれながら、なにゆえに束縛の状態に置かれ、苦しんでいるのであるか。数年前に出版されたルソーの『人間不平等起源論』（1755）によれば、不平等な社会が人間を不幸に陥れる、というものである。しかし仮に平等なる社会が実現したとして、その社会に生きる個人とは、どのような存在なのであろうか。人間が平等に社会的恩恵を受けるとすれば、かえって個人的自由が抹殺されるのではないか。というのは理念的に考えて「自由」と「平等」とは矛盾的関係にあるからである。個人の自由を許して競争するならば、結果的に個人差が生じて不平等な現象が発生するからである。逆に平等を期して、万人を平均的平等に扱うならば、かえって自由な活力が失われ、創造性を失い、沈滞した社会となって人間社会の衰退を招く結果になるからである。ルソーの社会理論と教育論の間には根源的な人間本性の要求にかかわる難しい問題点がひそんでいる。ここでは差し当り、新しい社会に相応しい個人として、ルソーによって教育されたエミールのみに注目することにしよう。

ところで生まれながらにして自由というときの自由とはどのようなことなのであろうか。『エミール』の第一篇の冒頭の言葉、「万物をつくる者の手をはなれるときすべてはよい（善）ものであるが、人間の手に移るとすべてがわる（悪）くなる」の思想が対応している。すなわち自由であることは「よい」こと、道徳的善悪以前の「善」と結び付いた自然主義の思想に立脚していることを意味する。それに対して「人間の手に移るとすべてが悪くなる」。風土、環境、季節をごちゃまぜにし、すべてのものをひっくり返し、すべてのものの形をかえる。人間についてもそうだ。人間も乗馬のように調教しなくてはならない。庭木のように、好きなように、ねじまげなくてはならない。しかし、そういうことがなければ「すべてはもっと悪くなる」からである。また次のような重要な原則がある。「私たち人間は弱いものとして生まれる。私たちには力が必要だ。私たちは何も持たずに生まれる。私たちには助けが必要だ。私たちは分別をもたずに生まれる。私たちには判断力が必要だ。生まれたときに私たちがもっていなかったもので、大人になって必要となるものはすべて教育によってあたえられる」(2)のである。このことは正しい。このように弱く、庇護を必要としながら、「善」への素質をもった嬰児を健全な社会性ある大人に成長させるには、どのような教育が理想的なのであろうか。

ルソーによれば、教育は、自然か、事物か、人間か、によって与えられる。そのうち自然は、根源的には私たちの力の及ばない存在であり、事物はある程度まで私たちの力が及ぶ。これらに対して人間による教育のみが私たちの自由になる。とはいえ子供のまわりにいるすべての人間の言動を理想的状態に保つことは、とうてい不可能である。そもそも理想とはなにか。教育の目標をどこにおけばよいのであろうか。ここでルソーは自然の善性に着目して「私たちの力ではどうすることもできないもの（自然）に、他の二つを一致させなくてはならない」とするのである。ここで教育にとって自然とは何かが問われてくる。一七世紀のイギリスの物理学者R・ボイルの自然の定義の紹介がある（平岡昇）。1、自然の創造者（能産的自然）2、あるものの本質、3、生まれつきの性質、4、ある存在における運動の内的原理、5、事物の安定した秩序、6、個人の気質、7、世界そのもの、または世界の体系、8、宇宙を支配する半神。(3) これらの自然についての定義は、普通に漠然と理解している自然概念の内実を明らかにするには役だっても、ルソーの教育論における自然の意味を確定するには消極的にしか参考にはならない。これだけ定義がならんでもそのいずれとも確定できないからである。自然概念の定義としては、現在でもこの範囲以外にはでないと考えられるにもかかわらずである。しかしルソーの教育論にとって自然概念は重要である。というのは、一言でいえばルソーが教育によってつくろうとする人間は「自然の人間」だからである。さしあたり次の見解を参考にしておきたい。「自然という言葉は原始的自然状態という自然史的意味としても、また、人間が多くの人為のよってつくった堕落に対して、直接神に由来する素朴さと調和を意味する神学的自然概念としても使用される。さらに、自然は心理学的な概念で使われることもあり、決して一様ではない」。(4) ルソーは三様の自然概念を適当に使用しているが、総合的にめざすのは人間教育、すなわち人間論に帰するのではないであろうか。青年期までが扱われるエミールでは、内面的心理性を表面におき、背景には社会構造と結びついた原始的自然と信仰にかかわる、あえて言えば、汎神論的自然の観念が見え隠れしている、ということができる。

「自然からくる最初の衝動はつねに正しいということを疑いえない格率として示しておこう。人間の心には、生まれつき邪悪というものは存在しない。そこにみいだされる悪はすべて、どんなにしてどんな道を辿って入り込んだか、説明することができるものばかりである。人間にとって自然な唯一の情念は自己に対する愛、つまり広い意味における自尊心だ（自己保存の本能ともいえる）。この自尊心は、それ自体においては、あるいは、私たちに関する限りでは、よいもの、有益なものだ。そしてそれは、必然的に他人との関係にあるものではないから、この点においてはもともと善くも悪くもないものだ。それを適用するとき、そして、なにものかと関係が生ずるときに、はじめて、それは善くも、悪くもなる。自尊心を導くもの、つまり理性が発達するまでは、だから、子供は、人に見られているからといって、聞かれているからといって、一言で言えば、他人との関係を考えて何かをする事が大切だ。ただ自然がかれに求めることをしなければならない。そうすれば、彼のすることはすべて善となる。[5]」

弱い存在である嬰児は、何にもまして、よき母子関係において、いうまでもなく両親によって、もしくはそれに代わる保護者の愛情豊かな庇護のもとにあって、はじめて健全に養育される。幼児の直立歩行は精神的にも自律への第一歩である。成長に応じて他人との関係に入る。ときには悪さをすることもあるかもしれないが、それは咎めるほどのことでもなければ、心配するほどのことでもない。なぜならば悪意をもって為したわけではないからであると。他人への関係において、他人の迷惑になるようなことについては、その都度の厳格な注意を怠ることがないようにと、ルソーは戒めている。このような保護者の根気強い努力によって、幼児の心に次第に善悪の意識が定着するようになる。周囲との関係、他人との関係が好ましく、和やかに結ばれることは、幼児の健全な心の成育にとっても不可欠の要件であり、幼児自身の望むところにほかならない。善を好むということは、幸福を求める人間本性における自然の要求に合致するところである。年齢による心身の発達段階に応じて、他人との関係を価値づける「よし・あし」の基準が「快・不快」、「適・不適」、「理性的判断」というように変化し、成長をとげるのであるが、『エミール』では、この課題についての細やかな注意が小説風に展開されていて興味深い。細部については疑問があるにしても、時代による社会構造の変化に風化されない人間成長の基礎的過程を辿る魅力は、今日においても決して失われてはいない。

(3)『エミール』の第四篇＝善への問いかけ　第三篇までの教育で青年に達したエミールは「人間を通して社会を、社会を通して人間を研究しなくてはならない」という課題に直面する。社会における基本的問題はルソーでは、原始的自然社会と文明化された社会での自由と平等である。前者には自由と平等との調和があった。しかし後者における自由は縛られており、平等は架空のむなしい権利の平等があるに過ぎないということ、しかしこれは、『人間不平等起源論』、『社会契約論』、『政治経済論』（1755）の問題であって、ここではまず「人間の心」を知ることから始められる。それにはこれまで辿った自己の経験とは反対の道、むしろ他人の経験を知ることである。それよって自己の経験の範囲を越え出て知ることができるし、他人の不幸に対しても、不必要な感情に悩まされることなく、優しく同情できるし、その他である。そのための教育の素材として適切なのが歴史、それも一般歴史書ではなく、むしろ個人の伝記を読むことを勧めたいという。歴史書のなかでルソーの生涯を通しての愛読書が少年時代、父と読んだ『プルタルコス英雄伝』であったことが銘記される。エミールの精神的成熟にとって、というよりもむしろルソーの思想的発展過程の中核をなすのが「サヴォワの助任司祭の信仰告白」である。注記を参考にすると、一六歳で故郷のジュネーブを去ったルソーが、サヴォワのアヌシーでヴァラン夫人にめぐりあい、その勧めでイタリアのトリノへ行き、救護院に入ってからカトリック教徒（四二歳でジュネーブの教会に復帰）となった。トリノで親しくしたゲーム師と、アヌシーで教えを受けたガティエ師の両者を結びつけて、サヴォワの助任司祭のモデルとした（『告白』）。『エミール』の完成が四九歳であるから、ほぼ三〇年まえの回想に連続している。

「三〇年前のこと、イタリアのある町で、故郷を離れた一人の青年が窮乏のどん底におちいっていた。彼はカルヴァン教徒として生まれたが、ばかげたことをした結果、逃亡者になり、外国にあって生活の手段もなかったので、パンにありつくために宗教をかえた。その町には改宗者のための救護院があって、そこに入れてもらった」(6)。その救護院は、その青年にとって有益な場所ではなく、むしろ堕落を深めるので、苦闘の生活を送っていたところ、彼を窮地から救ってくれた一人の聖職者に出会うことができた。彼は周囲の反目を覚悟してエミールを連れ出してくれたのである。そして、彼の信仰告白は、堕落への道を辿りはじめていたエミールに精神的支柱を与えることとなった。この多くの思想家あるいは文芸家によって賞賛せられた『エミール』第四篇の主題に「サヴォワの助任司祭の信仰告白」がある。それを通して、ルソーの宗教観が陳述されていて、多くの問題を抱えているが、その重要な点のみに触れておくことにする。カント、もしくはドストエフスキーにも影響を与えたと思われる言葉に「宗教というものをいっさい忘れてしまうと、やがては人間の義務を忘れてしまうことになる」が信仰告白の前文にある。ルソーは、精神的に成熟する以前の幼児期に、形式的、強制的に、宗教に馴染み込ませる方法にはむしろ反発しながら、青年期の宗教的体験は青年にとって有益であることを提唱する。実在の人物を踏まえた「サヴォワの助任司祭」との出会いは、ルソーの生涯に大きな意味をもつ。聖職者は語る。

「私は貧しい農民の子として生まれた。身分からいえば土地を耕すことになっていた。しかし両親は、私が聖職についてパンを得るために修業するのはもっとましなことだと考え、なんとか方法を見つけて私に学問をさせることをした。もちろん、学問といっても、両親も、私も、なにかよいことを、真実のこと、有益なことの研究を考えていたのではなかった。ただ、聖職に任命されるために知っていなければならないことを勉強することになったのだ。しかし、その後、間もなく私は、人間でなくなる義務を自分に課することによって、実行できる以上のことを約束してしまっ

たことに気づいた。」(7)

この最後の言葉に謎がある。「人間でなくなる義務」とか「実行できる以上の約束」とは何か。おそらく彼は聖職者の義務の厳しさに気づいたにちがいない。すなわち人間としての、きわめて一般的な情熱、つまり女性との愛によって幸福な家庭を築くことの断念である。ルソーは、人間は二度生まれる、一度目は存在するために、二度目は生きるためにという。人間としての一般的な結婚が生きることの希望であった彼の夢。その夢が消えて、聖職者は苦しむのである。ここから彼の哲学がはじまる。人間とは何であるか。生きるとはどのようなことなのか。聖職者とは何であるのか。「舵もなく、羅針盤もなしに、人の臆見という海の上をただよい、自分の行く道もわからず、どこから来て、どこへ行くのかも知らない未熟な水先案内ももたずに、激しい情念の嵐にもまれている、悲しい人間の運命について思いをめぐらせていた」(8)。悲しい人間の運命とは、彼自身が選んだのではない彼の人生。それを自ら引き受けて生きなくてはならない状況に立たされている一人の青年の苦悩と迷い。しかし「私は真理を愛している。それを求めている。しかしそれを認めることができない。誰かにそれを教えてもらいたい」(9)。この混乱と不安の苦しみの体験ほど大きな苦しみはなかったと、聖職者はいう。やがて、その道は自分で探し求める以外にないことに気づくのである。なぜなら自分は、機械ではなく、動物でもなく、人間であるからという思想に辿りつくのである。

さて人間である私。その私とはどのような者であるのか。私は存在する。そして感性をもつ。感性を通して、外界からの印象をうける。印象を与える客観的存在は物質である。物質に対しては、感性をもって存在する私。感覚Aと感覚Bを比較し、判断するのは、感性ではなくして考える悟性、判断力である。さらに物体を動かすことができるところの自由意志の作用。自由とはいかなる存在か。ルソーが後年の、一七三五年に病気になり、特に読み耽ったといわれる哲学書のなかに、デカルト的省察が織り込まれている。「運動する物質の最初の原因は物質にはない」[10]。これを「第一の原理」として帰結する。もし最初の原因が物質であるとすれば、さらに上位の物質の原因を求めなくてはならないからである。あたかもカントにおける物質の因果法則の形而上学的アンチノミーの定立の側に立って表明するかのような思考法である。運動する物質の最初の原因は何であるか。これは本来、哲学というよりも自然科学、もしくは物理学の問題領域であらねばならないが、その点ルソーは厳密な思考をめぐらすのではなく、いとも簡単に「動く物質はある意志を私に示してくれるのだが、一定の法則に従って動く物質は、ある叡知を私に示してくれる。これが私の『第二の信条』[11]である」としている。「行動し、比較し、選択することは、能動的な、ものを考える存在者の行うことだ。だから、そういう存在者が存在するのだ。――回転する天空のなかにだけではなく、私たちを照らしている太陽のなかにも存在する。私自身のうちだけではなく、草をはむ羊、空を飛ぶ小鳥、落ちてくる小石、風に吹かれていく木の葉のうちにも存在する」[12]と、想像力を駆り立て、世界の動きのなかに意志を認めようとする。宇宙の秩序と調和に叡知的存在の意志が認められるという。「私はいたるところでそのみわざによって神をみとめる。私自身のうちに神を感じる。どちらをむいてもわたしのまわりの神を感じる」[13]。しかし神をそれ自体において眺めようとすると、神はどこに存在するのか。神はどのような存在なのか、その実体は何かを知ろうとすると、「神は私から去っていき、私の精神は混乱して、もう何もみとめられない」[14]。このように、神の属性から神の存在を理解して、さて自己に立ち返って人間としての自己をみる。人間の知性は自分の周囲の物を観察し、認識する。人間は、いかなる動物も恐れて近寄ることのできない「火」さえも道具として使用することができる。さらに秩序、美、徳とはどのようなものかを感じることができる。「宇宙を観照し、それを支配している者にまで自分を高めることができるのだ」[15]。神よりほかに人間よりすぐれている何ものもない。存在する秩序のうちに自分の場所を選ぶとすれば、それは人間であるということに聖職者は気づく。「人間である」ということは、もともと誰にでも分かっている陳腐な事実ではないか、という人があるかもしれないが、これが重大問題なのである。神、宇宙、自然、世界、世間、その他の自己を取りまく秩序のなかで、自己を探求し、人間としての自己を知るということは、聖職者に深い感動を与えた画期的内的体験なのであった。「人間よ、人間的であれ。これがあなた方の第一の義務だ。――人間に無縁でないすべてものに対して、人間的であれ。人間愛（humanité）のないところにあなた方にとってどんな知恵があろうか」と、すでに第二篇で述べたところを、第四篇においてエミールは、聖職者の告白を通して知的に体得する。聖職者は人間の本性に潜む二つの傾向について考える。一方は人間を高めて、永遠の真理を研究させ、正義と道徳的善を愛させるが、他方には、人間を低いところの自分自身へとつれ戻す。「そうだ、人間は一つのものではない。私はあることを願いながら願ってはいない。私は自分が同時に奴隷でもあり、自由でもあると感じている」[16]。

ルソーは同時代の百科全書学派の人たちよりも、むしろ哲学は一世紀前のデカルト（R. Descartes, 1596～1650）の心身二元論の原形に近いとされる。ではあるが、精神と物体の二実体の分離と関係を論証的に論究しようとしたデカルトとは違って、ルソーはあえて哲学的論証を試みようとはしなかった。ルソーの心身二元論は、「内面の声」、あるいは「自己の意志を感じる」という内省的体験に根差している。感性的情動に振り回されることなく、主体的自由に生きること、その境地に立脚することは、自他の差別を越えて共に生きることを意味するのである。「私の意志は感性から独立をしている」[17]とか、「悪いことをしているときは奴隷だが、後悔しているときは自由な人間だ」[18]とか、「人間が自由に行うことはすべて摂理によって決められた体系のなかに入らないし、摂理のせいにすることはできない。神は、人間が与えられた自由を濫用して悪いことをするのを欲してはいない。しかし、神は人間が悪いことをするのを妨げはしない」[19]。これがルソーの自由論である。「神は人間による自由の濫用を欲しはしないが、さりとて自由の悪用を妨げるものではない」[20]という。これは人間の自由についての実に穿った見解ではないであろうか。またこれは、カントの宗教論に連続する見解でもある。悪を犯すのは人間の自由であり、人間の責任であるとなれば、『人間不平等起源論』とは対照的な立場で、主体的自由が扱われたことになる。このように神と人間の関係を考えると、神は人間に対してやや冷淡のように思われる、と考えてはならない。神は人間に自由を許し、善への自由に生きる者には幸福の喜びを与えている。それが神によって与えられた人間における自然の感情なのである。「神は自分のつくった者に対して何の義務も負ってはいないと、人はいう（ある理神論者の声）。私は、神が、彼らに存在を与えるときに約束しているあらゆることについて彼らに対する義務を負っているものと考える」(21)。一度神の手を離れてしまえば、人間は自由であり、それ以後の義務はないという説に対して、ルソーは反論をして神の人間に対する義務を問うのである。すなわち、神は善の観念を彼らに与え、その必要を感じさせているのだから、善を約束しているのだ。自分の内部を調べてみればみるほど、自分の心に聴いてみればみるほど、私には、私の魂のうちに記されている、「正しくあれ、そうすればおまえは幸福になれる」(22)と。それにしても現実はそれとは逆である、「悪人は栄えているし、正しい人はいつも迫害されている」(23)。そこで自己の信仰を裏切られた者が神に反抗する。この反抗は人間の浅薄な知恵なのである。この信仰の懐疑論者への魂の鎮めとして『プルタルコス英雄伝』の一節をルソーは引用する。

「忍耐心のたりない人間が愚痴をこぼしているのを聞くと、神は、まだ功績もない彼らに褒美をやらなければならない。彼らの美徳の前払いをしなければならない、ということになりそうだ。ああ、まず善良な人間になろう、それから幸福になろう。勝利のまえに褒美を求めたり、仕事をする前に報酬を求めたりするようなことはしまい。私たちの神聖な競技の勝利者に栄冠が与えられるのは、滑走路のなかではない、滑走路を走り終えてからだ、とプルタルコスは言っている」(24)。

聖職者の告白は尚も続いている。ところで私が『エミール』第四篇に強くひかれたのは、彼の次の言葉がどのような魂の遍歴を辿って述べられたかであった。その言葉とは、神が人間に与えたとルソーに信仰されている道徳的信条のことである、それは、「神は、私に、善を愛するように良心と、善を認識するように理性と、善を選択するするように自由を、与えているではないか」[25]という言葉である。これは信仰告白の最終的場所にある。その時、エミールと一体となっているルソーの感動を、「よき聖職者は激しい口調で語った。彼は感動していた。私も同様だった」としている。ここでカントに移る。

(4) カントへの連続性と相違点

『エミール』の内容を概観するのは難しい。エミールの精神的成長に応じた教育思想の流れが連続している。それを概観するのは、あたかも流れの清水を瓶詰めにするようなものと、良心の痛みを感じながら、「ルソーの語句の美しさがもう私を妨げなくなるまで、読まねばならない」といったカントの言葉を改めて考えてみる。『エミール』の教育論の基本的な問題点がカントによって再検討されているのが痛感されるからである。

カントは教育学を改めて執筆をしてはいない。ケーニヒスベルグ大学において「当地の学制を改革するために」の計画のもとに、哲学教授は「子供を教育するための実践的な方針」について、交替で講義をすることとなり、政府はそれを一七七四年に発令をした。七人の教授が交替で担当した。カントは一七七六年から一七八七年までの都合四学期にわたって講義を行った。これを弟子のフリードリッヒ・テオドール・リンクが、カントの存命中（一八〇三）に、講義録をもとに『教育学』として編集出版した。一七六二年に出版されたルソーの『エミール』は評判となり、教育思想家の間で、多少にかかわらず影響を受けないものはない、とさえいわれるほどであった。ヨーハン・ベルンハルト・バゼドウが『エミール』の影響のもとにデッサウに「汎愛学院」を設立、カントはその主旨に賛同し、側面から間接的に応援している。家庭教師の経験もあり、ルソーの影響に加えて、当時の汎愛学院の設立に見られるケーニヒスベルグにおける教育熱に刺激されるところがあって、カントの教育論が誕生したものと推定される。リンクの編集による『教育学』にはリンクによる多少の改変があるのではないか。これをカントの教育哲学として打ち出すことが妥当か否か、についての問題はあるが、ここではこれらの繁雑な問題点は割愛をして、特に道徳論と宗教論との関連で、教育的意味での義務の概念について限定的にとりあげておきたい。(時代錯誤の観なきにしもあらずかも知れない。例えば仕事と遊びを峻別せよ、子供に勤勉を慣れさせよ等の、困窮の少年時代を送ったカントの文字どうりの厳格主義の片鱗を覗きみる)。

『教育学』は序説と論説とからなる。前者は総論で教育学一般の基本問題が、後者は本論もしくは各論をなすものである。

「序説」では人間にとっての教育の意義が提示される。

「人間は教育によって人間となる。人間とは、教育が人間からつくりだしたものにほかならない」[26]というのが有名なカントの基本命題である。ここには人間の意味が二義的に扱われている。生物としての人間と、教育によって人間らしく成った人間である。その意味をカントは動物との違いに見ている。「動物はいくらかでも能力をえると、すぐさまそれを規則的に使用する。すなわち自分自身にとって害にならないように使用する。例えば子燕は孵化したばかりで眼も見えないのに糞を巣の外へ落とすのをみて驚嘆させられる」[27]と観察を交え、「動物には飼育（Ernährung）は必要であっても、養育（Wartung）は必要ではない」[28]と帰結する。すなわち、人間には特に心のこもった「世話」が必要である。この点はルソーの「人間は弱いものとして生まれる。私たちには力が必要である」の人間誕生の原点に合致する。また、このことは、ギリシアのプロメテウス神話「裸の人間誕生」[29]をまつまでもなく、私たちにとっての経験的事実であろうし、これはまた人間形成の原点でもあるのであろう。この原点を踏まえてルソーは自然、事物、人間による「教育するもの」を考え、その中核を自然においている。生まれながらの善なる自然を損なわないように素直に養育しなくてはならない。その意味で「消極教育」として特徴づけられている。

カントは序説一六節（訳者付記）において「善き教育こそは、世界のあらゆる善きことの源となる」[30]としている。さらに必要なのは人間のうちにある萌芽を発展させることで、人間の天賦の素質のなかには悪の根は見つからない。自然性を規則に従わせないことのみが悪の原因となるとしている。これは『宗教論』の根源悪の課題と矛盾するような外観をもつが、根源悪の解釈によっては矛盾しないものと私は理解している。この問題については、教育論の一〇三節で再考する予定である。

序説で指摘されている教育のキーワードは「訓練」「教化」「開化」「徳化」の四項目である。訓練（**Diszipliniert**）は法則の強制を感じさせる第一歩で、これは幼児期より始めなくてはならない。法則に従う習慣を身につけること、それは幼児期から理性の指図に従うように慣れることでもあるからである。訓練に次ぐのが教化。カントはここで母鳥が子鳥に鳴き声を教える実験を行う。小鳥の場合は意図的とは考えられず、教化（**kultiviert**）されることによる人間性の発展は、人間に課せられた人類の課題なのである。現在のためばかりではなく、未来を目指した教化の技術は知恵の養成でもある。「開化（**Zivilisierung**）」は文化的交流を踏まえた市民的社交性とでもいうことができる。カントの社交の意義がここにも生かされている。第四の項目「徳化（**Moralisierung**）」の段階については、いまだ充分に実行されてはいないとの批判がある。道徳教育についてのカントの見解は、この段階では詳述されてはおらず、ただ教育上の大問題として「法則の強制に対する服従と、自己が自由に行動する能力とをどのようにして調和させるか」の課題とする。自立し、自足し、自給して独立の生活を営むことの難しさを知るには、幼児期から社会の抵抗を感じるようにしなくてはならないと指摘し、序説をまとめて(1)児童を幼児期から、危険性と他人の自由の阻害を除いては、できるかぎり自由にさせておくこと。(2)児童に、他人の目的を遂げさせないかぎり、自分の目的も達することのできないことに気づかせる。(3)児童に強制を加えるのはやがて児童自身が自己の自由を生かせるようにするためであるし、教化するのは他日、自由に行為することができるように、すなわち他人に依存しなくて済むようにさせるためである。しかし児童がこれに気づくのは最も遅い（生活の自立）。[31]

「論説」は序説を踏まえた教育論の展開で自然的と実践的とに区分される。訳注にもあるようにカントの超越論哲学を背景とするならば、自然的は因果性に関係して強制の意味をもち、実践的は自由概念を基礎とするもので、自発性を意味する。

自然教育が生かされるのは幼児期である。これについて、「一般的にいって初期の教育は単に消極的でなくてはならない、ということに注意しなくてはならない」と述べ、驚くべき具体性（襁褓、揺籃、その他）をもって、乳幼児に対する世話の仕方を取り上げ、人為を廃し、自然を損ねないように、との注意が与えられている。ここには確かにルソー教育論の影響が見られるが、カントは序説で、「人間は教育によってのみ人間となる」に続いて「ここに注意すべきは、人間は人間によってのみ、しかもかつて同じように教育された人間によってのみ教育される」と述べる。教育された人間がつぎの世代の人間を教育する。そこで「同じように」という点を、厳密に固執すると多義的となり、難しくなるが、学校教育を考える以上は教育されて資格をもった人間が教師になる訳で、それ故にこそ教育の本質が常に問い直されねばならない重要な意義をもってくることがよく納得せられる。ルソーの『エミール』と、カントの『教育学』では出版の時期に四〇年ほどの開きがある。カントが大学で教育学を担当した頃、プロシャではフリードリッヒ二世によって学校教育改革の気運が高まってきていた。ルソーの時代には教育制度がまだ備っていなかった時代で、「公教育」は、国家とは無関係に、なんらかの共同体によって公開的に行れていた。このような時代では個人教育の意味は大きいが、エミールに関していえば、彼は実在の少年ではない。ルソーが思考的に家庭教師の役を引き受けているので、現実的、実践的というよりも、理念的であり、エミールは、抽象的人間であるとの批判はよく聞かれる。ではあるが、カントも教育のための理念は、それが現実には行われていなくとも、重要であることを主張する。確かに理念にとらわれ固執することは危険ではあるが、教育は人間の未来にかかわる重大事であるだけに、理念が必要である。カントのいうように教育は、家庭教育にせよ、学校教育にせよ、人間によって為される事には異論がないとして、そのことは人間中心の教育になるというのではなく、ルソーのいう自然、事物、他者へと関係の枠を広げ、それらへの通路を幼児の心のうちに育て上げていくという意味で、エミールからは学ぶところは多い。カントもそれを認めていたればこそ、夢中になって読み耽ったのではなかったか。

カントの教育論序説の眼目は「人間はまず善への素質を発展させなくてはならない」ということ。「神は善への素質をすっかり仕上げた上で、人間に授けたのではなかった。それは単なる素質にとどまり、従ってまだ徳性としての区別のないものである」[32]。徳性とは道徳的善悪の観念である。人間は生まれつき道徳的存在とはいえないからである。「神の手をはなれるとき人間はすべて善である」、これがルソーの見解であった。ルソーの場合でも道徳的善悪より以前の善（可能性）をいうのであるから、カントとそれほど違わないように見えるが、微妙に出発点が違う。ルソーは「善を愛する良心」を魂の声として、それを根底に踏まえて、社会的関連からして他者を考え、「善を認識する理性」としている。カントの理性は、ア・プリオリな存在であって、感性よりも優位に立つ理性主義である。ここに大きな違いがあるが、人間論としては、ハイデッガーが『カント解釈』で述べるように、感性と理性とは、人間本性における二つの根である。各々において性質の違ったよさ「善と美」を認めることができるのではないか、と私は思っている。この点は多角的に深く追究しなくてはならない問題点といってよいであろう。

カントはその著『人間学』(1798)においてルソーをつぎのように評価する。「ルソーは自然状態からあえて脱却しようとしているところの人類について憂鬱な(不機嫌な)叙述をしているが、しかし私たちはルソーの処論を、人間が再び自然状態に復帰して森林に戻ることを薦めていると解すべきではない——結局ルソーは、人間が再び自然状態にかえることを欲したのではなくて、現に人間がある段階から自然状態を振り返って見るべきであるということを言おうとしたのであった」(33)とおきかえている。ルソーとカントにおける善をめぐる理論としては、両者ともに人間本性の素質として善を認めようとする限り連続性をもちながら、善の解釈に当たっての視点が異なってくる。カントのいうには、ルソーのほうがより楽天的人間観をもつとする。その違いは宗教(キリスト教)への関わり方の相違にも関係していると思われる。ルソーよりもカントの方がよりキリスト教の啓示(イエスの受肉)を受け入れようとしているが、カントもキリスト教的原罪思想からは一歩退いている。しかしルソーほどは自由ではない。善をめぐる問題としては、机上的思考の結果ではなく、「善とは何か」の問いが人間生存の深奥から絞り出されてくる事態がルソーのエミールによって告げられている。エミールの場合には「善への問い」は観念としてではなく、生きた実存的意味において問いだされていた。その結果『エミール』によって手に入れたところの善の概念は、「善を愛する良心」と「善を認識する理性」と「善を選ぶための意志」といってよい。良心は自己本来の性質として認められ、認識する理性と選択する意志は、自己の他者への現実的関係によって経験的に内容が決められてくる「善への条件」として考えられる。カントにあっては「善意志」は教えられるよりは悟性のなかに発見されさえすればよいと、『道徳原論』において述べられていたように、自己と他者との現実の経験的関係からではなくして、むしろそれを導く形式的制約が問題となるのであって、それが善意志ということなのである。ルソーにおける善への経験的認識と選択意志は、たしかに現実的ではあるが、それだけに現実への関係に左右される相対的意義を免れることはできないといわねばならない。ところでカント哲学はつねに普遍性を求めている。善意志というのは、カントにとってはア・プリオリな原理でなくてはならならず、あらゆる行為を導く普遍性をもつ原理でなくてはならない。この点にルソーとは異なるカントの視点があるといってよいであろう。カントはさらに善意志を義務の概念として展開している。その点に関して、私は善意志を義務の概念と同等に置き換えて論ずるカントの処説が充分納得されないまま従っていたのであるが、善意志の普遍性という論点からならば、多少は納得する。多少というのは善意志が悟性にとって本来の性質であるとするならば、それは自発性であって、義務という強制概念をあえて使用する必要はなかったと考えるからである。これについては、カントがいう道徳は不可避に宗教へと導かれるといった原理を前提するならば、そのかぎりにおいて充分に理解せられる。カントにとって宗教とは神の愛を道徳の原理として義務づけることにほかならなかったからである。カントにおける義務の概念を教育論から探って補足してみよう。

(5) 義務と愛について　カントは教育「論説」(本論)で、教育を自然的と実践的とに分ける。自然的教育を人間と動物に共通するところの保育となし、実践的教育(または道徳的教育)について「人間を自由行為者として生活することができるように陶冶することである」と。それは人格性を目指すもので、言いかえるならば、自活をして、社会の一員となり、しかも独自の内的価値をもつことのできる自由行為者となるような教育、一言でいうならば今日の自立した社会人となるための教育について述べている。

自然的教育は誕生から幼少年期までだが、微細にして教訓的にノウハウがのべられる。一例をあげれば、

「幼児が泣いてもかまってはならない。わめいてせがんでも、その要求を入れてはならない。幼児が丁寧な態度で懇請するものは、幼児のためになるなら与えてやるがよい。そうすれば、幼児は率直に振る舞う習慣を作り、わめいて人を嫌がらせることもなく、こちらも幼児に好意をもつ。」(34)

良い習慣を作るというこの種の教育方法論が、綿々と陳述されている。良家の子弟を預かって家庭教師をした頃の回想が込められているようでおもしろいが、これは一例で打ち切り、実践的教育（九二節）に目を移せば、⑴技能（Geschicklichkeit）⑵世才（Weltklugheit）、⑶道徳的教養（Sittlichkeit）の三点が挙げられる。技能とは専門知識と技術の修得、世才とは世間的な社交の知恵とでもいうことができる。これらについては、カント自身もあまり詳しく述べてはいないが、自立した独自の内的価値を有する社会人のために必要な諸条件とでもいってよいであろう。この両者を支えるのが徳性である。徳性はギリシャ語のアレテーに由来する。アレテーは何者であれ、そのものの優れたる性質を意味し、人間ならば、人間の人間性とでもいうことになる。カントの道徳原論における「無条件な善意志」の教化である。

教育論の道徳的側面は、精神的能力の一般的教化（die allgemeine Kultur der Gemütskräfte）のなかに分類され、これがさらに自然的か道徳的かに分類せられる。対象は生徒（der Zögling）。（幼児、児童の場合は独語ではキント〈das Kind とその複数〉、青年はユンクリンク〈der Jüngling〉、未婚女性はユンクフア〈die Jüngfer〉である）。自然的（教化）では練習と訓練がすべてであって、生徒は受動的に他人の知恵を借り、その指導に従はねばならないという。これに対して道徳的（教化）においては、訓練を基礎とするのではなくして格率を基礎とするとある。もし範例（Exempel）や威嚇（Drohungen）や懲罰（Strafen）を基礎とするならば、それはかえって逆効果になる。というのはそのような方法は、道徳的教化が全く訓練と同じことになってしまうからというのである。では道徳的教化にとっては何が重要であるか。何処に着眼点をおけばよいであろうか。

カントによれば「われわれは生徒をして習慣によってではなく、格率によって善を行うようにさせること、また、ただ善を行うにとどまらず、善であるから善を行うようにさせなくてはならない。およそ行為の価値は善の格率（主観的信条）にあるからである。」[35]という。これは実にカント的命題であって、難解な要求であるかのように見受けられる。「善いことだから善を行うようにする」、その逆の「悪いことだからしないようにする」、というのはすでに幼児期の子供にとっても有益な提言である。後者についての卑近な一例を挙げて見るならば、ある大人が親しんでいる幼児に珍しい菓子を与えようとしたとする。幼児がそれを受け取らない時には拒絶に出合った大人は面喰らうものである。しかし幼児が虫歯予防のためにも、みだりに菓子をもらってはならないという禁句を親から与えられていて、その格率にしたがっていたということが分かれば、幼児の態度をかえって好ましく思うもので、これに類する実例には枚挙にいとまがない。幼児期からの実用的な善悪の認識の蓄積がやがて道徳的意識の素地をなすものに成長するといってよいであろう。

生徒の場合、彼にとって自然的教育は受動的であるが、道徳的教育は能動的（tätig）であることに注目させる。さらに続く言葉のなかで「彼は、いつも行為の根拠と誘導（Ableitung）を、義務の概念から洞察しなければならない。[36]」と述べている。ここにいう義務の概念は、カントにとっては善意志と同値的であるところの人間本性におけるア・プリオリな原理にほかならなかった（『道徳原論』）。そうであるが故に、道徳性にとって本質的な自発性、もしくは能動性（自由）と、強制を含んだ義務の概念との間には齟齬が生じていたのである。この点についての批判はこれまでも繰り返しカントに向けられてきた。義務よりも好きでするほうが道徳的自発性に適っている。したがって善意志を義務の概念で受け止めるのは飛躍ではないか。キェルケゴールによっても、カントのように善を義務的に強制すれば、かえって善への意欲を喪失してしまうであろう、善を愛する心があってこそ、善への意欲の積極性、自発性も充たされてくるというものであると。これらの批判はたしかに的中している。

ところで、「善であるから善を行う」というのは、たんなる同語反復ではなくして、あえてカントの立場に立っていえば、善の認識に基づいて善を行うということである。これは特別のことではなく、人間の社会生活の基礎構造をなす倫理性の要求であると共に、実践理性の必然的要求でもある。にもかかわらず善の認識と善の行為との間には、断絶と飛躍が横たわっているのも見逃せない事実である。すなわち、怠惰にして、弱いところのある人間の心には、かえって善の認識に反抗するところの「志す善を為さず」という悪への傾向性が、人間性一般として深く巣くっているからである。そうであればこそ、善とは何かを知ったならば、その行為を義務としてでも強制的に行うことが要求される。そして善の認識に背くことなく、善の行為をなし、善を実現するならば、結果的にも良心の満足が体験されるものである。この良心の満足の体験は、やがて善の認識と善の行為との間に横たわる溝を次第に埋め尽くして、人間を取り巻く義務の意識を、愛の感情へと質的に変容させるものである。このことは、大なり小なり、目立つか、目立たないかにせよ、誰もが体験するところではないであろうか。すなわち義務の意識によって強制されながら、辛い道を歩んだ結果の喜びのようなもの。義務意識を愛の感情に変容させることこそが、すなわち人生における奇跡なのである（ヘレンケラーの体験の項を参照されたい）。

ここでは「善の認識によって善を行う」ことが主題である。

ところで「善とは何であるか?」「何が善なのであるか?」

善の形式的規定、内容的規定が問われてくる。この点についてはこれ迄にもカントとキェルケゴールに即して述べてきた。カントにとっての最高善は福徳合一の理念であり、キェルケゴールによれば「愛は徳を建てる」の信仰であったが、教育論ではどのように扱われているであろうか。

『宗教論』で論じられた人間生来の素質は善であった。この善は道徳的意味ではなく、それ以前の自然的生である。この認識は教育論においても一貫している。すなわち人間の生まれつきは、道徳的意味での善でも悪でもない。「人間の理性が義務と法則との概念に高められたときにのみ、人間は道徳的存在となるのである」[37]。ルソーと比較すれば、神の手を離れるときは全てが善で、不平等な社会が人間を悪くするというもので、出発点は同じであるが、カントにあっては自己内における悪への傾向性を極めて深く重視している。そして悪への傾向性は自ら招き寄せた性癖なのである。それゆえに、その屈折した性癖は、善の認識によって自ら排除するよう努力をしなくてはならない。したがって児童といえども、自分で公正ときめた格率に則って行為するように学ばねばならないが、児童は幼くして、いまだ確実な善悪の認識を持ってはいない段階である。そこで道徳的陶冶には、両親や教師の側の識見にまつところが極めて多い。指導に当たっての細やか注意が簡潔な言葉で提言されている。具体例になると良識のずれを感じないでもないが、一般に有効と思われる提言を二、三列記してみれば、①物を長く待たせることによって忍耐を養えると信じているが必ずしもそうではない。但し勇気を起こして、正しいことを求めるかぎり、忍耐は必要である。②児童はまた内気にされてはならない。児童に小言を言うとき、多くの両親が「フン、恥ずかしくはないのか」と言ったりするが、これは決してよくない。そう言ってよいのは児童が嘘を吐いた場合だけである。恥ずかしくはないのかという叱言は児童を内気にする。③幼児の甘やかしは、全生涯に非常な害毒を流すものである。児童が何かの損傷を受けて泣く場合には助けに行かなくてはならないが、しかしただの不機嫌から泣く場合には、そのままにしておくべきである……。（カントにおいては幼児期、児童期での優しさ、思いやりの心の芽生えについての注意事項は怠っていて、理性重視の傾向がある。）

この種の具体的訓戒の後に格率の原則的な面が述べられている。

「格率は人間自体のうちから生じなければならない」ので、そのために品性（Charakter）を確立しなくてはならない。品性の確立には「善とはどういうものか」「悪とはどういうものか」を幼児期より教え込まねばならない。品性の確立には罰してはならない。とは言え、悪いことをしたときには罰すること、痛みの体験も必要かもしれないが、大切なのは善悪の認識を、気長く、根気強く、教え込むことである。品性とは格率に則って行為する能力だからである。ただ善いことをする、悪いことをしない、というだけではなく、「善と知って善をおこなう」「悪を知って、悪を行わないようにする」ということに重点をおくべきだという教育的意義が児童期について述べられている。これは一般に行われている道徳的躾教育のようではあるが、カントの場合には主体的な自制心を養う意味での独自の見方があると改めて考えさせられた。さらに品性を養う要件として「素直」「誠実」「忍耐」「社交性」などなど、その他に「学んだ規則は自分で応用してみるのがよい」といった真面目な具体的提言が随所になされていて、かえって筆者にとって自己反省の資料になるところが随処にあって、痛みを覚えた。

最後にカントの宗教観が付言されている。

「宗教とはわれわれのうちの法則である。」

「宗教を道徳性に結びつけないとすれば、宗教はたんなるご都合主義に堕してしまうであろう。賛美、読誦、教会通いも人間にとって、より善き生に向かうための新しい力と勇気を与えてくれるものでなくてはならない。あるいは義務意識によって生命を与えられた心の表現でなくてはならない」(38)のである。何も分からない子供に宗教を押しつけてはならないが、幼児期の道徳性が成長の時期に達すれば、やがてそれが個人の自発性のもとに高次の宗教への目覚めの素地になるかも知れないのである。宗教によって義務意識に生命が与えられ、義務が愛の感情に変容することを、カントも晩年には希望していたようである。『宗教論』と同年に書かれた晩年の論文『万物の終わり』(1794)で、「人間は喜んで行うのでない事柄を行う場合には消極的になり、それどころか詭弁的な逃口上でもって義務の命令を免れようとする。動機としての愛の協力がないならば、あまり多くの義務をあてにすることはできないだろう」(39)。と義務を支える偉大な愛の力(宗教論の課題)が強調されている。

2　ローレンツ『鏡の背面』からのノート

コンラート・ローレンツ(Konrad Lorenz)はウィーンに一九〇三年に生まれた。比較行動学者と言われている。医学博士、哲学博士の称号をもち、一九四〇年よりケーニヒスベルグで比較心理学教授として活躍している。その他オーストリアのアルテンブルグに比較行動研究所を設立、一九五七年ミュンヘン大学の名誉教授、一九六一～七三年にはゼーヴィーゼンのマックス・プランク比較生理学研究所長、動物心理学部長を務め、一九七三年にはノーベル賞（医学・生理学）受賞という輝かしい業績の所有者である。そうでありながら、著作から受ける印象は非常に温かく、気取りのない人柄があふれている。哲学の分野では、哲学的人間学への関心も強くケーニヒスベルグで教鞭をとっておられたことからも、カント哲学への独自な見解を持っているので、哲学を別の角度から考える意味においてその著作『鏡の背面』から断片的にとりあげることにしたのである。とりわけ最後に扱ったヘレン・ケラーについてのローレンツの卓抜した取り組みに強く動かされるところがあり、科学的知識の未熟な私にとってこれを扱うのは手にあまることではあったけれど、あえてノート断片としてまとめたものであることを予めお断りしておきたい。

(1) ケーニヒスベルグの哲学者　カント哲学への独自の見解からとり上げることにしよう。

「エドゥアルト・バウムガルテンと私とが、イマヌエル・カントの最後の後継者として、かつてカントが占めていた教職を継ぐべくケーニヒスベルグへ招かれた殆どその時点にいたるまで、私は、先に引用したカール・ポパーの文章がそう思い込ませても仕方のないような見解をいだいていた。つまり私は自分が『世界像装置』と呼び、ポパーが『知覚装置』と呼んだものを、カントが先験的なもの（das Apriorische）という名称と結びつけた概念とそのまま同一視してもよいのだと思っていた」（25頁）。けれども「この見解は残念ながら間違っている」と訂正する。その引用文とはカール・ポパー（Karl Popper, 1903～?）の『科学的発見の論理』において述べているところで、「物自体は不可知である。すなわち、われわれが認識できるのは――カントが示したように――物自体とわれわれ自身の知覚装置との成果として理解されうる諸現象だけである。それゆえ諸現象は、物自体たちとわれわれ自身との一種の相互作用である」（24頁）。すなわち、物自体は不可知であるゆえに、外界について私達が知るところは、知覚装置の成果としての諸現象だけである、という見解についてである。ローレンツのカント解釈によれば、結論的にはカントは、物自体界と現象世界とを無関係とは考えてはいなかったといわざるをえない。観念論の伝統的定義の意味での、外界は、いかなる意識にも依存することなしには存在しない、あるいは外界は、可能的経験の対象としてのみ存在すると仮定する認識論的見解とは、全く異なるというのである。もしそうでないならば、「あの天上の星空——これは例の仮説によれば、どうしても価値無関心的な〈物理的世界像〉に属するほかないが、彼の内部の道徳的掟がそうするのと同様の新たな感動を、どうしてつねにくり返し彼のなかに巻きおこしただろうか」（35頁）というのである。

要するにローレンツは、カントについて単なる観念論者ではないとの評価を与えようとしている。ある意味ではローレンツはカント哲学の後継者であることさえ期待していた。しかしローレンツにいわせれば、残念ながら両者の間には大きな開きがあった。このことはもっと後に明らかになるであろう。

ローレンツはカントの先験性の意味をつぎのように把握する。『純粋理性批判』の序説第十一節の言葉を引用して、「すなわち、先験的に、従って事物と何らの面識も生じないうちに、つまり事物がわれわれに与えられているよりも以前に、事物の直観がどういう性質のものにならざるをえないかを知ることを人間が可能だと思うのはいかにしてか、と。このことは空間と時間に関して特にあてはまるであろう」（26頁）。カントは確かに『純粋理性批判』の緒言の冒頭において「われわれのあらゆる認識は経験と共に始まる（anfangen）ということには何の疑いも存しない」と述べ、さらに「われわれのあらゆる認識は経験とともに起始する（anheben）といっても、あらゆる認識がすべて経験から発現する（entspringen）わけではない」とこのように、経験成立以前の心性に備わったア・プリオリな形式を論証的に演繹する。これに当たっては、認識源泉としての感性と悟性において、それぞれに、その形式的要素が提示される。このような経験の可能性の法則の発見についてカントにおいては、いわゆる自然科学的に回答を提供することは、原理的に不可能であった。カントによればむしろ自然科学的認識すらも可能にするような、より基本的な法則の発見であった。カントにおいては感性と悟性は人間の認識能力の、二つの根であり、それらの法則のアプリオリテートは、経験によって証明されるような性質のものではなかった。むしろ純粋数学、純粋自然科学の認識をも可能にする根拠の探求であった。「対象に認識が従うのではなく、認識に対象が従う」と、このような思考方の逆転について、カント哲学を学ぶ初心者は、素朴な疑問を抱いたものである。そのような素晴らしい能力が生まれつき人間に備わっているとはどうしても考えられない。その際いつも同じ答えが返ってくる。カントは認識の発生を問題にしたのではなくて、論理的可能性を問題にしたのであると。一方、ローレンツは、人間の生まれながらの、前以って与えられている認識装置を認め、その点はカントと軌を一つにしながら、両者のその内容に関しては全く異なった見解を示している。カントは経験の可能性の原理を論理的に把握しようとしたのに対して、ローレンツは発生論的に見いだそうとしたのである。これによって、ローレンツはカント哲学の継承者ではなく、独自の立場を歩むことになった。いまだかつて誰も行わなかった試みの冒険がローレンツに芽生えたのである。

科学者であるローレンツを捉えたのは客観性の要求である。「人間とその認識のはたらきを自然のものとして理解しようと努力する科学に対して、ブリッジマンのはっきりと公式化された要求（客観性）が、その進むべき道を示している。この道にあってわれわれが今日の、この乏しい知識を頼りに、いったいどこまで前進できるのか、それを私はこの本で示したいと思う。人間的認識のはたらきも系統発生の途上で生じた、種族維持に役立つその他のはたらきのように、すなわち、実在する外界と相互作用を行う、現実的な、自然的過程で生じた、一システムの機能として研究さるべきである」（16頁）という、カントと全く異なった視点が見いだされる。

認識する主体も、認識される対象も、共に現実的なものとして存在する。これを第一の仮定として第二の仮定が導きだされる。第二の仮説は、「主観的体験のなかで起こっているすべての過程が、客観的に研究できる生理的過程とこの上もなく密接にからみあい、そしてそれらの過程を基礎としており、それどころか不思議なかたちでそれらの過程と一致するということを確信している」（17頁）ということである。このことは「生きている主体と体験する主体が一つである」ということ、それは「生理学と現象学とをわれわれの知識の同等の権利をもつ源泉」として扱うことであって、この自然科学者の認識論的態度を、自ら仮説的実在論と名付けている。

ゾウリムシ（**Paramaecium**）の原子的回避反応はゾウリムシの気にいらない物に出会った時におこる。ある物にとって、ある物が障害になるとき、その物は存在する。物自体は他に対して衝撃を与える物であり、この意味では**Objekt**（客体）はラテン語の**objicere**（撥ねつける）に由来する。客体とはわれわれの前進運動を撥ねつける物であり、客体によって進行方向が疎外される。ゾウリムシにとってはゾウリムシが〈知っていること〉が一番正しいので、一途にまっすぐには進めないのである。「この装置は系統発生によって生じたものであるから、どんなに複雑であろうともゾウリムシの逃避反応をひき起こしているのと同じ原理によって構築されている。（21頁）

系統発性によって生じた認識装置は、どのように複雑であろうとも、原理的には同じ構造から成り立っているという。この洞察は、現実を認識するための人間の諸能力を、これまでの認識理論者が行って来たのとは異なったふうに判断せざるをえない。ここでローレンツは弁解とも受け取られる短い文章を挿入する——この世の意味と究極的価値とを理解するという希望に関して、われわれは大口をたたこうとは思わない——のであるが一方、「われわれの認識装置がわれわれに伝えるすべてが、主体外的世界の現実的な事実に応じているのだという確信に関してはわれわれは毅然として固執する」と。

ここで一つの答えがだされる。生物が世界を認識するための知覚装置や神経機構についての見方である。知覚装置や神経機構が、経験を可能にするためには、経験の以前に存在し、また存在しなければならないという意味においていうならば、確かに個人にとっては〈先験的〉である。しかしこの機構の機能は歴史によって条件づけられているので、けっして思考上の必要によってそうされているのではないということである。

この知覚装置と神経機構を〈鏡〉としてみれば、次のように問題が整理される。

「今日なお実在論者は外界だけを眺めて、鏡が存在することを知らない。今日なおも観念論者は鏡のみに見入り、現実の外界に背を向けている。双方とも自分の注視の方向に疎外されて、鏡はそれ自身は映らない背面を、すなわち鏡とそれが映す現実の事物とを同じものとする一つの面をもっていることを知らない。つまり、現実の世界を認識するはたらきをもつ生理的装置は、現実の世界に劣らず現実的なものである。この本はこの鏡の背面を扱う」（43頁）ものである。

(2)存在のカテゴリー　カント哲学に続いてローレンツが関心を寄せた哲学者はニコライ・ハルトマンである。ニコライ・ハルトマン（Nicolai Hartmann, 1882～1950）は、医学、古典文献学、哲学と幅広い学識をもつ哲学者で、そのようなスケールの大きさがローレンツに共感を与えたものと思う。スタートは『プラトンの存在の論理』（1909）で、マールブルク学派の立場で解釈していたのであるが、次第に論理主義から存在論に移行していった。フッサールやシェラーの現象学的分析から対象論に関心が移り、一九一九年ころから新しい存在論をめざし、認識は存在の把握であり、存在関係であるとしたのである。ローレンツはハルトマンと個人的に親しかった彼の友人ヴァルター・ローベルト・コルティにハルトマンの傾向に関連してたずねて、「このすぐれた哲学者は自分の学説の系統発生的解釈をどのように思うだろうか」と言ったのに対して、コルティは「ハルトマンはそれを拒絶するだろう。しかしそのことによってこそ彼の学説はようやく、よく飲みこめるものとなるんだよ」。つまりたとえ拒絶をしたとしても、ハルトマンの学説は系統発生的解釈と矛盾するものではないし、むしろハルトマンの学説もローレンツの学説によって、より現実性を増し、確実性を高めるものというのである。このコルティの慰めるような回答に対して、ローレンツが一節を設けて「ニコライ・ハルとマンの学説」としたのはゾウリムシやアメーバの分析をしながらローレンツの関心は、絶えず人間存在と世界存在にかかわる哲学にあったことが理解されるのである。

「ニコライ・ハルトマンによれば、われわれが生きている現実的世界のなかにはさまざまな層が見いだされる」。すなわち、「これらの層のそれぞれは特別な存在のカテゴリー、もしくはカテゴリーのグループをもっており、そしてその所有、非所有によって各層は他の層から自分を区別する。〈現実層は段階状に重なり、つながっているが、調停させがたい異質性をもった特定の根本現象〉」（76頁）というものがある。それぞれの現象に適するかたちで構想されたカテゴリーはこれらの分断線を顧慮しなければならない。ちょうどそれらを突破して全体を掴もうとする存在関連を顧慮しなければならないのと同じ程度にというのである。そして「これらの存在関連は現実的存在の四大層――無機的なもの、有機的なもの、霊的（心・意識）なもの、精神的なもの――を互いに区別させる分断線を越えて、つねに一方的な方式で突破していって全体を掴もうとする。無機的なもののなかではたらいている存在原理と自然法則は、より上位の諸層のなかでも無制限に支配している」（77頁）という。ローレンツが着目したハルトマンの存在論について、少し長い引用になったがここで問題点が明確にされてくる。というのは、低次のカテゴリーは、必ずしもそのすべてが高次の層のなかに侵入するわけではないので、この上位と下位、低次と高次との存在関連の把握にローレッツの解釈学が横たわっていると考えられる。

しばらく抽象的ではあるがハルトマンの世界層理論に沿って進むならば、「有機的なものは自分だけで自由に浮かんでいるのではなくて、物質的なるものの諸関係や諸法則を必要条件としている。すなわち有機的なものは、これらの必要条件が生命を作りだすのに、それだけでは十分ではないとしても、それに依拠している。同様に霊的存在と意識は、それがこの世に登場するために不可欠である基礎的有機物によって、条件づけられている」（77頁）。霊的とは精神的という意味にとることができるが、厳密には区別される。

ここまでは、下方から上方への依存関係が示されている。つづいて「精神生活の偉大な歴史的諸現象が、その精神生活のその時々の担い手である個々人の霊的生活に結びつけられている方式も決して別のものではない」（77頁）。この後の言葉についていえば、英雄的個人と、その背景としての歴史性が踏まえられているのではないかと考えられる。ハルトマンもローレンツも「精神」という時にはヘーゲル哲学をいくらか念頭においている。英雄を世界精神の表現としたことなどが、出来事として考えられるが、そうばかりではなく、人間はその時代の歴史性と深く実存的にかかわっているので、その点から普遍的な人間存在の理解とも解釈できるであろう。

このように世界像全体を階層的にとらえ、層から層への分断において、下からの規定が認められるとしながら、しかしここで見逃してならないのは、「依存するものの独自の形態」、すなはち法則の自立性である。すでにハルトマンが着眼したように、高次のものは低次のものの侵入を受けながら、必ずしもそのすべてが高次の層のなかに侵入するわけではない、ということである。ここに、ハルトマンとローレンツの世界像の理解についての共通点がある。統合による新しい層の出現は、低位のものに依存しながら、「しかし低位のものに対抗するはっきりとした独自性と自立性とをもったかたちでそうする」（78頁）、のであって、この点についてローレンツは、ハルトマンの著書から引用した個所は素晴らしい文章であると述べて共鳴する。このようにしてハルトマンの純粋な存在論が、系統発生学者ローレンツの見解と根本的に一致することとなった。

この世界諸層の存在関連を解釈するためにローレンツはあらかじめ次のような準備をしておいた。「新たなシステム特性の生成」として発生（Entwickilung, Development）の概念を正確に規定しておくことであった。発生とは雛が卵のなかにあるように、花の散ったあとに果実が実るように、すでに潜在的にあったものが生まれてくるのではなく、「その本質は、つねに、まったく新しいものがすなわち以前には全然存在しなかったものが現れるというところにある」（P. 62）と規定するのである。創造（Schöpfung）というドイツ語もすでに存在する諸々の物を集めてできる意味であれば、新たなシステムの誕生の概念として相応しくないとさえ言うのである。

中世の神秘家が新たな創造に対して用いる言葉としての電光（fulguratio）」とでも言ったほうがよいのではないかと、ゼウスの「雷の矢」が、すべての人にとって、以前には存在しなかった新種の誕生を意味するように、新しいシステムは「自然科学者にとっても電気的火花である」という。それはまことに短絡的思いつきのようではあるが、少なくとも電流回路によって説明されうる。以前には、暗示的な形式ですらも存在しなかった完全に新たなシステムの特性が、あたかもゲシュタルト心理学者の、神秘主義的にさえ聞こえるあの「全体はその全部分よりも多い」（64頁）という真理であると。少なくともサイバネティックスやシステム理論によって新たな機能の突然の発生を、神秘な出来事ではなくて、現に起こりうることなのだとしている。「この種の〈電光〉」は、それが系統発生において歴史的に一回的な出来事として起こるとき、それは真の意味において画期的な影響をおよぼす出来事になるのである。

新たなシステムは、サブシステムの統合として発生する。サブシステムの各々が〈専門化〉されることによって、新たな分業体制に入り、単純化によって、全体的に機能する。こうなるとサブシステムの一つ一つの機能はアメーバやゾウリムシ以下になってしまう。というのはアメーバやゾウリムシは外界からの刺激に対する応答を全体的に処理して、外界についての重要な事柄のすべてを知っている。しかし神経節細胞は、いつ自分が熱くなるべきかを〈知っている〉が、それ以外は知らないからである。

アメーバを生きている培養皿の上で自由に観察すると、彼等の行動の多面性と適応能力には驚嘆せざるをえない。……アメーバは有害な作用からは〈恐怖に満ちた〉逃走によって遠ざかり、好都合な場合には、正の刺激を放つ対象のまわりを〈貪欲にとり巻いて平らげる〉がそのような行動のすべてを支配しているのが同一のメカニズムである。……アメーバに一見知性があるように思わせるこの適応情報は、もっぱら外界の多様な刺激に選択的に反応する能力をもっているからである。観察者はアメーバに多くの運動メカニズムがあるように欺かれるのである。（94～95頁）

「全体は全部分以上である」というので、世界諸階層の統合がなされる時の発生は創造的で、電光のさしこむごとき本質的な変貌がおこなわれているというのである。ローレンツがハルトマンに共鳴したのはこの点であるが、諸階層の間には同一性と差異性があるということができる。

差異性に注目するならば、「生命現象は〈固有〉のものである。つまり、生命現象だけが所有し、生命現象だけに独特であり、生命現象が他のすべての化学的＝物理的現象よりも有利なかたちをもっている。存在原理および現象原理に関して、生命現象は他の化学的＝物理とは完全に異なっているのだと。また、体験が伴う神経過程は非霊的な神経＝生理的プロセスとは全く違ったものであり、そして人間は、精神を付与された生物として、文化に規定された超個人的な知識、能力、意欲、をもつという点で、近縁の動物たちとは本質的に異なっている」。（84頁）というのがローレンツの人間論である。

ニコライ・ハルトマンの世界層理論との共鳴から論じられてきた系統発生説の立場から解釈されてきた世界諸層の存在連関について次の三点が要約して帰結される。

① 最も単純なシステムも、最も単純な生物も生存可能である。そうでないならば、より上位に組織された子孫がそれから生じることはなかったのである。

② 一つの新しい複雑な機能が種々の機能の統合によって、常にではないが、発生した時、統合の後も、下位

の機能は新たな統一体の不可欠の構成要素としてはたらく。

③「互いに無関係にはたらいている個々のサブシステムや下位の機構のなかに、上位の統合水準においてはじめて現れるシステムの特性をさがすのはナンセンスである」。（86～87頁）すなわち新しい上位のシステムは下位のシステムとは本質的に違っていて、個々にそれぞれ自律性がある。

(3) 間隙（クレバス）と架橋　人間と動物はどのように違うのか。このような問題が紛糾したとき、ローレンツの先生オスカル・ハインロートは面倒な追求を阻止するために言ったそうである。「失礼ですが、動物についてお話になるとき、あなたはアメーバのことを考えていらっしゃるのですか、それともチンパンジーのことでしょうか」と。たしかにアメーバとチンパンジーとでは違い過ぎる。むしろチンパンジーは人間のほうに近いのではなかろうか。このようなことはよくいわれるが、ニコライ・ハルトマンの「世界階層説」によればそうではない。架橋を捜すのが難しいのは、無機的なものと有機的なものとの間に横たわる間隙であり、動物と人間との間にある間隙である。この構造に同意するローレンツではあるがただ「この偉大なる哲学者がこの見解を公表した時代には、無機物と有機物との間の間隙がいつか〈諸構造の連続〉によって〈架橋される〉だろうという見込みはまことに微々たるものであった」（301頁）けれど、「今日では生物サイバネティックスと生化学が決定的な認識を獲得したので、近いうちに生物の自律性を、その材料の構造とその生成の歴史とから説明することができるだろうというのは、けっして夢想的な希望ではないとせられる。ともかくも、われわれの知識の増大が無機物と有機物との間のクレバスを諸構造の連続によって架橋するだろうということは、これは原理的に不可能ではない」（302頁）というのが、科学者としてのローレンツの確信である。現段階では夢想ということにとどまるにしても、それゆえにこそローレンツは、ハルトマンと見解を異にする面もあった訳である。

では動物と人間に関してはどうであろうか。ローレンツの確信によれば「（これ以外の）他の二つの大きな裂け目は原理的に架橋されうる、つまり、無機物から有機物へ、動物から人間へ通じている進化過程は、自然科学の問題設定と方法論にとって同じやり方で近づきうる対象である」（304頁）と確信する。すなわち、最も高等な動物と人間との間を亀裂のようにひき裂いている第二のクレバスも「一つの新たな認識的装置を創造した電光」によって生じたのであれば、その架橋は可能であろう、という想定はできなくはないというものである。ところで、「（これ以外の）他の二つ」ということは上記のクレバス以外のことが考えられていることを意味する。すなわち第三のクレバスである。それは、客観的・生理的なものと、主観的・体験的なものとの間に横たわる大きな間隙である。身体的な外面性は客観的に観察することができるけれども、主観的な内的体験は、科学的観察からは量的にしか捉えることができない。すなわちその内面的質には触れることができない。この外面と内面の次元を異にするものの越えがたい間隙を埋めるものがあるとすれば、それは何であろうか。とりわけ人間においては、この内面性が重要である。これを身体的なものと心的なものとの関係というならば、両者の間隙を埋めることは不可能であろうか。次のようなことがいわれる。この両者の間隙を「通り抜けることができないのは悟性であって、感情は通りぬけることができる」（302頁）という。例えばある人について噂をするとき、それが善い意味であっても、悪い意味であっても、特定の観察できる身体のみを取り上げるのではなく、大抵は全存在について身心一体の何かに触れようとしている。ここの局面では、両要素の間にある関係は非－論理的（a-logisch）であってよいということなのである。

さて感情というものは、異質のものを結びつける「妙技」を心得ている。感情、すなわち「感情移入」、「同情」、「共苦」、「愛」、「美的体験」などは、時間、空間の間隙を越えて、異質ものを一つに結ぶ妙技を心得ている。しかしながら、たとえどのような精密機器が発明されようとも、体験の自律性は、「化学的・物理的法則によっても、神経生理的機構の非常に複雑な構造によっても解明されるものではない」（304頁）ということが原則的に言われうる。愛というのは、人間のみならず、生きとし生けるもののすべてが所有している生命のエネルギーのようなものではないか。これは神話の告げるところでもあって、愛は万物を産み育てる根源でもある。また一方で、「精神」は人間の段階においてはじめて現れる高貴な機能である。ローレンツは「人間の精神」に重い地位を与えている。ただしこの精神は、世界歴史を形成する神的な、ヘーゲル主義的精神ではなく、系統発生の最高の段階において電光によって創造された精神のことである。そこでローレンツは精神について次のように述べる。「生命を定義しようと欲するならば、情報の獲得と貯蔵というはたらきと、この両方を行う構造的メカニズムを必ず定義のなかに採りいれるだろう。しかしこの定義のなかに人間に独特の特性とはたらきが包含されているわけではない。この生命の定義には一つの本質的な部分が、つまり人間的生命、精神的生命の意味するところのすべてが欠けている。だから人間の精神的生命は一つの新たな種類の生命であるといっても、けっして誇張ではない。われわれはいまやこの生命の特殊性に取り組まなくてはならない」（306頁）というのである。

(4) ヘレン・ケラーの奇跡

人間精神の活動に関して、その優れた業績を持つ一人の女性に対するローレンツの取り組みを取り上げておきたいと思う。それは、ヘレン・ケラーとアン・M・サリヴァンに対するローレンツの限りない賛美の声の若干を再現するにすぎないけれども。ローレンツは言う、「この記録の価値はいくら誇張しても誇張し足りないくらいである」（326頁）と。ヘレンに精神の飛躍が体験されるまでの過程の概要を述べておこう。

ヘレン・ケラーは、一八八〇年六月二七日アメリカ合衆国、アラバマ州タスカンビアに生まれた。町一番の大地主という恵まれた両親のもとにありながら、翌々年の一月、およそ一歳半頃に病気のために視覚、聴覚、言葉を奪われるという三重苦を背負わされたのである。一歳半頃といえば最もあどけない頃、言葉も少しは短いセンテンスに構成して喋り始める頃の可愛いさかりである。幾分か甘やかされて我がままにではあるが母の膝の上でおよそ五年間を大切に育てられた。サリヴァンが家庭教師として訪れたのはヘレンが七歳の三月三日のことである。サリヴァンは二〇歳になったばかりで恵まれた身上ではなく、どちらかといえば不幸な境遇にあった。したがって彼女には仕事に対する使命感のようなものもあったであろう。新しい環境に緊張しながらヘレンとの出会いに期待をもって、おみやげの「人形」を手渡した。そして、ヘレンの手のひらに「doll」と書いた。何度も同じことを繰り返し、繰り返し書いたのである。ローレンツはこの最初の出会いについて述べる。「だがヘレンは彼女の授業のまさに最初の日に、信号と、望んだものの取得との間の観念連合を作りあげたばかりではなく、触覚的刺激連合の全体像に対して反応していたのであり（四文字を記憶した）、そしてほんの不完全なやりかたではあったが、しかしはっきりした形でその刺激連鎖を再生した」（328頁）。何度も繰り返して手のひらにかかれた文字の印象を「信号」として受け取ったのであろう。ヘレンもまた、サリヴァン先生に「doll」と書いて返したのである。触覚から文字表象を明確に把握するということがいかに難しいことであるかを試みてみよう。普通の知識獲得は視覚、聴覚、話すの三機能が総合的に働いて学習効果が能率的に高まるものである。ヘレンが触覚によって文字表象の一つ一つ、d. o. l. l. を区別して記憶するとともに、さらに全体としてまとめて理解する刺激連合の全体像を記憶することができたのである。記号が何を意味するかのシンボル機能はヘレンには分かってはいなかったが、触覚連合の「doll」を再生して、サリバン先生の手のひらに返すことによって、二人の最初の出会いにおいて芽生えた相互の心の応答は見事に成立していたのである。さらにこの体験をサリバン先生に対してのみならず、ヘレンは周囲の人々にも拡大していった。お父さん、お母さんの手のひらにも「doll」と書いた。両親はかわいそうなヘレンが文字を覚えたとばかりに錯覚して、この上もなく喜んだのである。この錯覚を是正して、さらに学習効果を進めるためには、ヘレンは両親から離れて、客観的訓練をすることを余儀なくされたのであった。しかし、触覚体験学習の効果に対する両親の喜びは、ヘレンにとっては何よりの励ましとなったにちがいないのである。

ヘレンは頭の良い子であって、三月二〇日には自分の大好きな犬の前足に、学習した「doll」を書いて犬に信号を送ったのである。恐らく自分の内面に起こりつつある新しい体験を、親愛なる犬君にも知らせたかったのであろう。三月三一日までに十八の名詞と三つの動詞を知ったのである。それからのヘレンは手当り次第の「物品」を持ってきては、その名前の綴りを手のひらに書いてもらった。そして自分もそれを書いてみたのである。ローレンツ「事物に名前を与えることによって世界との対決を開始した、あのアダムの物語を思い浮かべない人がいるであろうか」（328頁）。日本人の私は同時に「記紀の世界」で行われた、諸々の命名の儀式を思い起こすのである。その際にもヘレンには、まだ言葉の象徴的機能についての理解はなされていなかった。四月になるとアラバマに春が訪れる。野原には花が咲き小鳥がさえずる。ヘレンがお気に入りの人形のナンシーと遊んでいるのでサリバン先生は、別の人形を膝に置いてヘレンに「doll」と書いた。doll をナンシーのことどばかり思い込んでいたヘレンは、怒って反発をする。先生は言葉の概念性を教えようとしたのであるが、これはまだ無理であった。それに名詞と動詞の区別がつかない。「drink」は名詞的用法では飲物、飲料で、動詞的用法も同じ drink なので、区別を教えるのに苦労する。drink と触覚スペリング（あえてこのように呼ぼう）を与えて何かを飲む真似をする。「drink」は、これとは別の、コップのなかの飲物のことでもあることを納得させるのは難しい。これについてヤコーブ・フォン・ユスキュルの説が紹介されている。幼児の認識の始めは動くものに注意が向くということである。すなわち人形は遊ぶものであり、ケーキは食べるものである。ミルクも飲むこと、そして飲むものであることが結びついている。したがって、mug（ミルクカップ）と、milk の区別もつかなくなるのである。機会があって夏休みの自然観察の体験学習を注意してみると、小学低学年では、まず動く動物に関心が集中している。草木や花にはあまり目が向けられていないことによっても、ユスキュルの言うことはよく分かる。

しかし正確にものごとを知りたいというヘレンの熾烈な要求が充たされる時がついに来たのである。それは有名なw-a-t-e-rの綴りを、手に流れる「水」のことであると知った時の体験である。サリヴァン先生による四月五日の記録がローレンツによって紹介されている。

きょう早く彼女を起こしたとき、彼女は水の名前を知りたがった。彼女は何かを知りたいと思う時には、それを示して私の手を撫でた。私はかの彼女の手のひらにw-a-t-e-rと綴ってやり、朝食が終わるまでそのことはもはや思い浮かべなかった。そのとき私に、新しい言葉の助けをかりてミルクカップとミルクとの違いを今度限りで、はっきりさせることができるかもしれないという考えが浮かんだ。私達はポンプの所へ行き、ヘレンに洗面器をもたせて、水の出口の下に置かせ、私はポンプで水を汲み出した。水がでてきて洗面器を満たしたとき私は彼女の空いた手にw-a-t-e-rという字を綴った。手にかかった冷たい水の感じに直接続いて与えられた言葉は、彼女をびっくりさせたように見えた。彼女は洗面器を落とし、まるで根が生えたように突ったっていた。まったく新たな光輝が彼女の顔を照らした。彼女はwaterという言葉を何度も綴った。それから彼女はしゃがみこんで地面に触れ、その名前をたずねた。同じように彼女はポンプを示し、かたわらの格子を示した。そして突然振り返って私の名前をたずねた。私は彼女の手のひらに先生という言葉を綴った。このとき乳母がヘレンの妹をポンプのところへつれてきた。ヘレンは「baby」と綴って、それから乳母を示した。戻る道すがら彼女はこの上もなく昂奮していて、彼女が触ったすべてのものの名前をきいた。こうして数時間のうちに、彼女は三〇の新語を自分の語彙のなかに編入した。……ヘレンはけさ早くまるで輝く妖精のように起きた。彼女は、次から次へと、ものに飛び移り、それぞれのものの意味をたずね、ただうれしさのあまり私にキスをした。昨夜就寝したとき、ヘレンは、はじめて自発的に私の腕の中に身を投げかけ、私にキスをした。私は自分の心臓が飛びだすのではないかと思った。それほど私の心臓は喜びであふれていた。（330頁）

この時からヘレンは飛躍的に学習効果を発揮し、貪欲に知識を拡張していった。名詞と動詞の区別を知り、全ての物と行為には名前があることを知るのである。やがて文章もつくれるようになった。まだ物を食べることができない妹にボンボンを与えようとして拒まれると、〈ベビー　たべる　ない（baby eat no）〉と綴り、さらに〈ベビー　歯　ない（baby teeth no）ベビー　食べるない〉と観察を拡張していったのである。また犬が子犬を生んでいるのを見て、〈ベビー　犬〉と綴って知らせ、そこで終日犬をなぜ続けて、犬が眠ったので〈目　しまる、眠るない〉眠ってはいけないと、自分の意見をつけることができ、接続詞を使い、より複雑な仮定法もつかえるようになったのである。

最初から数えて満三か月も過ぎない間から、ラテン字を習いはじめ、やがてマスターして、本を読み、文字も書くことができ、几帳面なスペルで綴った手紙を書き、発音を学んで話すことができるようになった。そして最後はラドクリフ大学を卒業、身体の不自由な人々、盲目の人々を励まして八八歳の生涯を閉じたのである。昭和十二年と三〇年の二回、日本にも訪れて、目の不自由な人々のところへ回って、大勢の人の熱い歓迎を受け、講演をされておられる。

ローレンツはヘレンの生涯とサリバンによる記録は、すなわち人間精神の最も輝かしい記録でもあると述べる。しかし、このヘレンにおいて運命の与えた暗闇の世界からの脱出の苦闘には、他面に多くの僥倖が働いていた。愛情深い両親、類稀な知性と愛情の持主のアン・サリバン先生、成長に応じて、学ぶために必要な学資を保証してくれる経済力、その他多くに人たちの協力が、あたかも一つの傷口を癒すために、血液中の白血球が一個所に集中するように、ヘレンのまわりには救いの手が差しのべられていた。その周囲の期待にこたえるだけの恵まれた資質をあらかじめ持ち、強い意志力によって暗闇を切り抜けてヘレンは明るい世界を築きあげていった。この生涯は種々の角度から取り上げられる内容をもつと思うのではあるが、とくにローレンツの扱ってきた観点からいえば、人間の精神の苦闘の輝きといってよいであろう。ローレンツは、ヘレンを天才的ともいってよい女性であったという。すなわち、その感覚能力はおかされてはいたが、脳の機能が犯されてはいなかった、ということが、偉大な成果をもたらす要因となったことを指摘している。さらに幸いなことに、教師と生徒との対決が十分早い時期に起こったため、不必要なあらゆる感情的関与を、科学的に敵視する治療法に煩わされていなかったのが幸いした、という謎めいた批判を挿入している。そして、アン・サリバンが素朴さと、心の暖かさと、知性と、根気強さとをもって、教育的に正しい接近を行ったことが何よりも、よき効果をもたらしたものと強調している。さらに「彼女の成果から動物行動学的に正しい結論を導きだした」と付言しているが、このことが何を意味するかについての回答は、もう少し研究を深めてから考えてみたい。サリバンのつぎの言葉の深い意味は、心のなかに強く留めておきたい。

子供は学習能力をもって生まれてくるのであり、もし子供に外的刺激が欠けていないとすれば子供はひとりでに学習する。別な個所で彼女はヘレンについて言う。〈彼女は学習する、なぜなら彼女は違ったふうにはできないから。ちょうど鳥が飛ぶことを学習するように〉。――まさに鳥は生得的にそうすることができるのだ。(331頁)

人間の知的活動に当たっては、事物のための諸シンボルとそれらの間の諸関係を学ぶのであり、習得されたものは、あらかじめ雛形として一定の枠組のなかに収められ、現実的思考をなすに当たっての根拠をなすのである。これがわれわれ人間を人間たらしめているものであるというのがローレンツの人間観。この概念的思考、シンボル形成、シンボル理解のためには、生得的装置の存在を認めなくてはならない。ヘレン・ケラーが、驚くべき速さで概念的思考を発達させていったには、何かが予めあって、活動化される機会だけを待っていたので、それが表面化されたものである。あらかじめ備わっている認識装置は、これについてあえていえば、カントのいう先験的なものであったのではないか、という点がローレンツのカント哲学へのこだわりであったといえようか。それは論理的な意味においてではなく、系統発生の進化の過程において電光によって人間に備わった精神の機能であるとローレンツは言っているように思われる。更にこれについては、ローレンツも強調しているように、ヘレンに対するサリバンの素朴な暖かさが背景の力となっているのである。そしてここではほとんど注視されていないのであるが、ヘレンは愛情深い両親によって七歳迄育てられていた。その後も絶えず、ヘレンを見守り、励まし続けて来た周囲の愛情が、彼女の根源的支えとなり、それに応えようとする彼女の意志力を強くかき立てていたのではないかと考えられるのである。

ヘレン・ケラー自身による精神の衝撃についての言葉を彼女の著書『わたしの生涯』から抽出しておくことにする。例の水の体験に関連してである。「サリバン先生は m-u-g が湯のみで、w-a-t-e-r が水であることをはっきりと教えるために苦しまれたのですが、私はいつまでたっても二つを混同しました。先生は失望して一時中止しておられましたが、機会を見てもう一度試みようとされました。そして私はくりかえしの試みに癇癪を起こして、新しいお人形を手にとるなり、床にたたきつけました。私は砕けたお人形の破片を足先に感じながら、痛快に思ったのです。私は感情の発作が静まった後も悲哀も後悔もまるで感じませんでした。私はこの人形を愛していなかったのです。それに私の住んでいた沈黙と暗黒の世界にはなんらの高い情操も慈愛もないのでした。……ところで先生が帽子をもって来て下さったので、私は暖かい日向に出かけるのだと知って、その考え（もしも言葉のない感覚を、考えと呼ぶことができるとすれば）に、私は喜んでおどり上がったのでした。ふたりは井戸の小屋をおおうているスイカズラの甘い香りにひかれて、庭の小径を下って行きました。だれかが水を汲みあげていましたので先生は樋口の下へ私の手をおいて、冷たい水が私の片手の上を勢いよく流れている間に、別の手に、初めはゆっくりと、次には迅速に「水」という語をつづられました。私は身動きもせずに立ったままで全身の注意を先生の指の運動にそそいでいました。ところが突然私は、何かしら忘れていたものを思い出すような、あるいはよみがえってこようとする思想のおののきといった、一種の神秘な自覚を感じました。この時初めて私はw-a-t-e-rはいま自分の片手の上を流れている不思議な冷たい物の名であることを知りました。この生きた一言が、私の魂をめざまし、それに光と希望と喜びとを与え、私の魂を解放することになったのです。……私の手に触れるあらゆる物が、生命をもって、躍動しているように感じはじめました。それは、与えられた新しい心の目をもって、すべてを見るようになったからです。部屋にはいると、すぐ私は、自分がこわしたお人形のことを思い出して、炉の片隅にさぐり寄って、破片を拾いあげ、それをつなぎ合わせようと試みましたが、駄目でした。私の目には涙がいっぱいたまっていました。自分のしたことがわかったので、私は生まれて初めて、後悔と悲哀とに胸をさされました」(『わたしの生涯』の「サリバン先生」から)

これに関連して、本文においてサリバンの自伝について、ローレンツが紹介していた部分を参照するならば、サリバン先生とヘレンとの関係に大きな変革がもたらされたことを知るのである。人形への体験を通して、後悔と悲哀に胸がさされたといっている。ヘレンは何故に人形を壊したのであろうか。それはサリバン先生の厳しい要求を受け入れることのできなかった自己自身への失望、怒りが外に向かって爆発したものであろう。水の体験は、彼女の心の闇に一条の光を与えた。この時のヘレンは、サリバン先生に対して初めて本当に心を開いたのである。ヘレンは、自分からサリバン先生の胸に飛び込んでいったのであって、このときサリバン先生は心臓がつぶれるほど嬉しかったと述懐しておられる。かつて愛していた人形は破壊されたのではあるが、サリバン先生とヘレンとの間には新たな命の流れが通いはじめたということができるのである。

参考文献

1、K・ローレンツ著・谷口茂訳『鏡の背面』――人間的認識の自然史的考察、上下巻、思索社（1974）。
2、Immanuel Kant: Kritik der reinen Vernunft（1781）.
3、Nicolai Hartmann: Zur Grundlegung der Ontologie（1935）.
4、ニコライ・ハルトマン著『存在論の基礎づけ』（1943）。高橋敬視訳（山口書房）。
5、Hellen Keller: The Story of My Life (New York, 1903).
6、ヘレン・ケラー。岩橋武夫訳『わたしの生涯』角川文庫（1997）。

注・文中括弧内の頁数は、ローレンツ著・谷口茂訳『鏡の背面』からである。
（この小論は奈良文化女子短大の研究紀要28号一九九七年に掲載したものである）。

3　言語表現についての一試論──フッサールとアダム・シャフとの対立──

カント哲学の述語は難解である。

まるで鋼鉄の網のように堅く生き苦しさを与える。それだけに厳密な思考を表現しようとした苦慮の結果をうかがうことはできる。そうでありながら時に解釈が多様に分かれるのは何故か。いうまでもなく厳密を期しながら、表現と表現されるものとの間の間隙を免れることができないからである。むしろ言語、いわゆる言葉にならない体験流の思想の横溢が言語の背後に隠されているからである。したがって言語の背後の意味は多様な文脈のもとで解釈される。

キェルケゴールは常に言語で尽くすことのできない実存の思想を伝えるために格闘していた。その苦悩の結果の表現が実に巧みで、彼の言葉の魅力にいつのまにか引きよせられてしまう。その彼がヨブについては、言葉によってではなく、心で読むのだと言う。また言葉にならない沈黙の声を聞くようにとも勧めてもいた。

ヘレン・ケラーは言葉の意味を知ることによって新しい世界を開き、その歓喜を奇跡的に体験した異例の存在である。そして言葉以前の内面的体験について、それはすでに思想と呼ばれてよいことを告白していた。このように言語と思想は不可分に結合しているということはできないが、言語は思想を表現する機能をもつことも事実である。人間の思想は言語を通じて最もよく伝えられる可能性がある。ヘレン・ケラーが自己の思考を表現する言語を手に入れることによって自分を開く世界を開拓したように、言語の取得が何にもまして基本的に教育的意義をもつ課題であることはいうまでもないであろう。

人と人との関係、社会の規則の多くは、言語を通してお互いの思想を知り、喜んだり、悲しんだり、驚いたりしている。ところでコミュニケーション手段の言語記号が多様化されて、言語の客観的機能が個人の思想を離れて横行するようになると、言語機能の氾濫のために個人は振り回されてしまうことにもなりかねないのも現状である。そこで、以下言語論の手がかりとなる一試論をとりあげておくことにしたい。ともあれ情報化社会におけるコミュニケーション手段の主役は、何としても言語である。この小論は以前に『私学研修』（1978）に掲載したもので、再考して、言語の意味の問題を考える手がかりとしておきたい。

ある人の語る言葉がたんに空虚な音声の響き、すなわち物理的音声の高低と長短の連続としてのみ捉えられる場合には、人はその言葉を、何事かの表現として受け取ることはできない。あたかも知らない外国語の学術講演を聞くときのように、空気の振動、疎密の波について知覚であり、風の音と何ら変わるところがないといってよいであろう。その言葉が何ものかを表し、何事かを告げ知らせようとすると考えられる限り、それは「表現」、または「言語表現」ということができる。しかし、この「何ものか」、「何ごとか」というとき、それは一体どのようなことを指して言っているのか。

これらの点に関する考察をフッサール、[1] **E. Husserl**（1859〜1938）の『論理研究』における「表現と意味」の問題から捉え、この問題をめぐる批判的見解のうち、特にアダム・シャフの『意味論序説』の理論を対置させることによって、意味論における一つの論争点、意味の観念性、すなわち意味の内面性についての現代的批判が正当化されるか否か、正当化されるとすればどこまで正当化されるかについて、一つの論定を試みてみようと思う。

1 記号についての本質的区別

フッサールの言うところから述べることにする。フッサールによれば言語表現は一種の記号として捉えられる。「あらゆる記号（Zeichen）は何ものかをあらわす記号であるが、必ずしもすべての記号が〈意味〉を、すなわちその記号をもって〈表現される意味（Sinn）〉をもつわけではない」と、『論理研究第二巻』(2)の本論の冒頭において述べる。フッサールは記号を指標（Anzeichen）という意味での記号の標識（Kennzeichen）や目印（Merkzeichen）と有意味な記号としての表現（Ausdrücke als bedeutsame Zeichen）という意味での記号〈言葉や品詞〉とに区別する。すなわち、等しく記号であっても、標識、目印などの記号と、言葉、品詞などの記号とは区別されうる。しかもその区別は、たんに形態的区別ではなくして、本質的区別をなすというのである。

ではこの本質的区別とはどのようなことなのであるか。上の彼の言葉に注目するならば、差し当り次の点に気づく。すなわち、一般に記号は「何ものかをあらわす記号」として使用されるが、記号のなかには意味をあらわす記号と、そうでない記号とがある。後者の意味でないものをあらわす仕方が「指標」と呼ばれる。例えば、ある特定の場所を指示するために使用される矢印、アラビアンナイトの盗賊がつける目印のような、あるものを直接に示す代わりに、それを用いるところの記号が指標である。それとは異なって意味をあらわす記号は、言葉、品詞などであって、身振り、手振りさえもそれから区別される。すなわち一方はある存在物をあらわす単なる指標であるのに対して、後者は意味をあらわす表現である。

本質的区別の第一の理由は、指標が何ものかを指示する指示機能を示してはいるが、それ以外に言語のような意味機能を持たないので、「表現」ということができないという点である。すなわち指示機能と意味機能の機能的相違であり、第二の理由は、記号に意味表現としての機能を与える意味作用は、指示機能としての記号存在としての物的なものとは異なるということである。さらに端的にいえば、記号に意味機能を与える意味作用は、指標記号のような、ある感覚可能な物理的存在とは異なった、人間の内的意識の出来事だからである。このような観察から、フッサールは言語表現についての二面性を指摘する。

(1)物理的側面に従う表現（感覚的記号、分節された音声複合、紙に書かれた文字記号等々）。

(2)表現と連合的に結びつき、それによって表現をあるものについての表意たらしめている心的体験（die psychische Erlebnis）の全体。「これらの心的体験が表現の意味ないし意義（Sinn oder Bedeutung des Ausdrück）と呼ばれているが、それはこの特徴づけによって、これらの述語が通常の用語で意味している事柄を、言い当てようとする意向からにほかならない」[3]のである。

要するにフッサールは、表現について、物理的に存在する側面と心的体験とに分析し、とくに後者に対して「表現の意味ないし意義」と称するのである。但しこのような解釈は不適当であって、物理的記号と意味付与的体験一般とを区別するだけでは、特に純粋論理学の基礎づけにとっては不十分であることを予測している。いま仮にフッサールの論述を先取りしていうならば、純粋論理学の可能性の究明に当たっては、意味の一般性、普遍性、イデア性の基礎づけが明確にされねばならない。その点についてフッサールは、意味作用としての意味付与体験について作用における個人的側面と意味そのものという意味の一般性についての客観的側面とを区別することによって、この両者の関係の問題を「意識の指向性」のテーゼをもって処理しようとしている。

フッサール意味論の研究に当たっては、このような区別の問題が記号論にもまして重要な課題を含んでいるのであるが、探求の過程からすれば、上記の表現についての二側面の分析がまずあって、その後に、意味の普遍性、一般的性格の問題が主題化されて、心的体験としての意味作用と内容との分析がなされ、研究が前進する。ここでは一応、その前段階としての以上の言語表現の二側面の区別を認識してそれを起点に論を運ぶことにする。

さて、フッサールは言語表現について、会話の伝達機能から、次のようなことを述べる。「すべての表現は、聞き手にとっては話し手の思想（Gedanken）を、すなわち話し手の意味付与体験をあらわす記号として役立つのである」[4]と。フッサールによれば、言語表現は意味をあらわし、意味とは「思想」つまり意味付与体験、または「意図」のことであり、これに対して指標は、思想をあらわすのではなくして、存在をあらわす記号にすぎない。

以上のことからして、記号についての本質的区別とは、一方の記号は単なる感覚的に把捉可能な存在物をあらわす機能であるのに対して、他方は存在様式を全く異にする思想、ないし意図をあらわすところの記号であるということが分かる。言いかえれば、記号によって表されるものが実在的か、観念的（心的）かの区別によって、本質的区別と称せられたものと理解できる。

2フッサールの記号論に対するアダム・シャフの批判A(5)

このような区別から明らかのように、フッサールの意味論にとって特に重要なのは、①意味とは、「思想」ないし「意図」に外ならないということ、②思想ないし意図は、意味の表現としての言語の物理的側面とは区別され、それとは切り離され、独立に内的体験の状態として捉えることができるという帰結である。このような帰結に対してアダム・シャフ（**Adam Schaff, 1913〜?**）の批判の目が向けられる。これこそまさに観念論哲学の顕著な特徴をあらわす立場にほかならないという。

アダム・シャフは、その著『意味論序説』（一九六〇）(6)において、フッサールの『論理研究』の記号類型論（指標と表現の区別）に触れ、まず次の点を批判する。すなわちフッサールは記号を指標と表現とに区別し、後者にのみ特に思想を表現する機能を与え、前者については、それが指向的作用、つまり意味機能をもたないとしているが、それは誤りである。「これは全構想の根本的誤りであり、コミュニケーション過程から記号の分析を分離することから生ずる誤謬である」(7)と述べ、さらに続いて「反対に、すべての記号は意味をもっており、思考を表現し、そしてこれらの機能を演ずる限りにおいてだけ記号なのである。コミュニケーション過程において、全ての記号は、言語―思考と共同で現れる。あるいは簡単な場合ですら、言語―思考の特殊な翻訳（規定のコードに従って）として現れる」(8)という。

この引用文には二つの問題点がある。一つは「全ての記号は意味を持っており、思考を表現する」というように、全ての記号に意味を認めていること、他は、コミュニケーション過程においては、「すべての記号は言語―思考と共同で現れる」、つまり全ての記号は、言語―思考の特殊な翻訳と考えられるということである。フッサールの記号論に対するアダム・シャフの批判は、この点に関係してなされていると考えられるので、この点に考察を焦点化する。

アダム・シャフによれば、「全ての記号は意味をもっており、思考を表現する」というのであるが、「すべての記号」というとき、シンボル、標識、自然現象、言語、身振り、手振り、身体表現、舞踊など、その他のすべてについていわれる。さらに彼の分類によれば、全ての記号は、まず自然的記号と本来の（あるいは人工的）記号とに分けられ、人工的記号がさらに言語記号とそれ以外の記号に分けられる。これらのうち、一見もっとも意味と無縁のように考えられる自然的記号について、いかにしてそれを意味の表現としてみなすことができるかをアダム・シャフの挙げた事例によって確認してみよう。

雪崩には落下する岩石の騒音が伴っている。その騒音は雪崩の事実を告げる記号となるのであるが、それ自体としては自然的原因による空気の振動以外の何ものでもないから、騒音を雪崩の記号として知ることは、自然現象をただそれとしてではなく、そのように理解する人間があって始めて可能となる。さらに、雪崩の騒音を記号として理解できる人間は、自然現象としての雪崩と騒音の因果関係に精通している人でなければならない。そのような予備知識をもたない人にとっては、騒音はたんなる騒音であって、雪崩を告げるいかなる記号でもありえないので、このことは全く正しい。

類似の事例を他に挙げて、この点を敷衍してみよう。

煙を見て焚き火を知り、雑音を聞いて機械の故障を知り、発熱の状態で病気の程度、性質を知るなどのように自然現象が何かを告げる記号とみなされることがある。このような場合、それが可能なためには、目前の関係ある自然現象の因果関係についての知識をあらかじめもっている人間が関与していなくてはならない。涙は悲しみを表現し、赤面は羞恥や当惑を表現するといっても、それを解釈する人の受け取り方によって左右されているのであって、涙を流している人自身が必ずしも悲しみのために涙を流しているとはいえない。したがって、ある自然現象を記号とみなすことは、その自然現象について人間があらかじめ持つ知識にもとづいて可能であり、自然現象そのものにとって記号としての性格は、アダム・シャフが指摘するように、人間によって付加された第二次的性格と言わねばならないのである。

このような見地に立って考えると、フッサール自身が意味の表現としては考えられない指標として挙げたところのものでも、人間の関与によって意味をもつ表現になることが、明らかになってくるであろう。

フッサールによって意味をもたない単なる指標として挙げられた盗賊の目印しについて言えば、盗賊が付けたチョークの白印は、盗賊の仲間以外は、誰かのいたずら書きか、あるいは白い粉の汚れとしか見えないであろう。とすれば、単に白い粉として知覚されるのではなく、何かの記号、何かを指示する指標として認められるためには、当然のことながら、その意味が理解できる盗賊の仲間、すなわち人間が介在していなくてはならない。したがって、あるものが記号としての機能をもつためには、人間がそれに関与しなければならず、人間が関与するとは、この場合、チョークの存在が単なる存在にとどまらず、ある約束の表現としての意味が与えられたことなのである。意味のとり方、つまり、解釈がしばしば取り違えられることがあるのは、このためである。

この事例の考察からだけでも明らかなように、フッサールのいう「意味をもたない単なる指標」についても、それが記号とみなされる限り意味があり、その意味が人間の関与によって人間が与えたところのもの、ということになるのである。このことは、あらゆる記号、シンボル、標識、さらに身振り、手振り等のすべてについていうことができ、この点てアダム・シャフの「すべての記号は意味をもち、思考を表現する」というフッサール批判は、全く正しいということになる。

ところで、アダム・シャフがフッサール批判を正しいものとして承認しようとするならば、フッサールの見解を正しいと認めなくては成り立たないという理論的自己矛盾が成立する。すなわち、アダム・シャフは自己の理論に反して「意味は人間における思考のうちにのみ存在する」というフッサール説を承認したことになるからである。このことは同時に、人間における観念の意味を認めたことになるのであって、期せずしてアダム・シャフは、フッサール批判の薄弱な根拠を露呈したことになるのである。

3フッサールの記号論に対するアダム・シャフの批判B

批判の第二の点についてとりあげよう。

アダム・シャフの記号分類理論によれば、すべての記号が自然的記号と人工的記号にとに分けられ、人工的記号が言語記号とそれ以外のものに分けられるのであるが、かれは特に言語記号についてある優位性を与えている。コミュニケーション過程においては、すべての記号は言語―思考と共同で現れる。あるいは簡単な場合ですら言語―思考の特殊な翻訳、既定のコードに従って現れるという。すなわち、言語以外のすべての形態の記号も、結局は言語にとって代わるものとして使用されるので、言語の派生的形態に外ならないというのである。例えば、手をあげて、歩道の歩行者を止めたり、制限以上のスピードを出している自動車に注意を促すなどは、「危ない、気を付けろ」という言葉の代わりに身振りを用いているのであって、言語に翻訳される身振りであってこそ、身振りが記号になるという。

したがって、交通信号は「注意、止まれ、進め」という言語に翻訳可能である、「このように見てくると、言語記号以外のすべての記号は、反射光線によって輝いているのであり、それらは、とにかく言語機能の代理をなし、そして解釈される場合には、語の言語（language of Words）に翻訳される（たとえ、その翻訳がしばしば省略された形態で行われようとも）のである」[9]。そしてこのように考えられる理由は、「このことは、われわれが常に語の言語によって思考しているが故に、そうなのである」、もしくは「思考は常に言語によって行われている」が故に言語以外のすべての記号は、言語の代わりに用いられた派生的なもので、その基本の形態は言語にほかならないと、言語記号に優位を与えているのがアダム・シャフの見解である。そして、思考を言語と結びつけることによって、言語を離れた意味の観念化理論を退けようとしている。

意味はたしかに人間の思考のうち存在するのであるが、それは有形的な言語と結びついており、単なる空虚な観念ではないという。このようなアダム・シャフの言語と思考との結び付きは、「意味への透明性」という言葉からも明らかなように、両者は不可分に結び付き、もし両者を分離するならば、「意味は『それ自体では』記号―乗り物なしには、不治の病に罹った形而上学者の中にのみ存在している」[10]というのである。

このようなアダム・シャフの理論からすれば、言語表現を物理的側面と意味とに分離し、意味を意識の内的体験のうちにみてとろうとするフッサールこそは、不治の病に罹った典型的な形而上学者ということになるのであろう。

4アダム・シャフの言語―思考の不可分説についての再検討

思考は言語と結びついて行われ、したがって思考における意味はつねに言語と結びついた統一性を形成しているというこのアダム・シャフの見解は、フッサール意味論への批判の失敗からも消極的に否認されるが、少し別の角度からの反証を試みることにしよう。

(1)まず人類における言語の発達の起源を想定してみることによって、言語―思考説の難点が指摘される。今日、一般に認められているように、人間の言葉の起源は、外界についての感覚経験を、あるいは個人の内的欲求、情緒、情感を他人に伝えるために使用されるコミュニケーションの原始的形態、すなわち、音声の叫び、身振り、手振り、目ばたき、などの形式に端を発し、それがやがて分節された音声や文字に同化されることによって、言葉、言語などの表現形式へと発達したところにあると考えられる。しかもこの想定は、幼児のはじめと、学習の発達過程、および未開社会でのコミュニケーション手段としての動作などを考え合わせてみても、自然に認めることができるのではないであろうか。[11]

(2)アダム・シャフの言をまつまでもなく、コミュニケーション過程においては、言語がきわめて重要な役割を果たすことは明らかである。しかし、言葉の源をなす言葉以前のコミュニケーションの手段は、身体表現、あるいは単なる発声であっても、それによってコミュニケーションは可能であった。例えば、ミツバチのダンス、鳥の鳴き声、チンパンジーの音声などの動物コミュニケーションの場合のように、人間のそれ（身振り、手振り）は、自然的ではあったが、より有効に伝達機能を発揮する言語が人為的に発明されたのである。したがって言葉、言語とそれによって表わそうとする思考における思想とは、分離可能なものとして区別することができ、このことは何らかの理由によって言語を使用することができなくなった失語症の人の例からも知ることができる。

心理学テキストによく報告されている軽度の失語症になった人の場合、[12]例えば傘を見て、それがその人の家にある柄の付いた雨の日に拡げて使うものであることが解っていながら、そのものの名前、すなわち「傘」を言うことができない。その場合たとえ「傘」という名前が思い出せなかったとしても、それがその人の家にあるものという理解はその人の思考のうちに成立している。これは見逃すことのできない事実であり、この理解、すなわち柄のついた、雨の日に拡げて使うものという理解こそ、傘についての意味理解にほかならない。したがって、意味は言葉なくして理解されうるのである。

精神医学者ビンスワンガー[13]による次のような症例の報告も、上のような事例の一つといえる。突然、失声症にかかった患者、一少女に対してビンスワンガーは、彼女の内的生活のショックにその原因を見い出し、彼女の声がでなくなったのは、母親の無理な要求に応えられないことを、口で言う代わりに身体で表現をした、一種の身体表現である、というのである。母親の権威によって恋人との仲が引き裂かれたその少女が、母親への反抗の言葉を投げるだけの勇気をもたず、その抑圧された母親の提言に対する拒絶の意味が、身体の一部の機能障害という形式をとって表出されたものというのであり、これをビンスワンガーはヒステリー症の一例として診断したのである。この少女の失声症をビンスワンガーのように理解するならば、このヒステリー症的身体表現は、言葉によって口にすることができたかも知れなかった母親の提言に対する拒絶の意味を、病的な形で表現したことになるのである。この症例をこのように解釈する限りでは、つねに言葉を伴ってではなく、言葉なき心的体験のうちに、母親の提言に対する拒絶の意味が内在していたと、考えることができる。

実際、私たちは日常経験において、心的体験の豊かさに対する言葉の不足、言葉で表現することのもどかしさ、はがゆさを痛感するのである。これらのことを考えると、言葉に先行する心的体験における意味の存在を認めなくてはならない。心的体験における同じ意味があれこれと工夫され、言葉の表現に苦労するということは、言葉なき、言葉以前の思考が人間には体験されているということを、何よりも明瞭に告げているのではないか。

(3)心的体験における意味は、言葉を借りて表現されるとしても、その言葉は一定ではない。私たちは日本語以外にも多くの国の言葉が存在することを知っている。アダム・シャフ自身も述べ、また誰でも気づくように、多くの外国語が自分の国の言葉によって翻訳され、表現されるということは、言語—思考（意味）の不可分的統一の説を否定する一例とみなすことができる。

(4)アダム・シャフは自説を擁護するに当たって、自説と調和しない見解についての批判を行っている。「言語記号における音と意味との有機的統一についてのテーゼを擁護する場合、少なくとも新実証主義的な文献の、ある部分に見い出されるコンベンショナリズムの奇行の導くところの、音と意味との間の恣意的な結合（それがコンベンションによって確定されているという意味における）という構想を鋭く批判しなければならないということは、明白である」[14]と述べる。

このコンベンショナリズムに対する彼の批判は、言語記号が社会的に条件づけられた存在であって、たんなる恣意的なコンベンショナリズムからは独立の存在であることを主張しようとするところにある。新実証主義を形式主義的精神をもった論理主義者として考える彼らは、言語のもつ歴史的、社会的性格を見落としているのだとみなすのである。そして、同一の思想圏（唯物弁証法陣営）に属するルビンシュテイン、ツヴェギンツェフ[15]などの批判的態度を後盾としながら、同一路線の批判を繰り返すのみで、それ以上には批判の論拠を見いだすことができていないと考えられる。

またアダム・シャフ自身の記号類型論によるシンボルあるいは記号と、言語記号との区別によって、前二者はコンベンショナルであるが、言語記号はそうではないという観点からも批判がなされる。結局は言語記号を、社会的に条件づけられた言語―思考の統一体とみなし、固定化することによって言語記号のコミュニケイション過程における機能を自説とする立場を徹底しようとする。ところで一方に言語記号をシンボルとみる立場があり、この見地に立つならば言語記号は心的抽象観念の表現とみることになる。当然これはアダム・シャフの批判の対象になるので、ここでアダム・シャフのシンボル理論に触れておくならば、アダム・シャフはシンボル機能を次のように性格づける。

(1)物質的対象が抽象的観念を代表すること。

⑵その代表は、与えられたシンボルが理解される場合にあらかじめ知られていなければならないような、コンベンションにもとづいていること。

⑶コンベンショナルな代表は、記号による抽象的観念の代表に、すなわち有形的に感覚に訴えるところのものによる抽象的観念の代表に基づいているということの条件を提示している。

例えば、十字架はキリスト教のシンボル、半月形はイスラム教のシンボル、鳩は平和のシンボル、白は純血のシンボル……と言ったようにである。すなわちシンボルは、抽象的観念の代表的記号であって、ついでシンボルの背景をなす意味のコンベンショナルな意義が知られていなくてはならない。かりに東方文化に親しんだことのないヨーロッパ人にとっては、インド舞踊の象徴的神秘的意義を理解することができないようにである。この物質的存在によるシンボル機能の多様性の全範囲は、膨大な広がりをもつものであるが、しかしながらアダム・シャフは、シンボル体系のうちに言語記号を入れない。[16] すなわち、アダム・シャフによれば、言語記号はシンボル体系外の存在とみなされており、コミュニケーション過程における歴史的、社会的存在とみなすことによって、言語記号を主観的観念性とは差し当り切り離した存在として扱おうとしている。

この記号のシンボル性とコンベンショナルな特性がフッサールの記号類型論にとってどのような理論的意味をもつかについては取り上げることをしないで、ただここでは、アダム・シャフの言語記号によるフッサール批判[17]にのみ注目しておきたい。

たしかに、言語が言語として理解されるかぎり、それは意味をあらわす記号であり、そのかぎりにおいて、言語―思考（意味）は結びついた統一を形成している。また、社会的に条件づけられた歴史をもった結びつきということができる。しかし、その結合は、不可分的な統一ではなく、言語をフッサールの言うように物理的側面としての音声、文字と、思考をなす個人の心的体験の両者に区別することができ、それ故にこそ、私たちは、同一の思考内容を他の国の言葉で表現し、相互に翻訳することが可能なのである。そして、根源的には意味は、フッサールのいう個人の心的体験における思想であり、記号が意味をもつのは、意味付与作用を行う人間の思考が介在するからなのである。

これまでに述べたような指摘からだけでも、アダム・シャフの言語―思考の不統一説は支持しがたいのである。したがって、さらにそれ以外に有力な論拠をもってかれの説を支持しようとしても、上のようないくつかの支持しがたい論拠が示されている以上、彼の見解を正当なものとして認めるのを差し控えなくてはならない。またこのような彼の言語記号論が正当であった場合にのみ、フッサールの意味の観念化理論が誤謬として退けられるのであるから、以上の検討を踏まえるかぎり、彼のフッサール批判は不成功に終わったということになるのである。

以上、二つの観点からなされた考察を振り返ってみると、アダム・シャフのフッサール批判は、第一の論点、すなわちすべての記号は意味をもつわけではないというフッサール説に対して「すべての記号は意味をもつ」とのアダム・シャフの提言は制限付きで正当化される。制限付きというのは、フッサールのいう指標を意味ある記号とするには人間の理解が関与せねばならず、アダム・シャフの否定しようとした意味の観念性を容認することになるからである。

第二の論点である「言語以外の記号は、言語に翻訳可能な派生的なもので、思考は常に言語と結びついてのみ行われる」として、言語―意味の不可的分統一を主張し、さらに前者はコンベンショナルであるが、後者はそうではないとして、意味の観念性を批判しようとするが、この試みは失敗に帰したと考えられる。すべての表現は言語に翻訳可能であるかも知れない。しかし、言語に翻訳されなくとも身振り、手振り、という表現をとって相手に意味と意向を伝えることができる。そのかぎりにおいて身振り、手振りも一種の記号の作用をなし、アダム・シャフの第一の論点の正当性が認められる訳である。とは言え、この第一の論点の正当性は、第二の論点の正しさを保証するものではなく、かえって、彼の批判的論議の誤謬性を摘発する資料を提供したことになる。というのは身振り、手振り、シンボル、信号のすべてを意味の表現とみることは、言語なき思考の意味を、言語表現から切り離すことができるので、それによって意味の観念性と独立性が承認される資料を提供したことになるからである。

またアダム・シャフのフッサール批判について、次のような難点が指摘される。かれの第一の批判点によれば、すべての記号は人間の介在によってはじめて記号となり得て、意味をもつことができるということであった。このことを踏まえて、いわゆる「たんなる指標」は意味をもたないとするフッサールの見解を批判したのであるが、このような批判が成立するためには、上にも述べてように、意味の観念性を前提しなければならないということが、必然的に帰結された。にもかかわらす、第二の批判点においては、アダム・シャフは言語と意味の不可分性を強調することによって、意味の観念性を強く否定しているのである。この点にアダム・シャフのフッサール批判の不統一を見逃すことができない、というのが私の言語表現についての一見解である。

言語は確かに発話した個人を離れると社会を一人歩きするようになる。その言語には意味が内含されているが、その実体との関係を離れてしまうと無責任な仕方で言語が横行するのであって、人間関係の信頼を維持するためにも言語が意味をもつようになった根源を見失ってはならないのである。

このような記号論に関するアダム・シャフのフッサール批判は、ある点では正当であったが、最も基本的な点で自己矛盾と不統一を内含しているのではないかという結論にいたったのである。(18)

トウリオ・デ・マーロウは『意味論序説』(19)において、意味論の持つ矛盾を次のように指摘している。すなわち、語が意味内容をもっているということは疑いえない事実であり、意味内容をもっているからには、それは科学的認識論の対象になることができる。ところで一方、語の中には意味内容は存在しない、あるいは存在し得たとしても、合理的に知覚することができないから、それについての科学的認識は不可能という説がある。まさに意味論は可能と不可能との間のジレンマに陥って揺れ動いている、というのである。このようなジレンマの両極に位置づけられる対立の一つがフッサールとアダム・シャフの記号論であり、それがこれまで述べてきたような仕方で尖鋭化される。このジレンマを解き明かすところに意味論の出発点があるように思われる。これをフッサール自身についていえば、特に批判された点は、表現と区別された指標が意味を持たないとするところにあり、一方、アダム・シャフの批判にもかかわらず、なお正当と考えられる点は、意味の本来のあり場所が、人間における心的体験としての意味付与的作用のうちにあるということである。それは意味論の端緒をなすとともに、後にフッサール自身が論ずる個人的体験の個別性から区別される「意味のイデア性、普遍性、一般性などの論理的、学術語」についての問題が課題として提示されるにしても、なお言語表現の心的体験の主体的意味は消えるものではないことを意識しておく必要があるのではないか。

いうまでもなく人間は社会的動物であり、人と人との間を結ぶ社会的手段は実に多種多様に存在する。とりわけ言語は、人間相互の意志の疎通と意向の伝達のためには、不可欠の条件である。言語記号と結合した歴史的、社会的存在としての客観的言語体系の結び目に位置するところの無数の人間関係に関わる言語には、複雑怪奇な絡まりが錯綜している。機械的情報化社会の現代において、言語機能の客観的体系性によって、個人の内面性が押し潰されてしまわないように憂慮して、言語における意味の内的体験性を見失わないように気を遣いたいものである。

注

第一章

1、この言葉はカントの弟子であり、伝記作家であるヤッハマンによって伝えられている。「カントはしばしば私にこう言いました。『わたしの母は愛情に富み、感情が豊かで、敬虔で、そして正直な女であり、また子供たちを敬虔な教えと道徳的模範によって、敬神に導いてくれた優しい母でした。母はたびたびわたしを郊外に連れ出して、神の被造物にわたしの注意を向けさせ、敬虔な喜びをもって神の全能と知恵と慈愛について語り、万物の創造者に対する深い畏敬をわたしの心にしるしました。わたしは決して母を忘れないでしょう。母はわたしのうちに善なる最初の芽を植えつけ、それを育み、そして自然の印象を受け入れるように、わたしの心を開いてくれたからです。母はわたしの理解力を呼びさまし拡大してくれ、そして母の教訓は、わたしの生涯に力ある不断の影響を与えているのです』。この偉人がその母について語るときには、いつも彼の心は感動し、その眼は輝き、その一言一句は、子としての真心から出た敬慕の情に満ちていました」。母はカントが十三歳の時に亡くなっている。ボロウスキー、ヤッハマン、ヴァジャンスキー共著『カント―その人と生涯』芝烝訳（創元社　1968）127頁。

2、『美と崇高の感情に関する観察』（Beobachtungen über das Gefühl des Schönen und Erhabenen〈1764〉）の覚書。

3、『脳病試論』（1764）（ケーニヒスベルグ学術政治新聞）。

4、批判以前の諸著作として例示したのは、主要な研究成果のみである。

5、Immanuel Kant: Kritik der reinen Vernunft.（1781）.（A19）（B33）.

6、S. Körner: kant. 野本和幸訳。

彼は而上学的衝迫について述べ、形而上学的瞬間なるものと、数学、自然科学との差異について取り上げることから始めている。「カントの時代にも、そしてカントのライフワークにもかかわらず、われわれの時代にもまた、多くの明敏で有力な思想家たちが、形而上学とは無意味な文の集まりであって、そうした無意味な文の発言へとわれわれを導きうるに過ぎない探究なのだということを信じ、教え、説教までしている」としてヒュームに触れている。

7、Immanuel Kant: Prolegomena (1783).
Wie ist Metaphysik als Wissenschft möglich?
「如何にして学としての形而上学は可能であるか」の問いを立て次のような回答をだす、「理性の素質として形而上学が存在していることは事実的であるが、しかし、形而上学はそれ自身においても（第三の主要問題の分析論が証明するように）弁証論的であり、偽瞞的である。それ故に、このような形而上学から原則をもとめようとし、またそのような原則の使用において自然的ではあるが、それにもかかわらず虚妄な仮象に従うことが（によって）産出することの可能なものは、決して学問でもなくして、それは、ただ空しい弁証法的技術をもたらすにすぎない。ある学派が他の学派に優越することがあるとしても、決して一つの学派が正当にして永続的な賛同を得ることはできないのである」。S. 365

8、S. ケルナー：kant. 野本和幸訳（1977）（みすず書房）24頁。

9、S. ケルナー：kant, 183 頁。

10、Kant: Kritik der reinen Vernunft (1781) S. 400.

11、『判断力批判』（1790）の八六節に「倫理神学（die Ethikotheologie）」という表題が登場する。このテーマには倫理と神学の関係の取り扱いが示唆されている。その核心をなす理論は、物的目的論と道徳的目的論の統合を神的存在の理念によって充実させようとするものと理解される。論述の過程の要点を辿っておくならば、まず人間が世界へ関わる仕方が指摘される。複雑な諸様相を提示する世界（万物）にとって、人間が存在して関わることがなかったとするならば、万物はたんなる砂漠（Wüste）となってしまうであろう。すなわち、いたずらに究極目的の存しないものになってしまうであろうというのである。とは言っても人間が世界の中心にあって秩序を造り出すというのではない。それは、人間の有限な認識能力（理論理性）によっては不可能であって、すでに究極目的が与えられていることが前提されていなければならない。創造の究極目的が与えられているとしても、それは快の感情、及びその総和との関係によって与えられたのではない。快楽がもたらす幸福に真の価値の概念を与えることはできないからというのである。残るのは欲求能力（das Begehrungsvermögen）のみである。この欲求能力は感性的動機によるものではなく、人間の自己自身が行為する主体において成立する自由な、善なる意志に価値が置かれるのである。「一つの善なる意志は、それによって彼の存在が始めて絶対的価値を有し、またそれとの関係において、世界の存在が一つの究極目的を有することのできるところのそれである」というのである。要するにかくして「道徳的目的論は物的意味のそれの欠陥を補充し、しかして、始めて一つの神学を基礎づけることができる。そうでないならば、神学は自然の恐怖が神を産み出したという鬼神論（Dämonologie）を基礎づけるに終わってしまうであろうというのである。この倫理神学のさらなる展開が宗教論の「純粋宗教信仰」に連続していると解釈することができるのではないか。

12、カントの道徳性への関心はルソーの『エミール』（1762）によって『人間を尊敬することを学んだ』と後年に告白するごとくに人間性への関心と共に早期に胚胎していたと考えられるが、一七七二年に初めて「道徳性の第一の根拠」についての詳細な構想のあることがヘルツ宛書簡に示されている。『道徳形而上学の基礎づけ（Grundlegung zur Metaphysik der Sitten）』が出版されたのは一七八五年三月であって、道徳論の主著『実践理性批判（Kritik der prktischen Vernunft）』は一七八八年一月に刊行されている。黒積俊夫著『カント解釈の問題』（2000）によれば上掲二著の段階では「倫理学」の術語は使用されてはいなくて、一七九七年の『人倫の形而上学』（Metaphysik der Sitten）の第二部「徳論の形而上学的基礎」（Metaphysische Anfangsgründe der Tugendlehre）によって「倫理学」の内容が確立したという興味深い指摘があるが、学術用語としても、カントは「Metaphysik der Sitten」の第一部には「法哲学」をもって当てている。ドイツ語の「Sitte」はもとは習俗を表し、一定の共同体の精神的風土（エトス）を意味すると共に、そこから発生する社会的習慣を意味している。Sitten の形而上学が社会的習俗を含めた意味での一般的道徳の人間理性における根源的な面を明確にしたものということができる。さらに『人倫の形而上学』では、「徳論」として「法論」と区別された領域をもつところに、前二著においては形式的無内容であった道徳論に「内実」が与えられたと見ることができるのである。

13、I. Kant: Grundlegung zur Metaphysik der Sitten (1785).
以下、G. M. S. の略号を使用する。

善意志を実践理性によって根拠づけようとするカントの意図を次の文章は適切に表現している。断片を引用しておくならば、「すべての命法は『ein Sollen』によって表現され、この言葉によって、理性の客観的法則のある種の意志への関係を表示するのである。その意志は主観的性質のために、かならずしも必然的として規定されるのではない（強制）である。命法はあることを為すのは善である、あるいはあることを為さないのが善であると言明する。しかし、命法が、あることを為すのが善であると意志に指図をしたとしても、そのことを必ずしも為さないような意志なのである。しかしながら、実践的善とは、理性の表象を介して意志を規定するもの、したがってまた主観的原因によってではなく、客観的に、すなわち、あらゆる理性的存在者でありさえすれば、いかなる存在者にも妥当するような根拠にもとづいて意志を規定するのである。実践的善は、快適（Angenehmen）とは異なる。快適は、まったく主観的な原因にもとづき、感覚を介して意志に影響を及ぼすのである。しかしこのような主観的原因は、人ごとに異なる感覚だけに妥当するのであるから、すべての人に例外なく妥当する理性の原理のようなものではない」。（レクラム版）S. 57.

14、**I. Kant: Kritik der praktischen Vernunft (1788) S. 48.**

以下、**K. p. V.** の略号を使用する。

15、この『道徳原論』の命題は誰によっても認められるところである。

16・17、人格を目的として扱うことについてカントは四つの事項を挙げている。『道徳原論』の第二章参照。

① 人間の人格は目的自体として尊敬すべきである。したがって私は、私の人格のうちに厳存する「人間」を勝手に処分したり、これを傷つけたり、台無しにしたり、あるいは殺したりすることはできない。

② 他人に対する必然的な、あるいは責任ある義務について言えば他人に偽りの約束をしようともくろんでいる人は、他人をたんに手段として利用しようとしているだけである。

③ 人間性には現在よりももっと完全なものになろうという素質がある。これらの素質は、行為的主観に存する人間性に関して自然のもくろんでいる目的に属する。このような自然的素質を放置して顧みないのは、目的自体としての人間性を保存するの留まっている。ここにもカントの自然の目的性の概念が示されている。

④ 人間のもつ自然的目的は、自分自身の幸福にほかならない。他人に対しては他人の幸福に寄与しないまでも、これを故意に損いさえしなければ安全。しかし、各人が、他人の目的をできるだけ促進することに努めないとしたら、目

的自体としての人間性と消極的に一致するだけで、積極的に一致するものでない。つまり、各人は、相互に相手を人格として尊重し、助けあうのが人間の義務とする。

18、I. Kant: K. p. V., Vgl. §7.
カントは経験的直観以外の超越的対象への直観をみとめてはいない。知的直観ならば、分析的であったとしても創造的内容をもたせることができる。但しその場合の「知的直観」は、「神的直観」を意味するので、人間には与えられてはいない。

19、I. Kant: G. M. S., S. 107.
道徳的理性の自由が問題になるなかで、「自由」と「べし」の関係が問われる。自由とは「われは欲する」として、「欲する」と「べし」の関係について次のような言葉がある。「このべしは本来欲することである。この欲するは、この条件のもとではすべての理性的存在者にとって例外なく妥当する。ところが我々のように、他の種類の動機であるところの感性によって触発されるような存在者にとっては、理性がそれ自身のみで行為するということが、つねに実現するとは限らないのである。したがって、我々のような存在者にとっては行為の必然性は『べし』を意味するのであって、主観的必然性は客観的必然性からは区別される」、とこのように感性による行為の動機づけを考えるならば、意志は自由であり、我が欲するのでありながら、「ein Sollen」の形式をとる。

20、ibid S. 29.
「善意志はそれが実現し、成就するところのものによって善なのではない。また有効性によって、何か所期された目的を達成するに役立つから善なのではない。それは意欲する（das Wollen）ことによって、すなわちそれ自体として善なのである。善意志は、ただそれだけとして見ても、何か一つの傾向性を、もし望みおあればいっさいの傾向性を満足させるために為すことができるかも知れないすべてのものよりも、比較できないほど高く評価されるべきである」。

21・22、I. Kant: K. p. V., Vgl. §7.

23、I. Kant: Die Religion innerhalb der Grenzen der bloßen Vernunft (1793)、以下、R. G. V. の略号を使用する。Vgl. S. 7.

24、I, Kant: R. G. V., S. 191.

第二章

1、ヤスパース・リクール・他著『キェルケゴールと悪』大谷長監訳（東方出版　1982）170頁。

2、上掲書　162頁。

3、上掲書　167頁。

4、キェルケゴール著『不安の概念』斎藤信治訳（岩波文庫　1965）。

　キェルケゴールの倫理的なものについての理念を抽出しておく。『不安の概念』において罪の心理学的取り扱いの不可能を述べて、「罪の概念には真剣さが対応する。罪がそこにおいてさし当りその場所を見いだすべき学問は倫理学であろう、と考えられるかも知れない。しかしこの点には非常な難点がひそんでいる。倫理学はなお観念的な学問である。……倫理学は観念性を現実性のなかに導き入れようとしているのであって、逆にその運動が現実性を観念性にまで高めようとする方向をとってはいない。倫理学は観念性を課題として掲げて、人間がそのための諸条件を所有しているものと前提している。これによって倫理学はひとつの矛盾を展開することになる、というのは、倫理学によってほかならぬ困難と不可能が顕わにせられるにいたるからである」（24頁）と、このように、倫理学における観念性と現実性との矛盾が指摘され、第一倫理学の挫折を引き起こすのである。

5、Sören Kierkegaard: Der Begriff Angst (Übersetzt von E. Hirsch) (1958).

　「第一の倫理学は個体の罪性（die Sündigkeit）において難破した。それゆえに罪性が明瞭にされる地点から隔てられたのみならず、困難性が一層大きくなり、倫理的に一層謎めいたものにならねばならなかった。個人の罪が全人類の罪性にまで拡げられた。そこへ教義学がやってきて原罪をもちだして助けてくれたのである。新しい倫理学は教義学を前提し、そこから個人の罪を説明する。それは同時に観念性を課題として立てるのである。そのさい倫理学は上から下への運動ではなくして、下から上への運動においてなすのである」と原罪教義を前提とする第二倫理が提唱される。

6、『キェルケゴールと悪』134頁。

7、『キェルケゴール講話・遺稿集』第六巻（理想社　1964）。

8、感性と罪性と自由との関係が難しい。カントは感性を罪とはみてはいないが、キェルケゴールは堕罪と共に感性が罪性となったと言っているので、ここに両者の相違を見とることができる。ただ両者ともに堕罪を自由との関係において捉えているところが共通している。『不安の概念』（斎藤信治訳）から関連事項をみれば、「『かの物語はお前のことを言っているのだ』、その際、急所すなわち、個体的根源性が捨て去られて、個体は無造作に人類並びに人類の歴史と混同されている。我々は感性が罪性というのではなく、罪が感性を罪性たらしめるというのである。さて我々がその後の個体のことを考えるならば、たしかにかかる個体は、そこにおいて、感性が罪性を意味しうることが顕わになるところの歴史的環境をもっている。個体それ自身にとっては感性が罪性を意味してはいないにしても、かかる知識が不安を増し加えることになる。いまや精神はただ感性に対してのみならず、さらに罪性に対して対立的な関係に立たされることになるのである。」124頁。本文の引用196頁。

9、**Sören Kierkegaad: Der Begriff Angst,**（ヒルシュ版）S. 161.

10、『キェルケゴール』桝田啓三郎訳。世界文学大系27（筑摩書房版　1961）ルードルフ・カスナー、大山定一訳　399頁。

11、判事ヴィルヘルムは『あれか・これか』（1843）の第二部に登場する人間で、倫理的人生の典型的な存在である。

12、キェルケゴール著『愛について』芳賀檀訳（新潮文庫　1987）。

13、I. Kant: R. G. V., S. 191.

14、ibid. S. 170.

“Religion ist (subjektiv betrachtet) die Erkenntnis aller unserer Pflichten als göttlicher Gebote”

15、浜田義文編著『カント読本』（法政大学出版局　1989）310頁参照。

16、I. Kant: R, G, V., S. 17.

17、ibid. S. 42.

18、ibid. S. 57.

第三章

1、I. Kant: Beobachtung üdre das Gefühl des Schönen und Erhabenen (1764).

イマヌエル・カント著『美と崇高との感情性に関する観察』上野直昭訳（岩波文庫　1953）9頁。

2、I. Kant: Kritik der Urteilskraft (1790). 以下、K. d. U. の略号。

Schön ist, was ohne Begriff als Gegenstand eines notwendigen Wohlgefallens erkannt wird. S. 82.

3、今道友信著『美について』（講談社現代新書　1973）。

ミメーシス（模倣的再現についての解釈）を参考。

「芸術の理念として芸術を喚び起こしてくるものは、古代ギリシアにおいては、有名なミメーシス、すなわち模倣であるが、それは人間が見た形を、また聞いた声を、忠実に物質現象の上に再現するということである。ところで、その対象となるものは何なのであろう。プラトンも注意している通り、ホメロスのような一流の詩人は、神々の通訳である（『イオン』五三五a）から、何をミメーシスするかといえば、普通の人間には聞くことのできない神の言葉をきいて、それを人間の言葉に模倣的に再現するというので、芸術とは神が体験する美しいものを、人間に可能な道具を使って模倣するという構造になっている。つまり、第一級の再現の対象となるものは神的なものである。ここにそれ自体美であり信であるものが芸術の対象であるという考え方の基礎があるといってよい。」（83頁）。

4、I. Kant: K. d. U., S. 39.

「ある物が美であるか、そうでないか……（本文にあり）……趣味判断はそれゆえに、論理的ではなくして、直観的（美的）である。直観的とは、その根拠が主観的以外ではありえないところの判断をいうのである。したがって、諸々の表象が含む関係は、感覚のそれでさえも、客観的でありうる（そうしてその場合、この関係は、一つの経験的表象における実在的なるものを意味する）、ただ快、不快の感情への関係のみは、客観的ではありえない。この関係によっては客体におけるなにものも指示されず、ただ主観がそこにおいて、表象によって動かされるままに、自ら自己を感じるのである」。

5、ブルーノ・バウフ著『イマヌエル・カント　人とその思想』小倉貞秀監訳（以文社　1988）。

バウフは、カントとシラーについて、芸術をもつ存在としての人間の特性をもって根本思想となすところの哲学者として紹介する。

「……かくしてカントは、『無関心の満足』としての美的満足を、快適なものにおける満足から、ならびに善なるものにおける満足や、『自体的に善なるものにおける満足』から、また『何かのための善なるのも』、あるいは有用なるものにおける満足から区別することができる。これらの満足は、なるほど関心があるときには感覚に、他のときには概念にかかわり、すなわちあるときは感性的、他のときは実践的であるということによって区別されるが、しかしながらそれらがまさに一般的に関心づけられ、すなわち欲求に関連づけられているという点において一致している。それゆえ快適なものが楽しまれ、善なるものが尊重されるのに、美的なるものは『単に気にいる』という固有のものそれ自体をもつ。それ故カントは次のようにいうことができる。すなわち、快適さは理性を欠いだ動物にとっても妥当する。美はただ人間にとってのみ、すなわち動物的ではあるが、しかし理性的な存在者（だがまたこのような存在者『例えば霊』としてのみならず、同時に動物的な存在者として）にとって妥当する。しかし善なるものはあらゆる理性的存在者一般にとって妥当する。……芸術美のみへの美的なるものの関係が、単に動物的な機能や概念的な機能へと向けられて、それ故シラーにおいて次のように言い表していることは同じカントの根本思想である。」154頁。

6、上掲書（注3）からギリシア語のカロス（καλός）の意味についての解釈を参考とする。（214頁）。

「ひとびとは、美を論ずると言えば、ほとんど常に、芸術美のみを念頭に浮かべるが、私の考えでは、芸術において美を練習することによって、生き方の美を学んでゆくのではないかと思われる。その意味において、美について考察することは、芸術について考えるに留まらず、人間の最高の徳について考察することに外ならない。このことを見逃してはならない。そして、この考えは、また、プラトンの哲学に繋がることにもなる。というのはギリシア語で『美しい』にあたるカロスは、はなはだ広い意味を有し、単に『きれい』とか一般にひとびとの語る『美しい』とかの領域をも含みはするが同時に、後にアリストテレスがその『詩学』第七章で『美は一定の大きさを必要とする』と言っている位であるから、日本の古語ではむしろ『うるわし』にあたる『堂々とした』とか『崇高な』という意味に当たる言葉にこのカロスを用いていて、その中性名詞形の美（カロン、τὸ καλόν）は、善（アガトン、τὸ ἀγαθόν）と並んで最高の理念であった」。著者の指摘する個所で、プラトンの『饗宴』を引用すれば、「つまり地上のもろもろの美しいものを出発点として、つねにかの美を目標としつつ、上昇してゆくからですが、その場合、階段を登るように、一つの美しい肉体から、二つの美しい肉体へ、二つの美しい肉体からすべての美しい肉体へ、そして美しい肉体から数々の美しい人間の営みへ…」『饗宴』二一一C田中美知太郎訳。

7、I. Kant: K. d. U. §6. S. 48.

8、Ibid., §15. S. 66～69.

9、『アリストテレス全集』第三巻・出隆・岩崎允胤訳、(岩波書店) 76頁。

10、上掲書(注5)自然に対する目的論と機械論に関連して。

「ここで、一般的な進化論について述べることを今や先取りしようとはせずに、個々の具体的な実例に即して、すなわちともかく生物学的な学問においてしばしば十分に—ダーウインやヘッケルやヴァイスマンによって—論じられたので、われわれはそれにおいていわば生物学的な範例をもっているが、そのような一定の生物学的な現象に即して、二つの見地の合一を明らかにすることをあらかじめ承諾していただきたい。例えば厳しい気候において生活する哺乳動物の密集した毛皮は疑いもなく合目的な現象である。このそれ自体合目的な自然の事実を、しかしながら自然科学はおそらく目的論的な合目的性の根拠から説明してはならないので、ただ機械的に説明してよい。それゆえ事実と事実の説明は、最初から厳密に相互に区別されるべきである。だから事実がたとえ合目的であるにしても、事実の説明は(自然科学的には)それ自身、目的論的である必要はないのである。それゆえもしわれわれが問題となっている事実を言明しようとすれば、この事実が適応現象であると言うことは十分ではないのである。というのは、それどころかそれ自身すでに、優れて目的論的な概念(多くの人々はそのことをただ知らないかあるいは理解していないのだが)であるが、しかし決していかなる説明要因でもないからである。しかしながら適応は、何らかの動物種の保存にとって合目的な目的論的な契機として、われわれに同時にその合目的的な生存の仕方にとっての機械的な条件をもとめるための標準点をあたえる」(179頁)。カントは趣味によって花を愛でる場合には、植物学者でさえも自然目的を離れて楽しむのであり、ここに美的直観をおくのである。

11、I. Kant: K. d. U., §40, S. 144～147.
12・13、ibid., Vgl. §40.
14・15、ibid., Vgl. §17.
16、ibid., Vgl. §17.

「人間を内面的に支配する道徳的諸理念の可視的表現は、確かに経験からのみ得られうるのである。しかしわれわれの理性を、最高の合目的性の理念において、道徳的善と結びつけるところのすべての結合は、そのためには、理性の純粋理念と想像力の偉大な力とが結合されていることを必要とする。道徳的善とは心の良さ、純潔、強さ、平静などであり、それらを身体的表出（内面性の結果としてではあるが）において可視的にするためには結合の力を必要とする。それらを単に判定しようとする者においても、またこれを表現しようとする者においても尚更のことである。このような美の理想の正当性は、次のようにして。すなわち、その客体についての満足のなかに、いかなる感性的刺激の混入も許さないということ、それにもかかわらず、それが大いなる関心を、客体にいだかせるということによって証明せられる。このことはしかも同時にこのような標準に従う判定が、決して純粋に美的ではありえないこと、美の理想による判定が単なる趣味によるのではないことを証明する」（S. 77）。

17、ibid., §23, S. 87.
18、ibid., §23. S. 87.
19、ibid., §24. S. 90.
20、ibid., §23. S. 89.
21、ibid., §26. S. 101.
22、ibid., §28. S. 105.
23、ibid., §29. S. 112.
24、ibid., §59. S. 213.
Nun sage ich:das Schöne ist das Symbol des Sittlichguten.

25、R. G. V., S. 117, Es ist nur eine (wahre) *Religion*; aber es kann vielerlei Arten des *Glaubens* gehen. —Man kann hinzusetzen, daß in den mancherlei sich der Verschiedenheit ihrer Glaubensarten wegen voneinander absondernden Kirchen dennoch eine und dieselbe wahre Religion anzutreffen sein kann.

（真なる）宗教は一つしかないが、信仰にはいろいろな様式がありうる。——さらにつけくわえれば、種々の教会は信仰様式が違うためにたがいに分かれていても、しかしそのような相違のうちにも同一の真なる宗教を見いだせるのであるというのが、カントの考えの骨子ということができる。

26、ibid. §28. S. 109.

27、ibid. §28. S. 109.

28、I. Kant: Briefwechsel, S. 135.

29、エチエンヌ・スリヨ著『美学入門』吉田幸男・池部雅英訳（法政大学出版局　1980）。

「この理論は、カント的であることは繰り返し言う必要はあるまい。カントの主要な美学的作品の題名が『判断力批判』であることは意味のないことではない。カントがロマン主義の黎明期に生きたこととか、ロマン主義、特にドイツロマン主義には、（良き趣味）という古典主義のあの本質的公準に対する、猛烈な、きわめて意識的な反発が含まれていることを忘れてはならない。当時、人々がしばしば反抗していたこの（良き趣味）は、文化的には、多かれ、少なかれ、フランス的趣味と同一視されていた。だが、ここには非難さるべき短絡がある。既にみたように、フランス古典主義が（良き趣味）にアッピールしているのはたしかな事実である。フランスの古典主義は、芸術家にとってなによりもまず重要なことは選択すること、美しい本性を弁別すること、そしてあらゆる過度に対抗する中庸主義的なもろもろの手段によってこの本性だけを表現することである、と規定する。まさにそれ故にこそ、その反発としてカントは断乎として、崇高なるものの過剰を美に対置するのだ。」49頁。

第四章

1、『キルケゴール』世界文学大系27　桝田啓三郎訳（筑摩書房版　1961）57頁。

2、『あれか－これか』（1848）で提起された審美的と倫理的、もしくは快と義務の選択に当たって、倫理的実存の第二部がまず執筆された。第二部のヴィルヘルム判事の職業と結婚生活は、第一部の審美的詩人の可能性でもある。倫理的人生の意義を詩人に語って聞かせるが、詩人にとっては退屈なだけである。

3、工藤綏夫著『キルケゴール－人と思想』（清水書院　1966）49頁。
「この母について、彼女の孫娘ルン（Henriette Lund）は、つぎのように書いている。『ありきたりの、そして愉快な気質の、愛すべき小さい婦人。子どもたちの進歩と高い飛翔は、彼女には、彼女が安楽に感じていて、そこに子どもたちをひきとめておきたいと思った場所から、飛び立って行くことのように思われた。それだから、病気などでかれらが彼女の保護のもとに帰って来なければならなかった時ほど彼女の機嫌のよいときはなかった。そのときには、彼女は喜んで支配権をふりまわし、牝鶏が雛にするように、かれらを居心地よく世話をしてやるのだった。』

4、『キルケゴール著作集』18・久山康訳（白水社　1979）。
『野の百合・空の鳥』の出版、一九四九年五月五日の「序言」で、「匿名の著作が今も昔も左の手で差し出されているのに対して、右の手で差し出されているごとく受け取るのである。セーレン・キルケゴール」。『旧約聖書』によれば、「右手」は神の祝福を授ける手として考えられていた。

5、『野の百合・空の鳥』の訳者は「西谷啓治先生の御教示を得た」の注記を加えていた。ヒルシュの独訳で西谷先生のキェルケゴールのゼミに参加したときのことが想起される。特に宗教性の段階から、再び美的実存への回帰、反復の可能性については、しばしば繰り返し多角的に取り上げておられたことが心に残っている。

6、著作年次から言えば、第一部が一八四九年の著作で、第二部の方が一八四七年で、二年前のことになっている。この第二部のテーマは、『さまざまな精神における教化的講話』のなかでの第一部「時に応じての講話」に対する第二部の「野の百合と空の鳥から何を学ぶか」である。その第三部が「苦難の福音、キリスト教的講話」となる。さらにその二年後に第一部「空の鳥をみよ、野の百合をみよ」を併せて、既刊の内容を第二部とし、著作のタイトルを『野の百合と空の鳥』としてC・Aライツェル書店から出版されたので、キェルケゴールのキリスト教への思索の深化は一部と二部とでは逆構成になっていて、後者がより一般的である。

7、『聖書』新共同訳（三省堂印刷　1988）マタイ伝福音書　六の二六。
8、使徒行伝、二の三四・三五。
9、S・キェルケゴール著『野の百合・空の鳥』久山康訳、302頁。
10、マタイ伝福音書、一の二九。
11、上掲書（注9）308頁。
12、上掲書　184頁。
13、上掲書　202頁。
14、上掲書　219頁。
15、上掲書　221頁。
16、マタイ伝福音書、六の二四。
17、上掲書（注15）219頁。
18、上掲書　240頁。
19、マタイ伝福音書、十一―二八。
20、S・キェルケゴール著『キリスト教の修練』、以下『修練』杉山好訳（白水社　1881）39頁。
21〜24、ibid. S. 38〜40.

第一部「招きのイエス」から第二部「躓きのしるしとしてのイエス」への移行に先立つ修練の言葉は宗教性の内実を明らかにする。「各人がそれぞれに、神のみ前に魂を黙さしめ、まことのキリスト者であることの厳しさの前に頭を垂れてへりくだるべきである。そして自分がどのようなものであるべきか神のみ前に真実に告白し、どんな不完全な人に対しても（とはすなわち、すべての人に対して）さし出される恵みを、それにふさわしい態度をもって受くべきである。そのことを、そしてまたそのことだけを教える。そのほかは、仕事にいそしんでその喜びを得、子供たちを育て、隣人を愛し、そうして人生を楽しむがよい。もしもそれ以上のことが自分に要求されるならば、神はそれをも示し給い、そしてまたそれを行う力をも与えたもうであろう」。キリスト者としての一般的人生が描かれて、それ以上のことは神の意志に委ねられているといえる。
25、マタイ伝福音書、十一の六。
26、マタイ伝福音書、二六の六四。
27、『修練』 140頁。
28、ヨハネ伝福音書、十二―三二。
29、『修練』の第三部。219頁。
「かれは高きところから、すべての人をみもとに引き寄せたまう」。
30、上掲書 264頁。
31、第一コリント書、二の二参照。
32、『修練』 269頁。
33、上掲書 274～275頁。
34、上掲書 275頁。
35、第一コリント書、一―十三。
「あなた方を襲った試練で、人間として耐えられないような試練に遭わせることはなさらず、試練と共に、それに耐えられるよう、逃れる道をも備えていてくださいます」。
36、マタイ伝福音書、二七の四六。
37、『修練』 290～292頁。
「ああ、自分が楽しく陽気に暮らしているのなら、あるいはすくなくとも、平穏無事に暮らしているのなら、そのような出来事について読むこともできよう。たぶんまた語ることもでき、さらにその話がとうとうと流れて行くのにあわせて涙を流すことさえもできるであろう。しかしその人自身の心の奥底はどうかといえば、おそらく平静であり、いま語っている事柄に当人自身は少しもとらえられていないのだ。だが苦しみの洗礼をすでに受けた人は、事態を最もよく理解できるに違いない。とはいえこの場合にも、理解以上に事態そのものが、その本人の胸を締めつけるほどぎりぎりのところにまで肉迫しているのである。それでもかれは、まだ卒業ではない。彼は言うのだ、『このみ姿を手放す？いな、それはできない』」。

38、ヨハネ伝一二―三二参照。

39、『修練』300頁。

第五章

1、道徳と宗教の語義に関連した一般的理解を得ておく。

道徳を道と徳に分け、道に重点を置けば筋道、あるいは道理の意義をもち、人倫の理法を意味する倫理と殆ど同じ用法となる。徳に重点を置くならば、道理を実現しようとする主体の態度となる。「徳は得なり、身に得るなり」（『礼記』）といえば、道を内面に宿すことによって道理を体得する。各人が道理を体得するならば、社会生活において人倫の理法が実現し、相互の利益を守ることができる。徳を得の利得の概念と結びつけるならば、その点において徳と福の一致が道徳の理想となる。これがいはば東洋思想から生まれた道徳の意味であると言ってよい。西洋思想では、徳は古代ギリシアの aretē に由来する。ものの勝れた性質の意味から人間としての卓越性の意義を与えたのがソクラテス。ドイツ語の Tugend の taugen は、役に立つことに由来するので、アレテーと同様にものの有用性、卓越性から転じて人間性の意味となる。倫理はアリストテレスによって風俗、習慣のエトスから人間の品性を表わすエートスとなる。善きエートスが徳である。moral, Moral, morale は、ラテン語の風俗、習慣を表す mos, mores に由来し、そこから個人の品性を表す徳性の義となる。ドイツ語の Sitte は風俗、習慣から Sittlichkeit、即ちジッテをジッテと為すところの個人の品性が問題となる。このように風俗習慣の社会的条件を踏まえて人間の主体的品性を意味するのが道徳、倫理ということになる（金子武蔵編『新倫理学事典』）。ところで人間はその本性において不道徳的、非倫理的傾向性を有するが故に、人間性の堕落を阻止しなくてはならない。あるいは堕落した状態からの復活が希望される。そこで道、あるいは倫理の宗教性への関連の問題が浮上するのである。日本語で宗教というとき「宗」のもともとの意味は神を祭る建物のこと、その神が祖霊となり、また仏教思想の伝来によって建物の本体は多元化されるが、偉大なるものの教えに導かれて人間性を養うということ、それが宗教となる。ラテン語の religio に語源をもつ Rerigion は神に背き、神から離れた人間を再び神に結びつけることを意味する。このようにして倫理の宗教への関係が問われてくることになる。

2、I. Kant: Die Religion innerhalb der Grenzen der bloßen Vernunft (1793)、以下、R. G. V. の略号。S. 3.

3、ibid., S. 4.

4、ibid., S. 5.

5、ibid.. S. 6.

6、ibid., S. 5.

7、ibid., S. 5.

8、表題は省略したが原題は次のようである。

(1) Von der Einwohnung des bösen Prinzips neben dem guten: oder über das radikale Böse in der menschlichen Natur.

(2) Von dem Kampf des guten Prinzips mit dem bösen um die Herrschaft über den Menschen.

(3) Der Sieg des guten Prinzips über das böse und die Gründung eines Reiches Gottes auf Erden.

(4) Vom Dienst und Afterdienst unter der Herrschaft des guten Prinzips oder von Religion und Pfaffentum.

9、I. Kant: R. G. V. S. 25.

(1) Die Anlage für die Tierheit des Menschen als eines lebenden.

(2) Für die Menschenheit desselben als eines lebenden und zugleich vernüftigen.

(3) Für seine Persönlichkeit als eines vernünftigen und zugleich der Zurechnung fähigen Wesens.

10、I. Kant: G. M. S. Vgl. kap. 2.

11、I. Kant; R. G. V. S. 28.

この言葉は、第一篇の注解（Anmerkung）IIの冒頭にある。素質と区別された傾向性の意味規定は重要なので、カントの言葉によって少し補足をしておく。「性癖（Hang）が素質（Anlage）と区別されるのは、前者が生得的でありうるにしても、そのようなものとして表象されてはならないのであって、（それが善くある場合には）習得（erworben）したものであり、（それが悪である場合には）自ら招いたものとしても考えることができるという点で、素質とは異なるのである。……ここで問題のされているのはただ本来の悪—言い換えれば道徳的な悪—への性癖のみである」とあるようにカントは道徳的悪のみを問題にする。

12、I. Kant: R. G. V., S. 30.

ここで悪への性癖の三様が指摘されている。(1)人間の本性（Natur）の虚弱さ（Gebrechlichkeit）、(2)人間の心（Herzen）の不純さ（Unlauterkeit）、(3)人間の心（Herzen）の悪癖（Bösartigkeit）、あるいは腐敗（Verderbtheit）と言ったほうがよいかも知れない、としてさらに、第三のそれは、「道徳的動機からの動機を、他の（道徳的ならぬ）動機よりも下に置くべき格率を採用しようとする意志の性癖であるとしている。それは人間の心の顛倒（Verkehrtheit）」とも呼ぶことができる。

13、I. Kant: R. G. V., S. 31.

ところでこの第二の条件であるが、心の不純さというのは、どのようなことなのか。カントによる実例はないけれど、『道徳原論』でのべていたような、困窮者を助けようとして、反道徳的行為をした場合、心情的には許されても道徳的善ではない、といった場合などが妥当的な事例であろうか。また行儀のよい（gute Sitte）人間と人倫的に善い人間（sittlich gute Menschen）との間について、行為と法則との一致の関係では区別はないが、ただ行儀のよい人間が常に道徳法則を行為の動機としているとは限らないので、このような場合には心が道徳的に純粋ではないと考えられるのである。

14、I. Kant: R. G. V., S. 44.

15、ibid., S. 44～45.

16・17、カントの堕罪物語の解釈を安倍能成訳『カントの宗教哲学』（岩波書店　1932）から引用しておく。

「聖書はこの不可解をば、我々人間の悪性の更に立ち入った規定と一緒に、歴史物語において下によって表現している。即ち、悪をば世界の始めにではあるが、しかし未だ人間においてではなく、本来は崇高なる性分を有する一つの精霊のなかに、人間に先だって存したとしている。されば上によってあらゆる悪の第一の初めは、総じて我々にとっては不可解なるものとして（何故なればかの精霊の中に何処から悪が来たろうか?・）、然し人間はただ誘惑によって悪へ堕したとして、その故に根本から（即ち善への第一の素質から見てまで）腐敗したのではなく、誘惑する精霊に反対して尚改善に耐えうるものとして、換言すれば、肉の誘惑が彼の罪を緩和するために考慮に加へられ得ないような存在者として表される。かくて腐敗する心情にもかかわらず、依然として善なる意志を有するところの人間には彼がそこから外れた善への復帰の希望が残されている」というのが、カントの原罪解釈である。

18、アルセニイ・グリガ著『カント―その生涯と思想』（1995）西牟田久雄・浜田義文共訳（叢書・ウニベルシタス 128）。

グリガは、カントをドストエフスキーとトルストイに対して対話をさせているので、その一端を紹介しておくことにする。

「カントとドストエフスキーとの思考の一致を私はどこにみているのか。彼らは自由な人格性の観念という主要点において一致している。カントの見解について我々は知っている。即ち、自由は義務の遵奉であり、義務の法式は他人の幸福を内容とする。今度はわれわれはドストエフスキーの見解を聞いてみよう。『はたして人格性の放棄のなかに救いがあるだろうか。反対だ。全く反対だと私は思う。無性格であってはならないだけでなく、まさしく人格にならねばならない。しかも西欧で今日観察されるよりもずっと高い程度においてである。私を正しく理解してほしい。自発的な、完全に意識的な、何者にも強制されない、万人のための自己犠牲は、私の考えでは、人格の最高の発達の印であり、人格の最高の力、最高の自己支配、自己の意志の自由の印である。……キリストの教えは、カントにとっても、ドストエフスキーにとっても、道徳的人格の理想の最高の体現である。それはカント倫理学の述べるところである。ドストエフスキーの哲学的傑作『大審問官の話』は、カントと同じ問題を論じ、重要な点でそれを補っている。……カントは道徳的革命の経験を通じて人間を尊敬することを学び、ドストエフスキーは、人間を愛することを学んだ。それもすべての人を一緒にして、全人類に対してそうしたのではなく、自分の傍らにいる一人一人の人に対してそうしたのである、カントの格言『道徳性なき神は恐るべき』に対し、ドストエフスキーのは『神なき良心は恐ろしい』と」。

トルストイは晩年に『たんなる理性の限界内の宗教』を愛読者の一つとした。「カントを読み、感動した」、「非常に良い」、「非常に近い」等々。このすべてはカントの宗教哲学に関するもので、トルストイを敬服させたのは、その道徳的情熱、としている。カントのトルストイへの影響は彼の小説「戦争と平和」に見られる。

19、I. Kant: R. G. V. S. 63.
「彼は神の栄光の反映である（ヘブライ人への手紙一―三）」。

「一点のくもりなき道徳的心術の原像にまで高まることは、人間の普遍的義務であり、この理念は、それを追究するように理性が私たちの前に置くのであるが、理念そのものも、そこまで私たちが高まるように力を与えてくれることができる。しかしこの理念の創始者は私たちではなく、むしろ理念の力が私たちのうちに住むようになった」。聖書によれば『ヨハネ伝福音書』一―一四の「ことばは肉となって、私たちのあいだに宿られた」のであって、「かの原像は天から私たちのところへ降りてこられた、それは人間性を受け入れられた」のである。

20、I. Kant: R. G. V. S. 64.

21、ibid. S. 65.

22、イザヤ書十一―三「彼は主を畏れ敬う霊によって満たされる。目に見えるところによって裁きを行わず耳にするところによって弁護することはない」。

23、I. Kant: R. G. V. S. 81.

24、ibid. S. 108.

25、ibid. vgl. S. 109~110.
この不可視的教会というのは、教会理念のイメージ化であるから地上で見ることはできないのである。カントは理念のカテゴリーである量、質、関係、様相にしたがって、理想教会の四条件を提示する。(1)教会の普遍性、したがって数の上では一性であること。偶然的な意見では分かれていたとしても、本質的な意図に関しては原則に導かれていること。(2)教会の性質は、純粋であること。道徳的動機以外の迷信の愚と狂信の妄とを洗い去ったところの純粋性。(3)自由の原理の下における関係。教会員相互の内的関係と教会と政治的勢力との外的関係を保つ。(4)教会の様態はその憲法上の不変を保つこと。但し教会の行政に係わる偶然的な措置は、時と事情により変更されねばならない。

26、ibid. S. 171.
27、テモテへの手紙二、三—一六。
28、ヨハネ伝福音書、五—三九。
「あなたたちは聖書のなかに永遠の命があると考えて、聖書を研究している。ところが聖書はわたしについて証をするものだ」。
29、I. Kant: R. G. V. S. 131.
30、ibid. S. 132.
31・32、ibid. S. 171.
33、括弧内の数字は関連する聖句を指示するものである。カントの叙述の仕方が『マタイ伝』の順序のままにはなってはいないので順序を入れ換えて、内容をととのえてみたものである。
34、上掲の、カントとドストエフスキーの対話にも指摘されていたように、隣人愛についてのドストエフスキーの言葉がある。「私は人類を愛する、と言う。しかし私は自分自身に驚いている。私が人類一般を愛すれば愛するほど、私は人間を個別的に、すなわち個々の人として愛することがますます少なくなる。思想のなかで私はしばしば人類への奉仕という奇妙な目標を懐いた。もしそのことでなんらかの仕方で突然要求されたならば、多分実際に人々のために十字架にかかることができたかもしれない。しかし私は二日間でも誰かと私の傍に居ることはほとんどない。彼は私の人格や私の自尊心を傷つけ、私の自由を侵害する。一昼夜の間私は最良の人々をも憎むことができる。ある人は食事が長いという理由で、他の人は鼻風邪でしきりに鼻をかむという理由でもって」というのである。
35、『創世記』一—三二。

ヨブ記に関して

1、カント著『弁神論におけるあらゆる哲学的試みの失敗』（Über das Mißlingen aller philosophischen Versuche in der Theodizee (1791). 門脇卓爾訳、『カント全集』12巻、（理想社　1966)。

2、ウツの地名に二つの見方がある。①パレスチナの東北アラム人の地（創世記十の二三、二二の二一）と、②南東エドムの地（哀歌四の二一）であるが、本論の理解にはあまり関係がない（関根正雄訳『ヨブ記』の注釈参照、（岩波文庫1999）。32刷。

また「ウツの地名は、南エドム、今日の南部アラビアの地方であり、知恵の国として昔から、有名であった。エドム人はセム人であるから、ヨブもこの種族に属する。ヘブル人も、アラビア人もセム族であるが、ヨブ自身はヘブル人でも、ユダヤ人でもないことになる」。関根氏も「ヨブ記」は個人についての知恵文学としている。（浅野順一著『ヨブ記』参照、岩波新書　1968）。

3、ヨブの名義は複雑であるが、「エゼキエル書十四の二十から知られるように、ノア、ダニエルとならんで、義人の典型として古くから知られていた名前であったらしい」（関根）。

4、カントの「弁神論批判」参照。

5、キェルケゴール著『反復・実験心理学の試み、コンスタンティン・コンスタンティウス著』（1843）、桝田啓三郎訳『世界文学大系』27巻。（筑摩書房　1961）。

6、浅野順一著『ヨブ記』参照。（岩波新書）。

7、ヨブの試練を二つとし、その第一は彼が財産を奪われ、家庭を破壊されたこと（第一章）第二は彼が重病に苦しめられたこと（第二章）である。

8、ヨブの三人の友人、エリファス、ビルダト、ツォファルの名義は不明である。呼称の表記は研究者によって異なるので、ここでは新共同訳『聖書』（財団法人、日本聖書教会、一九八八年、三省堂印刷）に従っておく。以下『聖書』からの引用は同書による。

9、三二―三七章にわたってヨブとの対話の形式を取らないエリフは不思議な存在である。浅野氏は『ヨブ記』の末尾に付記して「説教者エリフ」の説明を行っている。「エリフは正確にはエリーフであるが、その意義は『わが神は彼である』、あるいは『彼はわが神である』と、理解できる。彼の友人たちの名の意義が判然としないのに対して、エリフの名がヘブル的であることは注目に値する」としている。さらに、エリフはヨブ記の著者によって「ラム族のブズびとバラクエルの子」となっているが、創世記によれば、ブズはウズの弟であって、両者ともにナホルの子となっている（二二の二一）。バラクエルとは「神は祝福した」という意義に解せられるが、エリフもその父もその名はヘブル的ではあるが、出生地は不明ということである。

10、キェルケゴール『上掲書』168頁。

11、キェルケゴール『上掲書』273頁。

12、「男らしく、腰に帯をせよ。」について次のような説明がある「原文を忠実に訳せば『汝男の如く腰に帯をせよ』となるが、この男（ゲベル）とは多くの場合「人」と訳されている。『勇士』、『戦士』と語源を等しくし、従って力強い人、ことに逞しい男子を意味する。それ故神はヨブに向かって勇者の如くなれと呼びかけているのである。「腰の帯をするとはいうまでもなく、出陣の姿勢をとり、その用意をすることである。」（浅野順一著『ヨブ記』（岩波新書　1968）。

13、キェルケゴール『上掲書』216頁。

14、キェルケゴール『上掲書』216頁。

15、カント『弁神論の哲学的試みの失敗』185頁。

16、ここに取り上げた「ヨブ記」論は、カントとキェルケゴールについての比較研究に関連するものであって、「ヨブ記」そのものの詳細を目指ざすものではない。そうではあるが、両者が捉えたヨブの信仰は、その核心をつくものであると考えられる。旧約聖書全体の位置付けから見れば、(1)モーセ五書、(2)歴史及び物語、(3)詩歌と教訓、(4)予言の四部構成からすれば、第三部門に属している。しかもその冒頭におかれ、宗教詩劇と解することができる。その書かれた年代についての諸説があるなかで、大体紀元前五世紀頃（浅野）、あるいは前三、四世紀と見てよいとせられる。この頃、ユダヤ人は国家を失い、他国民の圧迫にさらされていた。その歴史的背景があって生まれた民族の悲しみが、ドラマとして結晶していると考えられるが、ヨブはあくまでも個人である。ヨブの受難的苦しみは、内容としてみれば、それぞれに異なるにせよ、人間にとっての普遍的課題でもある。苦境への挑戦は、精神の格闘の表現でもあって、この意味でカントとキェルケゴールのヨブ論は、人間学的視点をもった研究ということができる。したがって、ヨブ記から、旧約世界の民族的背景のみを意識することなく、ヨブ個人の精神の実存的意味を汲みとるならば、それは、現代にも通用する

「試練」、「反復」の意義を捉えかえすことになるのではないであろうか。
17、「神はヨブに、世界創造者の知恵と善意ある配慮が人間に対し把握可能な諸目的を、一つの疑うことのできない光の中に示して、創造の美しい側面を瞥見させている」（カント上掲書（注15）・183頁）。
18、**Kant: Metaphysik der Sitten. (1797) S. 51.**
19、キェルケゴール著『愛の業・第2部』武藤一雄・芦津丈夫共訳（白水社　1980　8刷）第16巻。
20、武内義範著作集第四巻『宗教哲学・宗教現象学』（法藏館　1999　354頁）。

第六章

1、ルソー著『社会契約論』桑原武夫訳（岩波文庫　1977）。これは『エミール』と共に一七六一年の夏にできあがり翌六二の春にオランダのレイ書店から、『エミール』はパリのデュシェース書店から出版された。本文の引用に続く個所を補足するならば、「真のキリスト教徒からなる国民は、想像しうるかぎりの最も完全な社会を形成するだろう、とわれわれにいう人がある。わたしは、この仮説については、ただ一つの大きな困難しか見ない。それは、真のキリスト教徒の社会なるものは、もはや人間の社会ではないであろう、ということである。この仮定された社会は、あくまで完全なものでありながら、最も強い社会でもなければ、また、最も永続的な社会でもなかろう、とまでわたしは言いたい。完全であることのあまり、それは結合を欠くであろう。その破壊的な欠点は、その完全ということ自体のなかにあるであろう」と宗教のもつ純粋性と、それゆえの排他性を大胆に指摘している（187頁）。
2、ルソー著『エミール』今野一雄訳（全三冊）（岩波文庫）。上巻（47刷 1991）、中巻（40刷 1991）、下巻（38刷 1990）。この文章は上巻の第一篇の教育についての意義の核心を言い当てた箇所である。
3、吉沢昇・為本六花治・堀尾輝久著『ルソー・エミール入門』（有斐閣新書　1978）、62～63頁参照。
平岡昇編『ルソー・自然と社会』（白水社　1967）。
4、中里良二著『人と思想『ルソー』（清水書院　1985）参照。
5、『エミール』上、第二編、今野一雄訳（130～131頁）。

6、『エミール』中、第四編、今野一雄訳（110頁）。
7、上掲書　121頁。
8・9、上掲書　123頁。
10、上掲書　136頁。
11・12、上掲書　139頁。
13・14、上掲書　144頁。
15、上掲書　145頁。
16・17・18、上掲書　147頁。
19・20、上掲書　151～152頁。
21・22・23、上掲書　155頁。
24、上掲書　156頁。
25、上掲書　180頁。
26、**D. Friedrich Theodor Rink: I. Kant über Pädagogik, Könisberg bey F. Nicolovius. (1803).**
以下、**K. ü. P.** の略号を使用。S. 457.
27・28、**K. ü. P. S. 457.**
29、ルソーの『エミール』によれば、「植物は栽培によってつくられて、人間は教育によってつくられる。かりに人間が大きく力づよく生まれたとしても、その体と力をもちいることを学ぶまでは、それは人間にとってなにの役にも立つまい。かえってそれは有害なものになる。ほかの人が彼を助けようとは思わなくなるからだ。そして、放り出されたままの人間は、自分になにが必要か知るまえに、必要なものが欠乏して死んでしまうであろう」というのは確かだ。（24頁訳本）。
30、**K. ü. P., S. 463.**
31、**K. ü. P., S. 468.**

32、K. ü. P., S. 461.

33、I. Kant: Anthropologie in pragmatischer Hinsicht (1798).
『人間学』坂田徳男訳（岩波文庫　1985　22刷）331頁。

34、K. ü. P., S. 477.

35、K. ü. P., S. 487.

36、K. ü. P., S. 487.

37、K. ü. P., S. 502.

38、K. ü. P., S. 503.

39、I. Kant.『万物の終局』（ベルリン月報　1794）。

付注：第二論文については「注」を別扱いとし、論文の末尾に付記する。

1、E・フッサールは一八五九年四月八日にオーストリア帝国領メーレン州（現在のチェコスロバキア中央部）のプロスニッツで生まれた。ウイーンの実科高等中学校からオルミュッツの高等中学校へ転向、数学の成績がよかった外は、成績不振で授業中に居眠りをしていたという紹介（立松）がある。ユダヤ系の旧家で両親は洋品店の経営者。ハレ大学私講師、ゲッチンゲン大学助教授、フライブルグ大学教授へと歴任して退官したのが一九二八年の六九歳のときで、その後も研究を続け、三八年に病でなくなった。現象学派の創始者であり、ここで取り上げた『論理学研究第二巻』は、ハレ大学時代の最後の年一九〇一年の著作である。

2、E. Husserl: Logische Untersuchungen, 4Auf. (1928) S. 23.

3、ibid., §6.

4、ibid., S. 33.

5、アダム・シャフは一九七〇年代ごろに注目されていた意味論哲学者である。法律家を父として一九一三年三月一〇日にポーランドのルヴォフ市（現在ウクライナ共和国のルヴォフ市）に生まれ、ルヴォフ大学法学部に学び、パリ、モスクワなどを遍歴、最終的にはワルシャワ大学哲学部教授のポストに就いた。ソ連科学アカデミーに在籍中に「概念と言葉」の研究に携わっていたことがあり、共産圏に属するので、言語を客観的記号として捉えようとする傾向が強い。言葉には、その内面性が重要なので、その点をクローズアップするために特にフッサールとの比較で取り扱ってみたのである。

6、アダム・シャフ著『意味論序説』中林康之訳（合同出版　1969）214頁。
英訳：Intorodction to Semantics (1960).

7、上掲書　215頁。

8、上掲書　215頁。

9、上掲書　218頁。

10、上掲書　269頁。

11、入谷敏雄著『言語心理学』（誠信書房　1972）参照。

12、上掲書参照。

アダム・シャフによれば、失語症の例は意味の観念性を否定する仮説の証明の一例と見做される。「何故ならば、ある言語的能力の減損、さまざまな形態の失語症は、明らかにそれに対応する思考能力の減損に帰着するからである。失語症の研究は、概念による抽象的思考作用が言語なしには不可能であるという事実の科学的証拠を提供するからである」（410頁）というように自説を証明する有力な事例としている。しかし、このような病的な場合ではなく日常的出来事においても「物の名前」「人名」がどのようにしても思い浮かばないことがある。そのような時、該当する種々の想念を反省的にまさぐりながら、記憶をよびさまそうとするので、言語なき思考が心中を往来している。ここにはローレンツが客観的事象と内省的体験とのあいだに横たわる間隙と捉えた断絶の問題があるのではないだろうか。言語は客観的存在となるが、思念は内省的であって外からは見えてはいないのだから、失語症の事例を大脳生理学的諸機能のみによって意味づけることは意味論の一面をみて他面を見失っていることになりはしないか。

13、L. Binswanger: Zur phänomenologische Anthropologie (1947)（参照）。
L・ビンスワンガー・荻野恒一・宮本忠雄・木村敏訳『現象学的人間学』（みすず書房　1967）185～187頁。
14、アダム・シャフ　上掲書254頁。
15、上掲書　254～255頁。
16、上掲書　155頁。
「それ故に、言語記号は、如何なるシンボルでもない。たとえ言語記号についてシンボルという述語を使うことが、上で述べたように、現在、この主題についての文献において、大体一般的であるとしても、そうである」。
17、上掲書　303頁。
「われわれは意味についてのフッサールの理論を述べてきた。私は、フッサールが極めて精確な思想によって注目される素晴らしい哲学者であったと信じている。これが、まさに彼がわれわれの時代の偉大な知的トラブルメーカーの一人となった、という理由である。その点で彼と張り合い得るのは、ベルグソンだけである。その知的悶着は、何から成り立っているのか、それは、形而上学的、反科学的な意見を振りまくところにある。フッサールの場合にはそれが精確さの絶頂において起こったのであり、そのことは読者へおおきな印象を不可避的に与えたのである」とかなり皮肉な批判をしている。
18、この記号論の批判を基礎にして、さらにアダム・シャフのフッサール批判は意味のイデア性についての検討に及んでいる。この点について彼の批判の着眼点は多かった。すなわち、フッサールは意味をたんに個人的なものではないとする。例えば、「数」、円周率「π」の意味は、個人としての誰かにかかわることもなく、「いつ」、「どこで」誰が考えようと、意味内容は変わらないとする。この普遍性、一般性の基礎づけに関するフッサールの解決の仕方がアダム・シャフの批判の対象となるのである。しかも彼に批判は、たんに意味論に帰するのもではなく、唯物史観の意味論的擁護の立場に立脚したものであることを断言するので、思想的背景をもっていることに注意するならば、彼の意図を看取することができる。
19、トゥリオ・デ・マーウロ著『意味論序説』竹内孝次訳（朝日現代叢書　1977）。

引用・参照文献

カントに関係するもの—

Beobachtung über das Gefühl des Schönen und Erhabenen. (1763).

『美と崇高の感情に関する観察』上野直昭訳（岩波文庫　1953）。

Kritik der reinen Vernunft. (1781).

『純粋理性批判』上・中・下篠田秀雄訳（岩波文庫　1975）。

Prolegomena zu einer jeden künftigen Metaphysik, die als Wissenschaft wird auftreten können.（1783）.

『プロレゴメナ』篠田英雄訳（岩波文庫）。

Grundlegung zur Metaphysik der Sitten (1785).

『道徳形而上学原論』　篠田英雄訳（岩波文庫　1997、52刷）。

Kritik der praktischen Vernuunft. (1788).

『実践理性批判』波多野精一、宮本和吉、篠田英雄共訳、（岩波文庫　2000）。

Kritik der Urteilskraft. (1790).

『判断力批判』上下大西克禮訳（岩波文庫　1950）。

Über das Mißlingen aller philosophischen Versuch in der Theodizee（1791）『ベルリン月報』。

『弁神論の哲学的試みの失敗』。

Die Religion innerhalb der Grenzen der bloßen Vernunft. (1793).

『宗教哲学』豊川昇訳（創元社　1751）。

『たんなる理性の限界内の宗教』カント全集一〇巻北岡武司訳（岩波書店　2000）。

Metaphysik der Sitten(II). Metaphysische Anfangsgründe der Tugendlehre. (1979).

『道徳哲学』白井成允・小倉貞秀訳（岩波書店　1954）。
Anthropologie in pragmatischer Hinsicht (1782).
　『人間学』坂田徳男訳（1985　22刷）。
Zum ewigen Frieden (1796).
　『永久平和のために』宇都宮芳明訳（岩波文庫　1990）。
Rink 編：Immanuel Kant über Pädagogik (1803).
　『カント教育学其他』木場深定・安倍能成・金子弘訳（岩波書店）カント著作集一七（1938）。
　（カント研究には最も完璧な全集としてのアカデミー版を最適とするが、入手が容易な哲学文庫（Philosophische Bibliothek を参考にし、注の引用はそれによった）。

＊　＊　＊　＊

A・グリガ著『カント―その生涯と思想』西牟田久雄・浜田義文訳（法政大学出版局　1983）。

B・バウフ著『イマヌエル・カント　人とその思想』小倉秀監訳（以文社　1988）。

小牧治著『カント』（清水書院　2000）。

坂部恵著『カント』（講談社「人間の知的遺産」第四三巻　1979）。

D・ヘンリッヒ著『カント哲学の体系形式』門脇卓爾監訳（理想社　1979）。

E・カッシラー著『カントの生涯と学説』門脇卓爾・高橋昭二・浜田義文監訳（みすず書房　1986）。

F・ガウゼ著『カントとケーニヒスベルグ』竹内昭訳（梓出版社　1974）。

F・カウルバッハ著『イマヌエル・カント』井上昌計訳（理想社　1978）。

H・ハイムゼート著『カント哲学の形成と形而上学的基礎』須田朗・宮武昭訳（未来社　1981）。

H・アーレント著／R・ベイナー編『カント政治哲学の講義』浜田義文監訳／伊藤宏一・多田茂・岩尾真知子訳（法政大学出版局　2000）。

J・ラクロワ著『カント哲学』木田元・渡辺昭造共訳（白水社　1571）。

黒積俊夫著『カント解釈の問題』（溪水社　2000）。

K・ヤスパース著『カント』重田英世訳　ヤスパース選集八（理想社　1962）。

ボロウスキー、ヤッハマン、ヴァジャンスキー共著『カントその人と生涯』芝烝訳（創元社 1968）。

M・ハイデッガー著『カントと形而上学』暉峻凌三訳（河出書房 1954）。

中村博雄著『カント判断力批判の研究』（東海大学出版会 1995）。

S・ケルナー著『カント』野本和幸訳（みすず書房 1977）。

S・ボク著『戦争と平和』（カント、クラウヴィッエと現代）大沢正道訳（法政大学出版局 1990）。

U・シュルツ著『カント』坂部恵訳（理想社 1982）。

W・ブレッカー著『カントにおける形而上学と経験』峠尚武訳（行路社 1980）。

西谷啓治著作集第六巻『宗教哲学』（1987）。

武内義範著作集第四巻『宗教哲学・宗教現象学』（法藏館 1999）。

吉田忠勝著『善と美の間』（昭和堂 1990）。

『現代思想』臨時創刊号＝カント 第二二巻第四号（青土社 1997）。

＊ ＊ ＊ ＊

キェルケゴールに関係するものとその他―

キェルケゴール著作集全二一巻別巻一・松浪信三郎・飯島宗享編（白水社 1962～70）。

『キルケゴール』桝田啓三郎訳、世界文学大系第二七巻、（筑摩書房 1961）。

Der Begriff Angst: E, Hirsch 訳。（1990）。

ヤスパース・リクール他『キェルケゴールと悪』大谷長監修共訳（東方出版 1982）。

キェルケゴール著『哲学的断片への結びの学問外れな後書』上下、大谷長訳（新教出版社 1959）。

『キェルケゴール講話・遺稿集』全六巻責任編集飯島宗享（理想社 1964）。

和辻哲郎著『ゼエレン・キェルケゴオル』和辻哲郎全集第一巻（岩波書店 1961）。

川村永子著『キェルケゴールの研究』（近代文芸社 1993）。

枡田啓三郎責任編集『キルケゴール』（世界の名著第四〇巻）（中央公論社 1966）。

工藤綏夫著『キルケゴール・人と思想』（清水書院 1966）。

武藤一雄著『神学と宗教哲学との間』（創文社 1961）。

K・ローレンツ著『鏡の背面』上・下谷口茂訳（思索社　1974）。
ブルース・ホフマン著『テロリズム』上野元美訳（原書房　2001）。
藤村信著『中東現代史』（岩波親書　1997）。
アダム・シャフ著『意味論序説』平林康之訳（合同出版　1972）。
E. Husserl: Logische Untersuchungen, 4 Auf. (Max Niemeyer Verlag 1928).
『論理学研究』2　立松弘孝・松井良知・赤松宏訳（みすず書房　1971）。
『現代思想』総特集＝フッサール（青土社　1971）。

あとがき ——永久平和の祈願をこめて——

『たんなる理性の限界内の宗教』の出版から二年後の一七九五年の秋、カントが七一歳のとき『永久平和のために（Zum ewigen Frieden）の小冊子が出版されて評判となり、翌年に増補版が出るほどであった。その直接の動機となったのはフランス革命後の一七九五年四月にプロイセンとフランスとの間に締結されたバーゼル平和条約の偽瞞性を危惧したカントが（彼の死後一八〇六年にロシアと組んだプロイセンがフランスと戦うという予想外の波乱を招く）一哲学的考案としての提言を試みた。但しカントによれば政治家には二方向、実践的政治家と理論的政治家がある。両者は互いに疎遠な関係にあり、実践家は理論的政治家、即ち政治哲学者をむしろ夢想を述べる抽象的学者として軽視しようとする。しかしせめても政治哲学者の自由な発言を許すような許容量のある国家が望ましいとして、プラトン的政治哲学の強硬論は、影を潜めながらも、提言には確固たる決意を秘めている。提言は六個条の予備条項と三個条の決定条項を含んでいる。特に予備条項第六条の殲滅《せんめつ》戦争はカントにとっては一つの仮説にとどまっていたが、第二次世界大戦における核兵器の使用によって現実の恐怖となって現れている。このカントの警告への真剣な受け止めについて、平和論者のシラセ・ボクは「たとい彼の哲学的見解に興味のない者であろうと、すべての人びとに語られなくてはならなぬもの」と指摘する。（戦争の残酷さを数えればはてしがないが第二次世界大戦末期の一九四五年八月六日に広島に投下された一発の原爆では二十万人以上が、八月九日の二発目に長崎に投下されたのでは七万人が犠牲になった）。彼女のこの言葉に筆者は深く共感したので、特にあとがきをカントの平和論をもって振りかえておきたいと思う。

永久平和への諸条件についての議論の詳細な研究は重要ではあるがここでは割愛して（シラセ・ボクの解釈との対比で後述する）、カントが「補説」とした「永久平和の保証について」（カント平和論65頁）の項目から戦争と平和に関する自然主義的意味を探っておこう。（以下のカギ括弧内の文章はカントの平和論からの言葉である）。

一、カントの戦争と平和への自然の技巧に関する論点

戦争は人間世界にのみ固有な、人間の責任による残酷な出来事であるのは自明といえる。これに対し自然界における出来事、すなわち諸物の破壊と創造の推移は、すべて自然的であって人間からみれば残酷のように受け取られる悲劇も自然界の舞台では自然の推移にほかならない。ところでカントは「戦争と平和」の論理を自然の舞台に移して洞察する。すなわち自然の合目的性の概念を導入し、永久平和の保証の根拠を自然の側に求める。「自然が自然という大きな舞台の上で行為する人々のために配備して、自然による平和の保証を結局は必然的なものとしている状態について、あらかじめ探りをいれておく」というのである。

ここに自然の作用が注目せられる。自然が人間の不調和に逆らって、融和を回復させようとする合目的性の作用をあらわすものとする。その作用について、人間に知られていない強制というならば、それは「運命」であり、この世界の過程を予め定めているところのより高次の原因となる、偉大なる存在の知恵というならば、「摂理」といってよい。ただしこの摂理の表現がそれによって神の仕業が認識できることを意味するならば、それはギリシャ神話に出てくる「イカロスの翼をつけて」神を認識しようとする不遜を犯すことになる。したがってむしろ「自然」と言ったほうがより適切である。これを自然というならば、摂理というよりもいっそう適切で、かつ謙虚である。というのはこの場合には宗教的見地からではなく、ただ理論の問題としてであって、人間理性は可能的経験の範囲内に留まっているがゆえに、「自然」というのがより妥当的である。ただしその自然とは単に機械論的自然というのではなくして、判断力批判で取り上げられたような合目的的意味を担った自然であり、さらに

美的判断力の対象としてばかりではなく、道徳的＝実践的見地に立っての解釈となる。いわゆる「自然という大きな舞台の上で行為する人々のために配慮している自然」であって、その自然が平和を保証するという。人間に対する自然の配慮という表現は、暦史に対する理想的進歩の概念を背景にしないならば到底妥当的とはいえない表現である。この目的にいたる自然の過渡的配慮として「戦争論」に関連して次の三点が挙げられる。

一、自然は、人間のために、地球上のあらゆる地域で、人間がそこで生活できるように配慮した。

二、自然は、戦争によって、人間をあらゆる場所に、きわめて住みにくい地方にまで駆りたてそこで人間を住まわせるようにした。

三、やはり戦争によって、人間を多かれ、少なかれ法的関係に立ちいらせるように強制した（国家と国際法について）。

一の配慮。ここでの「人間のために」という表現は、人間中心主義の表現のごとくに解釈することもできるが、そうではなく、人間に対する自然の配慮には、すなわち神の摂理という背景が隠されている（学校教育では省かれねばならない［カント原注］）。

これと併せて考えられるのは、動植物には一定の環境条件が厳しく限定されているのに対して、人間の生存可能の範囲は、世界中のいたるところにまで拡散している。この事実的観察を抜きにしては不可能な見解ということができる。そして人間が各々の環境条件に適応して生きるためには、知恵をもって様々の工夫がなされねばならない。とはいえ寒冷な土地で生活する人々の、寒さを凌ぐのに利用される毛皮は動物から、暖を取るための焚火は樹木からの枝を集めてこなくてはならない。それとても自然の一部を借りてこなくてはならない。「氷海に面した寒い荒地にも苔が生じ、トナカイは雪の下からそれを掻きとるが、トナカイ自身がオストヤーク人やサモエード人（西部シベリヤに住むウラル・アルタイ民族の一族［訳註］）の食料やそり引きに用いられる」ためである。

このときすでに人間にとっての戦いは始まっている。戦いの相手は食料を確保するための動物たちであって、人間の仲間はそれによって平和を保っている。その動物たちはさらに他の小動物から、さらにそれらは植物から生きるための栄養が与えられている訳で、この自然界の絶妙な合目的的関係は驚嘆に値する。この絶妙な自然界の配慮からすれば、狩猟や漁撈や遊牧の生活における人間の自然界との戦いは、自然によって許されている自然の配慮といってよいであろうと。しかし次の農耕の時代からは自然の掟に対して人間間の抗争が始まる。それは土地をめぐる戦いによって知られている。土地を囲っている杭を抜いてしまうことができる改革者がいるとすれば、その人は、「いかに多くの犯罪と戦争と殺人とを、またいかに多くの悲惨と恐怖とを、人類に免れさせてやることができたであろう（『人間不平等起源論』）ということである。

二の配慮。同一言語に属する民族が、一方は北に、他方は南にと遥かな距離を隔てて分断されているような場合には、民族の間に割り込んでくる異民族の集団があってそうなったので、それは戦いの結果、というのである。このように生存圏を求めて人類が世界中に広がっているのは、戦争が介在してそうなったので、これはまた自然の配慮でもあったとカントは解釈する。人間が地上のあらゆる場所で生活できるように自然は人間のために配慮する。しかもその配慮は人間に対して道徳的義務を科することによってではなく、「自然は自分のこの目的を達成するのに、戦争を選んだ」という。世界中のいたるところに人間を住まわせるために手段として自然は戦争を選んだとしても、それは永久平和にいたる目的のための過渡的手段であったというのがカントの戦争論である。したがって過渡的状況を通過して各地に拡散した諸民族がそれぞれに独自の文化を創造する。文化交流によって相互に有益な協力体制を形成するならば、かつての戦争による過去のいまわしい記憶があったとしても、両者は協力によって平和の状態を形成することができる。ゆえに戦争は平和にいたる過渡的手段であったという解釈がなされる。

例えば、異民族の襲撃によって氷海のほとりに住むことを余儀なくされた住人の事例が挙げられて、彼らに与えられる流木の有用性は自然の恵みでもあると。もし流木がなかったならば、彼らの住む家も、獲物を取るための武器も手に入れることができなかった筈である。この何処から流れてくるとも知れない流木は、彼らの命綱となった。とはいえ、いつまでも流木に頼っていることはできない。というのは温暖地方の住民たちが河岸の樹木を盛んに利用するようになり、樹木が海の流れに運ばれて、何処かに失われてしまうのを阻止するようになるかも知れない。ここで氷海のほとりの住民はどうするか。やがて彼らは流木にかわって、材木を手に入れるようになる。そして彼らのほうは海の産物を提供する。ここに商取引が成立するようになれば、両者の間に平和的友好関係が生じる。しかしこれは、全くの人間技ではなくして、「われわれが意志しようとしなかろうと、自然がみずからそれをなす」というのである。

このようにカントは平和への過渡的条件として戦争を人間が避けることのできない運命的出来事としている。とはいえ、これによってカントを戦争肯定論者とみなすことはできない。とりわけ憎悪のために血を流して相手を殺害することをもって根源的悪となすのである。それゆえにこそ神の言葉が戒めとして与えられている。

人の血を流すものは、人によって自分の血が流される、

人は神にかたどって造られたるがゆえに（旧約九－六）

この点についていえば、さらに戦争には本質的に異なる観点がある。戦争の動機を利己的側面からのみではなく、そこに英雄の勇気ある行動が発見される。それによって戦争が賞賛の対象にされることがあり、そのような時代もあった。ヨーロッパ中世の騎士時代、あるいは日本の戦国時代がそうであったように。「実際、戦争は、しばしばたんに勇気を示すために開始されることがあって、したがって戦争それ自体のうちに内的な尊厳が置かれる」という錯覚にとらわれる。そのような見解をいだく者は次のようなギリシャ人の箴言を忘れている、すな

わち「戦争は邪悪な人間を取り除くよりも、かえって多くの邪悪な人間を作り出すから、厭うべきである」という戦争の悲惨な結果を忘れてはならない。それにもまして正義の戦いのために、勇者といえども、愛する兄弟を失う悲しみを体験しなくてはならい。

人間は地球上のいたるところに生息しているが、それは戦争という外圧によって運命的に拡散したので、自然の配慮によるものと解するのがカントの自然主義的観点である。ところでこの世界中に拡散して生息する民族の集団が、やがては国家を形成する。何故ならば隣接する異民族の集団の攻撃に備えて、民族共同体の組織を強化しなくてはならないからである。

このように自然の配慮として解釈された戦争と平和の原理をカントは、国家の成立と国際法の理念に適応して考える。

三の配慮。カントによれば国家の理想的形態は共和的体制である。

この体制を現実のものにしようとすると集団内に利己的人間が多く、ゆえに素直に集団の法に従わない者があって難しく、これは「天使の国」でなければならないとされるほどである。ここでカントは直ちに道徳的人間の養成を期待するのではなくして自然の協力による戦争に目をむける。国内において相互に対立する者同士も、他国の侵略に備えて、お互いの利己心を捨てて団結する。時に戦争は反目する者同士を祖国の危機を救うために、協力の体制へと変貌を遂げさせる。「こうして人間は、道徳的によい人間になるように強制されているわけではないが、よい市民になるようには強制されている」ので、このとき市民は公共的自己に目覚める理性的存在者になると同時に、同胞愛の情熱が協力を促す結果となるのである。実際に、「道徳性からよい国家体制が期待されるのではなく、むしろ逆に、よい国家体制からはじめて国民のよい道徳的形成（教育）が期待される」というのがカントの所見である。人間の利己的傾向は、対外的関係においても相手の傾向と衝突し、阻害し合うがゆえに戦争が起こる。これを自然の技巧として捉えるならば、自然は戦争を人類に投入することによって、秩序を回復しようとする。理性は秩序を整えるための手段としてこれを利用する。この手段を通じて理性自身の目的である法的指図にも活動の余地が与えられる。それと共に、また、国家自身の力の及ぶ範囲で、対外的、対内的な平和が促進され保障される。しかしながらこの戦争という犠牲を払って得られた平和はいまだ暫定的であって、永久的平和ということはできないにしても、「自然は、法が最後には主権をもつことを、あらがう余地なく意志している」のである。

国際法の理念は、独立して隣接する多くの国家の分離を前提する。もしそうとすれば、当然諸国家間に生ずる摩擦が戦争へと発展する可能性をもつ。この摩擦解消のために超大国による支配が行われるとすれば、それは魂のない専制政治へと堕落するものである。それゆえに自然は、諸民族の混合を妨げ、分離するために言語と宗教の違いを置いた。それらの違いによって国家間に衝突が起き、摩擦が激化すれば、常に戦争へと発展する可能性を孕んでいる。この国家間の激突と摩擦を解消するためにこそ人類は、英知を傾けなくてはならない。摩擦解消の解毒剤が国家間の相互理解と相互協力である。文化交流もその一役を果たすものといえる。各国、各民族の創造的結実として文化があり。それぞれに個性豊かな文化の発展と交流が、やがて国家間における親和と協調の関係をもたらすものである。各国の事情に従い、それぞれに創意をもって力の均衡を保ちながら、その交流がやがて平和の同意へと導くことになるという希望をカントは提言する。しかしながらこの自然主義的平和論に立脚したカントの展望は、容易には実現するものではない。むしろその逆に二十世紀は戦争の時代であったとさえいわれている。一体に永久平和の理念は単なる幻想であろうか。カントの平和論はもはや歴史的遺産になってしまったのであろうか。

以上の国際法の理念は永久平和に関する確定条項の第二、第三の国際関係の課題に対応している。カントの論述の順序からは、前後入れ替わることになるが、ここで確定条項について取り上げる。

確定条項の第一は、国家の最も好ましい形態は共和制とする。

確定条項の第二は、「国際法は、自由な諸国家の連合制度に基礎を置くべきである」という提言である。国家を一個の人格体として見る立場をカントは前提する。もし自然状態のままにしておくならば、個人と個人とのあいだにおいても利害と感情の対立から争いの起こることは必定であり、同じく各民族（国家）の間でも自然状態のままでは危険である。したがって民族の各々の安全を確保するためにも、それぞれの権利が保証される場として締結される「国際連合」が要求される。これは当然のことながら、諸民族統一国家であってはならない。すなわち諸民族が各々に個性的国家を形成しながら、みずからの権利を主張し、それが保証されるという前提のもとに形成される連合形態が要求される。そこで、一つの『世界共和国』という積極的理念の代わりに戦争を防止するために、「持続しながら絶えず拡大する連合という消極的代用物のみが、法を嫌う好戦的な傾向のながれを阻止することができる」、と現実的提案がなされる。（この提案が一二五年後になって初めて国際連盟として、今日の国際連合の構想において生かされているということは周知のところである）。

確定条項の第三は、「世界市民法は普遍的な友好をもたらす諸条件に制限されねばならない」ということである。これは、外国人が、他国の地で平和にふるまうかぎり、敵対的な扱いを受けることがあってならない権利としている。この「地球の表面を共同に所有する権利」について、地表に住むことの不可能な部分、すなわち大洋や砂漠では、船やラクダ（砂漠の船）が無人の地域を越えて友好を結ぶ手段を与えているが、むしろ文明化された大陸の諸国家間では、征服によって他国への侵略をはかり、広汎な範囲におよぶ戦争を起こし、飢え、反乱、裏切り、などの厄災によって苦しめられている。このような観点からすれば、むしろ中国（入国不許可）、日本（鎖国）が一時期、他国との友好関係を制限したことはかえって賢明であったとさえいわれる。しかしながらこのような非友好性は是正されなければならない。そうでなければ永久平和を所期することは到底不可能である。かくて具体的提案としては第二の確定条項の意義が特に強調される。

一九二〇年のヴェルサイユ条約に基づいて設立された第一次世界大戦後の「国際連盟」の不調和を是正し、第二次世界大戦後の一九四五年には、より充実した「国際連合」がサンフランシスコ会議で五一ケ国によって調印され、国際平和と安全維持とを第一の目的とする国際機構として発足したのはようやく半世紀前のことである。あたかも平和理念についてのカントの構想力の成果をようやくにして見る思いがする、しかしそれ以後にも歴史過程のなかでは、独立した諸国間の地域紛争が絶えず繰り返えされてきている。そうではあるけれど、全体的には第三次世界戦争へと発展することなく、危機的状況のなかで揺れながらも、平和への灯火は絶やされずに守り続けられてきたことは、まことに幸いであった。それは国際的平和維持活動のなみなみならぬ成果と思われるが、第二次世界大戦後の独立国家の誕生と共に惹起された国家間の民族紛争はきわめて複雑である。ミサイルによる攻防戦の恐怖は戦争体験のあるものにとっては、尚更に科学兵器への恐怖を思い起こさせる。宗教の違いによる価値観の激突、国境の制定をめぐる紛争が泥沼式に続くなかで、これ以上のグローバリゼーションの進行を阻止しているものは、即ちすべての人にとっての共通の平和への切なる祈願の成果であると言ってよいのではないか。その努力は人類の英知を傾け、広く、多角的に続けられるものでなくてはならない。これまでに戦争をくりかえしてきた人類の過去は愚かというよりほかはない。これは人間の悪にほかならないと思われるが、カントの補説によればそれは自然の技巧でもあるというのである。この点にシラセ・ボクのカントへの反論がある。

二、シラセ・ボクのカント平和論への共感と疑問

「世界中至るところで、平和目標の推進を目ざして数えきれぬほどの人々が活動している。それは外交活動であったり、人権養護であったり、難民や無宿舎の再定住であったり、戦争地との児童保護であったり、さまざま

な運動が展開されている」という彼女の言葉は、平和運動に深く関わっていたシラセ・ボクの現実的述懐として深く胸を打つ。『戦争と平和』(原題は『平和のための戦略―人間的価値と戦争の脅威』(1989) の著者シラセ・ボクは多くの平和論のなかで、特にカントに注目して述べている。まずクラウゼヴィッツのカント批判を挙げて、「永久平和を達成しようというカント風の考えは非現実的であり、危険である。非現実的というのは人間性と人間環境の現状からして、このような平和は決して到来しない。危険なのは繁栄と平和の時代が長引くと、人々の間に卑しい軟弱さや安逸への欲求」が生じ、やがて起こる戦争に間に合わなくなって、戦う力を失ってしまうという。これに対してボクは、おそらくカントは彼の批判に屈することはないであろうと弁護する。

「カントにとってこれらの主張は、戦争の被害、なかでもさもなければ起こるかもしれない殲滅戦争の危険を制する上に可能なすべてを行う理由を強化するだけだと受け取られるだろう。この必要な行為のうちには道徳の問題も含まれている。政治は軍事活動を支配しなくてはならないが、その代わりに道徳的配慮に膝を屈しなければならない。戦時中でさえ道徳に敬意を払い、永久平和を樹立する精力的な活動を説く理由は、カントのほかに(人間の義務と人類愛)もあった。けれども殲滅戦争―最終の絶対戦争―に対する彼の警告は、たとえ彼の哲学的見解に興味のない者であろうと、すべての人びとに語られなくてはならぬものだった」。(訳書65頁)

さて翻って予備条項をボクの解釈によって取り上げておく。

ボクはカントの予備条項のなかで即時実施を求められているものと、緩やかな変革を目ざす事項に区別し、前者を彼女自身の角度から「暴力への抑制、詭計への抑制、信頼の侵害への抑制、加えて過剰の国家機密に関するものへの抑制(公表性)」として提起する。特に機密の公表性はカントが『永久平和のために』の最後の項目で取り扱ったものであり、さらなる展開を所期しながら実現を中断した課題である。ボクは第四の抑制に「カントは新しい地平を開いた」と見ているが、その他の三項目は、村落共同対における大昔からのもので、特に目新しいことはなにもないと力説する。

非暴力に関して、カントはおそらくモハンダス・ガンジー（一八六九～一九四九）に同意したことであろうと彼女はいう。「どの大宗教もどの道徳の伝統もどの社会も、詭計と暴力には少なくとも何らかの抑制が必要だと認めていた。なぜならそれらは、人類がわざわざ互いに傷つけ合う二つの方法だからである」（訳書39）。抑制事項の内容には細部に渡ればさまざまな教派に準じてニュアンスの相違はあるにしても、暴力や詭計は平和をかき乱す悪徳にほかならない。但しカントでは「国家による一切の暴力の行使に反対しているわけではない。自衛戦争で暴力を最後の手段として行使するのは正当だとして認めている」（訳書40）のである。他国への侵略、他国の統治への干渉に暴力の行使を禁止しているにすぎない。とはいえ、「暴力と詭計の慣行を統御し、断ち切るには、原理とか戒律以上のものを必要とするのがつねである。人びとがそれらを尊重することに責任を持たねばならない」（訳書41頁）。かりに原理や戒律が存在するとしても、それらを責任をもって尊重し、信頼に値する道徳性の意識が基底として求められる。約束とか誓約とか契約とかは、ほとんどの社会で中心的役割をなすが、そこで、偽り、約束を破るといったことに関して「信頼の侵犯への抑制」の第三条件が加わる。それによってはじめて、真の暴力、詭計への抑制が可能となるが、さらに政治の機密慣行は権力の腐敗と結びつきやすい。この悪例を防止するためには第四条件を必要とし、これらのいずれを欠いても、すべてが十分な効果を発揮することができない。「カントはこの四つの抑制は、いずれも互いを必要とし、互いに補強しあうとみているが、それと同じように、どれかひとつが侵害されると、それが他の抑制の侵害を促すことをも知っていた。自衛戦争の場合でさえ―たとえば毒薬とか暗殺のような―敵に対する秘密の暴力計画を彼が拒んだのはこのためである」（訳書44）。それは将来の平和時における信頼関係を不可能にするからである。そして「むしろ常識的な慎重さでつくりあげられた最低限の相互確認の信頼」が重要であって、それなくしては、平和条約は見せかけの休戦の体裁をとるに過ぎないということなのである。

ボクはカント平和論について三つの弱点を挙げている。まず一般性と抽象性、二はその絶対主義（純粋形式性）、三は絶対主義的見解の実践的結果の疑問に対して、すべてを鎮めたまうところの神への依存的態度。これらの弱点を批判する論点にマキャベリズム「君主論」と、クラウゼヴィッツ「戦争論」をおく。時代的には両者の中間にカントは位置する。「君主は善を捨てることを学ぶべき」というマキャベリズムをカントは「民衆の離反」をもって批判し、これに対してクラウゼヴィッツは、戦争の脈絡に道徳を導入するところのカント的な抽象性に対して現実性を踏まえて批判する。

実際にクラウゼヴィッツは戦闘に参加した戦争体験者である。一八一二から一五年のロシアとナポレオンのボロディノ戦争にはロシア軍に加わって戦っている。それ故にこそ戦争の悲惨と残酷性をつぶさに経験しながら、安易な平和主義者としてではなく、人類にとって戦争は避けることのできない条件の一つとし、また「戦争とは政治的手段とは異なる手段で継続される政治にほかならない」というのである。カントは、戦争状態を非道徳的と批判しながら、政治と道徳との一致を理想とする見解をもつ（平和論付録）。クラウゼヴィッツによれば、それは現実を無視した幻想にすぎないとなる。戦争に際しては道徳性は無力だからである。果たしてそうであろうか。カントの「宗教論」および「永久平和論」に深く共鳴したトルストイが、ロシアへのナポレオン進撃について、父による戦争体験を生かして『戦争と平和』の大作を世に送った。戦争の最中での相互のいたわりの情と、そしてロシヤの大地に与えられた「神の愛」に無上の賛歌が捧げられている。このようにトルストイは人類愛を説く理想的ヒューマニストであり、この点からしても、カントが戦争の脈絡に道徳性を投入するところに深く同調したのであって、軍事行政官として、人生の最後を活躍した現実的クラウゼヴィッツとは、おのずからにしてカントに対する評価の視点も異なってくる。ボスによればカントは永久平和論において絶対に避けられねばならない殲滅戦争を予告することによってクラウゼヴィッツを理論的に乗り越えてしまっている。戦争は避けることができないのではなくして、避けられねばならない人類の最も険しい難題である。大量破壊を現実のものとする科学核兵器、生物兵器の使用を許すならば、第二次世界大戦後、急速に現実性を帯びてきた殲滅戦争への予感を先取したカント平和論の警告の意義は大きいと言わねばならない。さらに平和に向けてのその現実的手段として国際法による国際連合の設立の提言は、二十世紀末から二十一世紀にかけての、途方もなく大きな課題となっている。その点トルストイのような人々の場合は「真っ先に必要なことは人間性と個々人の考え方や行為のいくつかの変革」を述べるに留まっている点について、カントは個人の主体的とりくみ、社会的行動、国際的次元などの、「すべてにわたり、変革を目ざす整合的な行動」を求めている点について、ボクは高く評価している。但し絶対的神への依存関係については疑問を投げかけている。「この核の時代に、『この世界が亡びようとも正しいことをなすべし（ドイツ皇帝フェルディナント一世《一五〇三―一五六四》の言葉とされる）』、（カントはこれを換言して、われわれの言葉でいえば、正義よ支配せよ、たとえ世界の邪悪な連中がそのためにすべて滅びるにしても、とする）、という立場を、われわれはカントとともに堅持していられるだろうか。――たとえば地球規模の破滅に陥らないために、核兵器をもつ一群のテロリストに嘘をつく（カントの『嘘』（1797）の論文を皮肉っている）ことさえ拒まなければならないであろうか。カントの絶対論的な要請を支えていたのは、神は世界を破滅から守るであろう、というひとつの希望にすぎぬ彼の期待であった」（訳書94頁）。人間が世界を破滅させることすら可能な核兵器をもった現代では、世界の平和を守るのは人間自身の手によらなくてはならない、というのがボクの見識ではなかったか。二百年前のカントの時代に比較して、絶大に膨張した人間による科学技術の破壊力への危機意識が、ボクをしてあえてカントの第三命題に疑念を抱かせたものと考えられる。カントは、平和論では宗教を前面に出すことはなく、上述したように戦争を目的論的意味で平和にいたる過程の自然の技巧として解釈をし、その見えない背後に神の摂理をおいたのである。ボクはこのカントの信仰的見地に批判的であった、というよりも、人間的立場の重要性と責任性の自覚を促したものといえるのではないであろうか。カントにおいては人事を尽くした最後の僥倖の祈りを神に捧げよ、といったものと理解されるのである。

該博な知識と現実的活動のなかから汲み出された問題意識によって、ボクの平和論は、実際的、多角的に展開されている。ここではカント平和論との関連で課題の要点を捉えてみるならば、カントの理想的平和論に共鳴した平和戦略の要は、「道徳的価値の役割を強調すること」にあったといえる。細論はさておき、次の二点は危機時代の戦略に対する新しい希望としてボクが提起している提言なので、そのまま引用しておきたい。

「最も基本的な人間の衝動である自己保存は、以前は道徳など自分にはかかわりはないとしていた人たちにとってさえ、いまやひとつの動機となっている。人間存在の危機はもはやひとつの抽象概念でも、遠い先の未来のことでも、よそ者にだけ起こることでもないのだ。われわれの子どもや子どもの子どものために、古くから「共通善」と呼ばれてきた、孔子やアリストテレスやトマス・アクィナスのような異なった立場を結び付け、同じような深さと見通しを持つその後の大半の哲学者が共鳴している、物の見方を推し進める直接的、かつ実際的な理由がわれわれにはあるのだ」（訳書157―158）。

「第二の局面として、共通善へ向けての社会的協力に必要な、くずれやすい信頼の水準を損ねないようにして変革を実現する、戦略や手段や技術の発展が今世紀に見られることがある。われわれはいま、これまで以上十分に検証され、練り上げられた雛型や制度や知識をもっている。そして最近の研究はすでに経験が示したところを確認している。すなわち共同戦略に着手しようとする小集団でさえ、その成員が初めに示したよりは遥かに大きな成果をあげることができるのである。……それゆえ自然環境への打撃を転換させようとする、創意ある試みの制度化にわれわれが着手しなくてはならないと同じように、われわれが全面的に依存している社会環境を損ねることなく、われわれの国を守り、紛争を解決し、社会変革を達成する方法を、われわれは創意にあふれ、機略縦横に案出していかなくてはならないだろう」（訳書158―159頁）。共通善の概念をどのように理解すればよいであろうか。善の概念を埋める内実は千差万別、多様に考えられうる。差し当りここでは恐らく大多数のひとが望む共通善は「平和であること」といってよい。戦争――それが生き残るための戦争であること、カントのいう平和への過渡期の戦争である、ということならば希望をもつことができる。もしそれが破壊するための破壊の戦争、すなわち殲滅戦争となれば、それは人類を絶望に追い込む悪夢の戦いになるといわねばならないであろう。

カント以前の平和論は、私的か、社会的か、国際的かのいずれかの次元に問題を絞りがちであった。カントは三つ次元のすべてにわたり、変革を目ざす整合的な行動を求めている。このように視点を階層的、次元別に設定するならば、「永久平和論」は様々の次元で洞察される可能性を含んでいる。それぞれに自己、もしくは集団の置かれた様々の地平に立って平和を願うということが要求されている。それぞれが力の及ぶ範囲で、自己責任を果たすことが肝要であって、これらの個々の平和への願いの声がやがては集約され、束になって広く、高く天上にまで響き渡ることを希望する。

カントを取り上げたので、『永久平和論』に少しでも触れておきたいと思い、敢えて問題にしてみたが、いまさらに不勉強を痛感しながら、できる限りの範囲で扱ってきた。というのは宗教と倫理の関連のテーマにも深い関わりがあるのではないかと確信するからである。カントは平和論では宗教との関係を意識的に排除しているようであったが補説一で次のように述べている。「自然は諸民族の混合をさけて、彼らを分離しておくために、二つの手段を、すなわち言語のちがいと宗教のちがいとを用いている。これらのちがいは、たがいに憎しみあう傾向と、戦争への口実とをともなってはいるがそれでも文化が向上し、諸原理にかんするいっそう広範囲な合致へと人間が次第に近づくことによって、平和についての同意へと導くのであって、この平和は、かの専制主義のように（自由の墓地の上に）あらゆる力を弱めることによってではなく、きわめて生き生きとした競争による力の均衡によってもたらされ、確保される」とある。諸宗教の文化的和解の方向が人類の平和への歩みを促進するものであることをカントは確信していた。また逆に人類の平和への強い願望が諸宗教間の和解を強くすることにもなるといってよいのではないであろうか。

以上のような後書きを、本文からの逸脱を気にしながまとめていた矢先のこと、世界中を震撼させたニューヨークでの同時多発テロの突発事件に私は打ちのめされた。二〇〇一年の九月十一日午前八時四五分（現地時間）（日本時間では十一日夜）にテロリストにハイジャクされた航空旅客機一機が世界貿易センタービルの北側タワーに激突、瞬時に黒煙がたち上るとともに燃え盛る炎に包まれてビルが炎上。十八分後に別の航空機が南側タワーに機体を斜傾させて突っ込んで行った。やがて両タワーの壁が土煙を巻き上げながら地上に崩れ落ちた。この惨劇が新世紀最初の戦争の引き金となった。カントの永久平和論を夢の中でまどろみつつ模索していた私にとっては非常なショックであった。惨劇の状況が脳裏に焼きついて離れない。同日の襲撃はニューヨークばかりではなく、その他二個所、ワシントン郊外の国防総省とピッツバーグの山林にと、数千人の犠牲者が出たと発表された（当日の発表）。関係の無い乗客を巻き込んだ恐ろしい自爆テロ。犯人像は闇のなかに消えしまい、世界中が不気味な不安につつまれる。やがて犯人グループは国際テロリストのイスラム原理主義指導者であるオサマ・ビンラーディン氏と、彼の組織するアルカイダであること、そしてその一味を囲まっているのがアフガニスタンのオマル師の統率するタリバン政権であることが判明した。

アメリカのブッシュ大統領の声明とともに、テロリズムの根絶に対する全面的対決が宣言された。それに応えてNATO（北大西洋条約機構）は集団的自衛権の最初の行使を決定した。そして二ケ月が経過した。テロ関連のニュースには目が離せなかった。ニューヨーク惨劇の修復作業が難行するなかで、各地に送られてきた炭疽菌入り郵便物よる生体不明の事件がテロ組織への関連を暗示するかのようで不気味であった。このようなアメリカの状況とともにアフガニスタンの戦況と、隣国パキスタンへの難民の生活が報じられるようになった。パキスタン国境に集まるイスラム教徒達による反米デモの群集は口々にアメリカを誹謗する。これに対してアメリカは、わが敵はテロリスト達であって、イスラム教徒でないことを彼らの耳に届けようとして苦慮していた。アラビヤ語でビラを撒いたり、イスラム教圏国の代表者との友好関係をメディアを通して宣揚したりしてはいても、情報手段の貧しい彼らには届きそうにもない。指導者による「聖戦」の言葉に迷わされた信仰にとらわれている。『テロリズム』の著者（ブルース・ホフマン、上野元美訳）は世俗的テロリズムと宗教的テロリズムを区別して「宗教的テロリストにとって、暴力は、神からの要求もしくは命令に直接こたえる為の神聖な行為、あるいは神から授かった使命である」（同125頁）、という衝撃的な言葉を紹介している。また一九九三年にニューヨークの世界貿易センタービルの爆破に関連して「イスラム教の戒律では自殺を禁じているのもかかわらず、イスラム教の聖職者は、自主殉教さえ援助し、祝福する」（同130）の事例を挙げている。同書においてホフマンが嘆くには、宗教的テロリストは暴力行為を神の名において正当化するので、犯罪者に必要な罪責意識を伴わないところが、どうにも救われ難いと、訴えている。この点に関してならば、宗教（信仰）にも倫理性が必要である、と論じたカントの「宗教論」がここに生かされてくると言えるのではないか。「道徳性のない神ほど恐しいものはない」というカントの言葉がいまさらのように現実性をもって迫ってくるのである。

テロ撲滅戦略のアメリカの空爆が始まって一ケ月程は、特に目だった戦局の変化が見えなかった。アメリカの誤爆が住民の反米感情を煽りたて、タリバンはこれを逆手にとってテロを正当化し、敵の失敗を利用して挑戦の意義を有利に見せかけていた。このためもあってか予想に反してタリバン軍の抵抗力には強靭なものがあった。

一方の北部同盟（タジク人、ウズベク人、ハザラ人）は、アメリカやロシア、その他テロ撲滅支援国の援助を受けて進みながらかなり苦戦を強いられていた。ところが先週（十一月九日）頃から急速に北部同盟が勢力を結集し、活力をのばしはじめた。十一日には北部のマザリシャリフを占領して、首都カブールへの進路を開きながら、十二日には南下した西部の都市へラートも占拠したのである。次の狙いは首都カブール。カブール浸入については、パキスタンのムシャラフ大統領のパシュトゥン人への配慮もあり、あるいはアメリカや国連の意向を受けて、北部同盟の単独行動が抑えられていた。それが十三日のこと、目立った戦闘もなくしてカブールからタリバン兵が撤退して、北部同盟がカブールを占拠した。指導者アブドウロ外相は、カブールの侵入にはアメリカや国連の指示もあり、抑制をしてはいたが、タリバン撤退後の治安維持のために、警察隊を街の各所に配置したと釈明をしていた。軍隊は都市を包囲して治安に当たっているというのである。このようにして、カブール市民は数年にわたるタリバン支配からは自由になり、音楽を楽しみ、リズムにのって陽気に踊り、髭をそって興じていた。婦人たちは、整った目鼻立ちの美しい素顔をだして微笑し、子供たちは禁じられていた凧揚げに夢中になっていた。それらは映像画面から弾けて飛び散るほどの喜びにあふれていた。ここにいたってアメリカは北部同盟の予想外の成果を受け入れて、国連はアフガニスタンの新しい政権の構想にあわただしく動きはじめたのである。十五日には八月以降タリバンに拘束されたいたNGO（非政府組織）の職員八人が米軍によって救出され、十七日には日本人フリージャナリストの無事も判明した。彼の場合は反タリバン勢力によるジャララバード占拠の混乱の中からの解放であるというのだから戦争中の朗報である。

十一月十六日からはイスラム教徒の断食月、ラマダンに入る。断食は貧しい人たちを理解する修行というのであるが、オマル師の率いるタリバン兵士たちは彼らの拠点であった都市カンダハルを二人のパシュトウン人指導者に譲渡して、山岳地帯の洞窟に退去して行ったという。これは十六日夜のアフガン・イスラム通信（AIP）からの情報によるものであるが、まだ確認は取れていないという。タリバンにとっては何のためのカンダハル放棄なのか。残された二人のパシュトウン人はタリバン勢力の圏内の属する者たちであるのか。その後の情報によればカンダハルは依然としてタリバンの支配下にあるという。オサマ・ビンラーディン氏の娘婿で、アルカイダの最高幹部のムハマド・アティフ氏が米軍の爆撃によって死亡したとの情報も入っているので、これによってもアルカイダやタリバン政権自体の崩壊は確かなものといえる。それにしても、テロ武装勢力の壊滅にはいたっていないのかもしれないとの不安が残るのは否定できない。ジャララバードの北部のクンドゥズ州では北部同盟の投降の呼びかけに応じないタリバンの外人部隊が強硬に応戦し、投降したパシュトウン人のタリバン部隊とは一線を画しているということで硬直した民族の対立が察知される。その後の情報によれば、外人部隊のメンバーも徐々に投降に応じている様子である。この変革の時に直面して民族間の対立感情の融和はどのようにして実現するであろうか。まずは戦闘状態が終結し、治安維持をとりもどし、生活の足並みが地についてくれば、民族間の敵対感情も次第に緩和されてこようが、そこまで辿りつくのは容易ではない。北部同盟の指導者も認めるようなアフガニスタンの全ての民族を包括する政権の樹立が望ましい。しかしアフガンは新国家誕生の道を真っ直ぐに進むといってよいであろうか。なかなかに楽観を許さない状況にはある。二十年以上の内戦の苦しみから解放され、近年の干魃の貧困から蘇生するためには、まずは安定した国家体制の成立が何よりも期待されている。多民族国家のアフガニスタンが今後どのようにして秩序ある平和国家として変貌を遂げるかについては、世界の人々の注目があり、期待が寄せられている。

一人の農民がつぶやいていた。平和になって、故郷に帰ることができれば、家もあり農地もあるから幸せに暮らすことができるのにと。早くその日のくるのを祈らずにはいられない。二十日のカブールについての情報によれば約二百人の女性がタリバン政権のもとで義務づけられていたブルカを脱いで女性の権利尊重を叫んでいた姿が力強く輝いて紙上の一面を飾っていた。それは前途に多くの問題をかかえたアフガニスタンの新生の叫びのようにも聞こえてくる。

来週（二十七日）から向こう一週間はアフガン新生国家のための国連和平会議がドイツのボン郊外で開催される予定があるとのことである。平和への前進につながる構想の合意の成立を望まずにはいられなかった。この構想は出発時点では種々の難問を抱えながら、昨年末十二月二十三日の報道に「アフガニスタンのタリバン政権崩壊を受けて、国連の仲介で国内外の四派が合意した暫定行政機構（内閣）が二十二日に発足した」とあった。それはボン郊外での決議を受けて、首都カブール内務省ホールで行われたもので、発足式典の模様が記載されていた。北部同盟のラバニ大統領から暫定政権への権限譲渡の意志が表明されて、同国最大の民族であるパシュトゥン人の有力者ハミド・カルザイ氏が同機構議長（首相）に就任、暫定政権を率いる」とあった。式典はブラヒミ国連アフガニスタン特別代表や各国代表の参列のもとで行われた。それは一九七九年のソ連軍（当時）侵攻以来継続していた二十二年間にわたる内戦に休止符を打つこととなった画期的展開であった。新政権は二人の女性が加わって、三十名の構成メンバーによって成立し、新生アフガニスタンの産声を上げたのである。日本は暫定政権をアフガニスタン政府として承認し、今後は国連を通じて財政支援、難民帰還、その他の、国つくりへの可能な限りでの支援を表明したという責任を負いながら、暫定的ではあるが劇的な結末を迎えたアフガニスタンを祝して、二〇〇二年の年が明けたのである。日本人の一人である私には戦後復興のときの機運がしきりに思い出されてならなかった。一月二十一、二日の両日には東京都内のホテルで「アフガニスタン復興支援国際会議」が、約六〇ケ国と国際機関の代表が参集して開かれるということが報じられていて、アフガン新興の第一歩が始まったのを知る。日本政府代表の緒方貞子氏は前国連難民高等弁務官の要職に就いてこられた方で、国際会議では、共同議長の一人としての責務を果たされた。閉幕後の記者会見での「物事は直線で進まない。あきらめたら犠牲者はアフガン国民だ。忍耐強く、時間をかければ物事は動く」の言葉が善き結末を見事に際立たせている。

ところでカントが著作に『永久平和』の表題をつけたのは、オランダの旅館の看板の文字からの借用であり、その上に墓地が描かれていた面白さからの風刺であるらしい。平和を望みながら人間の歴史は戦争の繰り返しの過去であったことの皮肉である。とすれば平和の修飾語に「永久」を用いることは全くの非現実的幻想に過ぎないと言わねばならない。「永久平和」とは全くのナンセンスといってよいことになろう。とはいえ言葉の品位からしても、「永久平和」「恒久平和」「永遠平和」といえば、「平和」の重要性が強調される。そこで私なりにカントの哲学用語を借りて、少し脚色をし、この四文字の有意義性を最後に補足しておくことにしたい。

永久（永遠、恒久）という言葉は時間的制限がないということ。これに類する概念をカントは『判断力批判』第二章崇高の分析において数学的量と力学的力として扱っている。特に数的に絶大なることについての理論がここでは有効である。数的に絶大なるものは感性界では与えられてはいない。すなわち感性的存在はすべて有限だからである。数的に絶大なるものぱ無限。無限とはこれと比較すると、他の一切のものが小となるところの絶大なるもの。したがって無限なるものを一つの「全体像」として捉えることはできない。それにもかかわらず無限なるものを考えることはできる。自然数における無限の観念は、ある数に「1」を加え、そのプラス「1」をどこまでもくり返すことができることを意味する。すなわちどこまでも思考作用を続けることができるということ、この思考作用に無限性の根拠があるといわねばならない。「単に思考することだけでもできるという事実は、感性のあらゆる尺度を超越するある心的能力の存在を指示しているということである」（カント）。無限なるものを数によって示そうとしてもそれは不可能である。無限なるものは思考作用、もしくは心性の想像力を根源として存在する。この無限概念ときわめて類似の概念が「永久」である。ところで永久を一つの全体のまとまりある時間として捉えようとすればそれは失敗する。「永久平和」を未来に向けての永久なる「平和の保障」として現実的に捉えようとしても、それは無理なことである。そこで永久概念の根源を求めてみるならば、それは人間の思考力、もしくは構想力や想像力に由来すると言ってよいのではないであろうか。すなわち永久平和は人間本性の想像力に由来するところの平安への願望ということができる。この願望が世代から世代へと継承され、個人の主体的意欲と社会的連帯性と国際世論に支えられた共通善の認識に導かれるならば、「永久平和の理念」はただの幻想にすぎないという不名誉から救いだされるのではないであろうか。

カントとキェルケゴールに関連して倫理と宗教の関係を取り上げながら、むしろカントに主力が注がれ、また「あとがき」ではアメリカの同時多発テロという未曽有の歴史的事件に直面し、宗教と倫理に関わる現実的課題を際立たせる結果となった。それに関してはいまだ歴史的結末にはいたっていないので、今後の継続事項としておくことにしたい。末尾になりましたが学術図書出版の厳しい昨今の状況のなかで刊行の好機をお与え下さいました溪水社社長の木村逸司氏に心からの感謝の意を申しあげたいと思う次第であります。

二〇〇二年三月一日

著　者

著者　宮地たか（みやじ たか）

1929年　愛知県知多郡の生まれ。天理市在住。
1953年　京都外国語短期大学卒業。
1955年　龍谷大学文学部哲学科卒業。
1958年　京都大学大学院修士終了（宗教学）。
1964年　京都大学大学院博士課単位取得。
現　在　奈良文化女子短大教授（哲学・倫理学）。
　　　　天理市山の辺文化会議理事。

著書・論文

『情念の哲学』（北樹出版）、『扶桑樹呻吟記―壬申の乱』（日本教育センター）、『渓聲西谷啓治』（上）回想編共著（燈影社）、『天平の女』（勉誠社）、『哲学への道』（北樹出版）、『万葉の動物たち』（溪水社）『やまと・万葉の花』共著（京都書院アーツコレクション）編集シーグ出版株式会社、『山の辺の歴史と文化を探る』山の辺文化会議編共著、「詩の解釈学―記紀・万葉の世界」、「古代ギリシャの神々」、「銅鏡の文様と象徴性について」その他論文多数。

倫理と宗教の間
――カントとキェルケゴールに関連して――

2002年3月20日　発行

著　者　宮　地　た　か
発行所　㈱　溪　水　社

広島市中区小町1－4（〒730-0041）
電　話（082）246－7909
FAX（082）246－7876
E-mail:info@keisui.co.jp

ISBN4-87440-685-8　C1012

索　引

【き】

【く】

【け】

【こ】

【さ】

【し】

【ち】

【つ】

【て】

【と】

【な】

【に】

【は】

【ひ】

【ゆ】

【よ】

【ら】

【り】

【る】

【れ】

【ろ】

【わ】